教育部人文社会科学研究一般项目（13YJC710017）
江苏省博士后基金课题（1601045C）

U0836277

引领与培育

——当代大学生核心价值观生成的基础问题研究

李纪岩　等◎著

光明日報出版社

图书在版编目（CIP）数据

引领与培育：当代大学生核心价值观生成的基础问题研究 / 李纪岩等著. -- 北京：光明日报出版社, 2018.3
ISBN 978-7-5194-4075-6

Ⅰ.①引… Ⅱ.①李… Ⅲ.①大学生—思想政治教育—研究—中国 Ⅳ.①G641

中国版本图书馆CIP数据核字(2018)第052058号

引领与培育：当代大学生核心价值观生成的基础问题研究

著　　者：李纪岩 等　著

责任编辑：庄　宁　　责任校对：傅泉泽
封面设计：三鼎甲　　责任印制：曹　净

出版发行：光明日报出版社
地　　址：北京市西城区永安路106号，100050
电　　话：010-67078241（咨询），010-63131930（邮购）
　　　　　010-63497501、63370061（团购）
传　　真：010-67078227，67078255
网　　址：http://book.gmw.cn
E-mail：gmcbs@gmw.cn　zhuangning@gmw.cn
法律顾问：北京德恒律师事务所龚柳方律师

印　　刷：北京京华虎彩印刷有限公司
装　　订：北京京华虎彩印刷有限公司
本书如有破损、缺页、装订错误，请与本社联系调换

开　　本：710mm × 1000mm　1/16
字　　数：234千字　　印　　张：15.25
版　　次：2018年4月第1版　　印　　次：2018年4月第1次印刷
书　　号：ISBN 978-7-5194-4075-6

定　　价：32.00元

版权所有　翻印必究

目 录

导 论

建设社会主义核心价值体系、培育和践行社会主义核心价值观，是党和国家的战略部署。党的十九大报告指出："社会主义核心价值观是当代中国精神的集中体现，凝结着全体人民共同的价值追求。要以培养担当民族复兴大任的时代新人为着眼点，强化教育引导、实践养成、制度保障，发挥社会主义核心价值观对国民教育、精神文明创建、精神文化产品创作生产传播的引领作用，把社会主义核心价值观融入社会发展各方面，转化为人们的情感认同和行为习惯。"①

高校是"培养担当民族复兴大任的时代新人"的摇篮，坚持"育人为本、德育为先"，加强社会主义核心价值体系建设，以社会主义核心价值观引领与培育当代大学生，是高校的崇高使命。改革开放以来，不断走向深入的价值观教育研究，尤其是近年来学术界对培育和践行社会主义核心价值观的研究，为引领与培育当代大学生核心价值观奠定了基础。相关研究有的从哲学的视角展开，有的从教育学的视角展开，有的从政治学的视角展开，有的从社会学的视角展开，有的从文化学的视角展开，更多的是从思想政治教育学的视角展开。这些研究成果蕴含着很多真知灼见，具有重要的参考价值，但从大学生核心价值观培育的实践看，更需要综合性、系统性、可操作性与实效性的成果。有鉴于此，本课题以社会主义核心价值观为引领，着眼于价值观教育理论在大学生群体的运用，在整合价值观教育研究、青年学研究与思想政治教育研究等领域研究成果的基础上，深入研究攸关当代大学生核心价值观生成的一系列基础问题，力求解决引领与培育当代大学生核心价值观中的重点、难点问题，为高校提供具有较强针对性的综合性研究成果。

---

① 习近平.决胜全面建成小康社会 夺取新时代中国特色社会主义伟大胜利——在中国共产党第十九次全国代表大会上的报告。新华网，2017-10-27。

一

人们在认识世界和改造世界的过程中创造和实现价值，必然会形成关于价值的基本观念。在马克思主义哲学视阈中，价值观是人们对价值以及价值关系的主观认识或表达，是人们判断事物是否有价值以及价值大小的根本标准和观念体系。价值观体现着人们深层的价值倾向和价值追求，指引着人生的航向，影响着人生价值的实现程度。积极的价值观引人达成正确的认知、思想和行为，引导人们合理地安排生活。消极的价值观则会误导人们踏入人生的歧途。社会存在和社会意识的纷繁复杂，决定了社会上价值观的多样性。在多样化的价值观中，居于主导地位的构成社会核心价值观。社会核心价值观体现了社会意识形态的本质属性，广泛渗透于社会存在的各个方面，在潜移默化中影响着社会成员的价值选择和人生发展，从根本上引领着社会的发展方向，影响着民族兴衰甚至国家兴亡。正因为价值观不仅攸关社会发展，而且攸关个体的人生发展，所以古今中外，无论什么社会，都格外重视价值观教育，重视引导人们树立积极的价值观。

大学生群体的价值观念，向来是观察社会思想脉动的“晴雨表”和公众价值观念发展趋向的“风向标”。以先进的价值观念引领与培育大学生，就能引领社会公众的价值观念发展走向，从而引领国家和民族的未来。正因如此，中国共产党向来重视青年学生的价值观教育。中国共产党建党前后，党的早期领导人陈独秀、李大钊等就十分注重在青年学生中传播马克思主义思想，培育青年学生的马克思主义价值观。中国共产党之所以能够领导新民主主义革命取得成功，首先在于能够始终以马克思主义价值观引领与培育青年学生，从而在全社会唤醒群众、引领群众。新中国的成立使中国共产党获得了政权的力量，对青年学生的价值观教育更为机制化、系统化、专业化、常态化。引领青年学生爱祖国、爱人民、爱科学、爱劳动、爱社会主义，成为新中国初期大学生价值观教育的主旋律。改革开放新形势下，邓小平反复强调要加强对青年人的教育，尤其是思想政治教育，引领青年学生坚持四项基本原则、反对资产阶级自由化，做“有理想、有道德、有文化、有纪律”的四有新人。在建立社会主义市场经济体制的过程中，中国共产党在大学生价值观教育中更加突出爱国主义、集体主义和社会主义教育，强调“要坚持进行爱国主义、集体主义、社会主义思想和共产主义理想的教育，进行近代史、现代史教育和国情教育，增强民族自尊、自信、自强的精神，巩固和发展人民内部平等、团结、友爱、互助的社会主义新型关系，移风易俗，使社会主义思想道德蔚然成风”。[①] 进入新世纪，党和国家更加重视社会核心价值观的引领与培育，在十六届六中全会首次提出“建设社会主义核心价值体系”的基础上，十七大报告强调要“切实把社会主义核心价值体系融入国民教育和精神文明建设的全过程，转化为人民的自觉追求”；十八大报告凝练并阐明了社会主义核心价值观的基本内涵，使大学生价值观教育的目标进一步具体化；十九大报告强调“必须坚持马克思主义，牢固树立共产主义远大理想和中国特色社会主义共同理想，培育和践行社会主义核心价值观，不断增强意识形态领域主导权和话语权，推动中华优秀传统文化创造性转化、创新性发展，继承革命文化，发展社会主义先进文化，不忘本来、吸收外来、面向未来，更好构筑中国精神、中国价值、中国力量，为人民提供精神指引。”[②]

从党在意识形态领域的一系列重大战略部署可以看出，以社会主义核心价值观引领与培育当代大学生价值观，已经成为高校思想政治工作的首要任务。高校是培养高素质人才的摇篮，在任何国家都是国民教育和精神文明建设的重要阵地。在当代中国，高校人才培养工作“育人为本，德育为先”，承担着价值观教育的重要职责。引导大学生树立正确的价值观，是高校思想政治教育的根本任务。在历史上长期坚持对青年学生进行价值观教育的基础上，新世纪以来，中共中央、国务院及有关部委先后出台了一系列文件，要求在当代大学生中“以理想信念教育为核心，深入进行树立正确的世界观、人生观、价值观教育”。[③] 其中，属于高校思想政治工作层面的文件主要有《关于进一步加强和改进大学生思想政治教育的意见》《关于进一步加强高等学校校园文化建设的意见》《关于进一步加强和改进大学生社会实践的意见》《关于进一步加强和改进高等学校思想政治理论课的意见》《关于进一步加强和改进新形势下高校宣传思想工作的意见》《关于加强和改进新形势下高校思想政治工作的意见》等等；

① 江泽民论有中国特色社会主义 . 北京：中央文献出版社，2002:402.

② 习近平 . 决胜全面建成小康社会 夺取新时代中国特色社会主义伟大胜利——在中国共产党第十九次全国代表大会上的报告 . 新华网，2017-10-27.

③ 普通高校思想政治理论课文献选编（1949—2006）. 北京：中国人民大学出版社，2007:202-203.

属于培育和践行社会主义核心价值观领域的文件主要有《关于培育和践行社会主义核心价值观的意见》《在各级各类学校推动培育和践行社会主义核心价值观长效机制建设的意见》《培育和践行社会主义核心价值观行动方案》等等。高校人才培养的核心是“立德树人”，在中央反复强调建设社会主义核心价值体系、积极培育和践行社会主义核心价值观、加强和改进新形势下高校思想政治工作的背景下，以社会主义核心价值观引领与培育当代大学生已经成为高校思想政治工作的重要课题。

二

本课题是价值学、价值观等基础研究的应用，是高校思想政治教育领域关于大学生价值观教育的专题研究，其核心是研究如何提高以社会主义核心价值观引领与培育当代大学生的科学性和实效性。多年来，价值观、价值体系等问题一直倍受学术界关注，许多学者从不同的视角对这些问题进行了论述。例如，袁贵仁的《价值学引论》、李德顺的《价值论》等书，对价值学的基本理论问题进行了系统的探讨。李从军的《价值体系的历史选择》一书，从一般社会形态、哲学形态和历史形态等角度对人类历史上不断演进的社会价值体系进行了深入系统的研究。石云霞的《当代中国价值观论纲》等著作对当代中国的价值观状况等进行了研究。这些学者的研究均为基础研究。十六届六中全会提出“建设社会主义核心价值体系”尤其是十七大以来，学术界关于价值观和价值体系的研究更注重实践。十八大后，怎样把积极培育和践行社会主义核心价值观的三个“倡导”落到实处更成为一个紧迫课题。作为一个引人关注的群体，大学生的价值观教育问题一直是学界研究的重点，近年来关于当代大学生核心价值观的引领与培育问题更是理论研究与实践探索的热点。这些研究主要在三个层面展开：

首先，研究者们对以社会主义核心价值观引领与培育当代大学生的必要性、紧迫性进行了深刻论证。无论教育主管部门的主要领导、长期处在一线的高校思想政治工作者，还是长期从事高校思想政治教育研究、大学生价值观教育研究的学者，都普遍认为，社会转型期的一些负面事件、互联网时代鱼龙混杂的媒体信息，都对当代大学生的价值观、对大学生价值观教育形成了强烈的冲击，在这种背景下，以社会主义核心价值观引领与培育当代大学生，显得极为重要、极为紧迫。例如，冯刚在《用社会主义核心价值体系引领高校思想政治教育深入发展》一文中，从国家意识形态安全、意识形态建设的角度论述了对当代大学生进行社会主义核心价值观教育的必要性、紧迫性；陈伟、罗仲尤在《社会主义核心价值观与大学思想政治教育》一文中，从大学生个体成长的角度论述了开展社会主义核心价值观培育的必要性；王易与她的学生学术团队完成的《当代大学生价值观调查报告》一书，则以社会调查形成的实证资料反映了当代大学生价值观培育的必要性。这些研究成果都表明，在社会转型时期成长起来的当代大学生面对纷繁复杂的社会现象，在人生观、价值观方面存在着迷茫、困惑和疑问。无论从国家意识形态安全的角度，还是从个体成长的角度，都迫切需要在当代大学生中培育社会主义核心价值观。

其次，学者们对以什么样的价值观引领与培育当代大学生进行了理论上的探索。学者们普遍认为，无论是十六届六中全会提出的社会主义核心价值体系的内容，还是十八大提出的社会主义核心价值观的内容，都是引领与培育当代大学生的价值观的主体内容。学者们还结合时代特点和身心特点，对当代大学生应当践行的价值观进行了更为深入的挖掘。有的学者提出，在概括、提炼当代大学生应当具有的价值观时，应该既要体现社会主义核心价值体系、社会主义核心价值观，又要切合时代背景、切实当代大学生的思想实际。有的学者认为，当代大学生的价值观应该具有层次性。例如石海兵在《论青年价值观教育内容的结构体系》中提出，“青年价值观教育内容是由青年价值观教育的基础性内容、主导性内容和辅助性内容组成的结构体系”。其中，“基础性内容主要包括以尊重与责任为代表的内容系列”“主导性内容主要包括以马克思主义信仰教育、理想信念教育、民族精神教育和社会主义荣辱观教育等为代表的内容系列”“辅助性内容主要包括以能力教育和情感教育为代表的内容系列”。① 这些研究成果，对构建当代大学生价值观教育的内容体系具有重要的参考意义。

再次，一些研究者从实践的角度对当代大学生价值观的路径、方法与机制等进行了研究。例如，戴钢书以高校“思想道德修养与法律基础”课程教学为例，对大学生价值观教育进行了“质性研究”。又如，聂月岩、张家智在《借鉴“品格教育”的方法培育核心价值观体系》中，主张借鉴西方品格教育的方法，积极构建社会群体和公民个体共享的核心价值观，帮助学生做出正确的选

① 石海兵．论青年价值观教育内容的结构体系．思想理论教育，2007（23）：14–20.

择。再如，张远新在《社会主义核心价值体系与当代大学生核心价值观教育》中提出，在大学生价值观教育中教育者要具有开放的视野和现代的价值观念，在价值取向上要引导大学生正确认识一元化和多元性的辩证关系，在价值观教育方法上要充分发挥社会实践的基础性作用，同时要把价值观教育与情感教育相结合，让当代大学生在情感体验中认同与践行社会主义核心价值观。此外，还有的学者（陶倩）强调，开展大学生价值观教育，关键是要强化主流价值、实施分层引导、构建长效机制。总之，这些研究者均着眼于如何提高当代大学生价值观生成的有效性，对当代大学生价值观培育的路径进行了积极的探索。

除了上述成果外，多年来，思想政治教育、青年价值观教育领域的大量研究成果，如张耀灿等人的《现代思想政治教育学》、万光侠等人的《思想政治教育的人学基础》、李辉的《现代思想政治教育环境研究》、沈壮海的《想政治教育有效性研究》、苏颂兴等人的《分化与整合：当代中国青年价值观》、仓道来的《中西方青年价值观的冲撞与交融》等著作，也为本课题的研究提供了重要的理论基础和思维方法。从一定意义上看，当代大学生核心价值观的引领培育问题，正是大学生思想政治问题在新的时代语境下的深化与发展。

三

综合上述研究现状，本课题组认为，学术界今后对大学生价值观教育问题、尤其当代大学生核心价值观生成问题的研究，在理论上，应当更加关注普遍意义上的社会主义核心价值观在当代大学生这一特殊群体中的具体表现形式；在实践上，应当更加关注传统意义上的思想政治教育的思路、方法、渠道、机制在当代大学生核心价值观培育中的创新。如何把握当代大学生的身心特点及其价值观生成规律，顺应时代变迁，确立核心价值观培育的内容体系，创新核心价值观培育的载体与方法，建立核心价值观培育的长效机制等问题；如何基于唯物史观，夯实核心价值观生成的物质基础、生活基础、心理基础和文化基础等基础，是当前需要深入研究与大力解决的重要问题。解决这些问题，正是本课题研究所要完成的任务。

本课题在综述大学生价值观教育研究现状的基础上，总结不同时代、不同国家或地区价值观教育的历史经验，分析现时代大学生价值观教育的内容、主体、载体与方法，研究如何夯实当代大学生核心价值观生成的物质基础、生活基础、心理基础和文化基础，并结合经典案例探讨如何构建当代大学生核心价值观教育的长效机制。本课题的研究秉承了思想政治教育研究的实践性导向，重在为高校推进大学生社会主义核心价值观教育提供理论上的参考。

本课题基于强烈的“问题意识”，按照“为什么——是什么——怎么办”的总体思路展开研究。导论部分阐述课题研究的缘起，主要回答“为什么”的问题。第一章总结历史上不同国家或地区社会核心价值体系建设的基本经验，既是以历史与现实中的实践经验回答“为什么”的问题，也为当代大学生核心价值观的引领与培育提供镜鉴。第二章系统阐述当代大学生核心价值观教育的内容，主要回答“是什么”的问题。在此基础上，第三、四、五章分别论述当代大学生核心价值观教育的主体、载体与方法，第六、七、八、九章分别论述如何夯实当代大学生核心价值观生成的物质基础、生活基础、心理基础和文化基础，主要回答“怎么办”的问题。第十章则结合经典案例，探讨如何将理论应用于实践，构建当代大学生核心价值观教育的长效机制。

本课题在研究过程中，始终以马克思主义的世界观和方法论来观察和分析大学生价值观教育问题，既重视文献研究，又重视调查研究；既尊重历史经验，又注重逻辑论证。坚持理论与实践相结合，注意整合与借鉴多学科知识，以统筹兼顾的思维系统解决问题。

在本课题中，如何总结古今中外社会核心价值体系建设的基本经验，创新当代大学生核心价值观教育的内容、主体、载体、方法与机制，是研究的重点；如何夯实当代大学生核心价值观生成的物质基础、生活基础、心理基础和文化基础，是研究的难点。本课题在研究中力求把握重点，突破难点，解决攸关引领与培育当代大学生核心价值观的一系列基础问题，为加强和改进高校思想政治教育、增强当代大学生核心价值观教育的实效性提供借鉴。

第一章　引领与培育
当代大学生核心价值观的镜鉴

引领与培育社会核心价值观是古今中外各国都很重视的工作，各国在实践中也形成了一些宝贵的经验。除了中国共产党建党以来的社会核心价值观培育经验外，传统中国社会核心价值观生成和发展的经验、当代西方一些资本主义国家在社会核心价值观培育中的经验，也具有重要的借鉴意义。此外，近现代中国社会对培育社会核心价值观的探索，当代中国台、港、澳地区以及日本、韩国、新加坡等东亚国家培育社会核心价值观的做法，也各具特色、值得借鉴。本章对古今中外代表性国家和地区培育社会核心价值观的经验进行考察，以便为引领与培育当代大学生核心价值观提供多维镜鉴。

一、传统中国社会核心价值观的引领与培育

两千多年来，中国封建社会虽然历经政权更迭，但在社会形态或者社会制度上，却具有超强的稳定性。中国封建社会超长的生命周期背后，民族性格、地理环境等都可能发挥了重要作用。但其中一个不可忽视的因素是，社会核心价值体系及其价值观念深刻影响了中国传统社会的社会心理与制度设计，有效维护了封建社会统治秩序，成为中国封建社会的超强稳定剂。

“仁”与“礼”是中国传统社会核心价值体系——儒家思想的核心。在儒家思想里，“仁”是一个价值范畴，具有丰富的价值意蕴。“爱人”是“仁”的第一层价值意蕴。在《论语·颜渊》中，“樊迟问仁，子曰‘爱人’”。[①]可见，在儒家思想里，“仁”的观念建立在爱人之上。那么，以什么方式体现

---

① 四书五经．沈阳：沈阳出版社，1997：247.

爱人呢?《论语·雍也》中说“仁者,己欲立而立人,己欲达而达人”[①],《论语·卫灵公》中说“己所不欲,勿施于人”。[②]可见,在儒家思想里,做到推己及人,才能算作“仁”。在这里,儒家思想强调了人的价值在于尊重他人的价值,他人的价值是实现自己价值的条件。“克己复礼”是“仁”的第二层内涵。在《论语·颜渊》中,子曰:“克己复礼为仁。一日克己复礼,天下归仁焉。”[③]要求主体通过内在自觉约束和外在规则约束达到“仁”的境界。只有内外都达“仁”,才能发挥“仁”的社会功能,不至于成为单纯的感化说教。孔子“仁”的思想融入封建宗法血缘制度,在社会生活中形成了“忠恕”观,在家庭生活中形成了“孝悌”观。“仁”的理念从价值主体的内在人格、道德修养出发,从家庭与宗法制度两方面展开,具有很高的起点。这对中国封建社会而言,无疑是一种最适合、最能促进社会稳定的价值观念,成为中国封建社会长盛不衰的密码。

如果说“仁”构成传统中国社会价值观的思想内涵,“礼”则构成了传统中国社会价值观的行为规范。孔子认为,“礼”源自“仁”,是一种基于对礼仪规章制度或者说行为规范的认同的自觉行为。孔子在《论语·颜渊》中讲“非礼勿视,非礼勿听,非礼勿言,非礼勿动”[④],在《论语·尧曰》中讲“不知礼,无以立也”[⑤],在《论语·泰伯》中讲“恭而无礼则劳,慎而无礼则葸,勇而无礼则乱,直而无礼则绞”[⑥],在《论语·子路》中讲“上好礼,则民莫敢不敬”[⑦],在《论语·宪问》中讲“上好礼,则民易使也”[⑧],都是在强调以“礼”作为思想和行为的规范,约束人们的道德生活甚至政治生活。

“仁”与“礼”相统一的儒家思想,也呈现出价值认同与外在践行相统一的积极入世的倾向。儒家思想这种指向现实、指向实践的特征,对中华民族的文化、心理、习俗、观念都产生了深远的影响。此后,传统中国社会核心价值

---

① 四书五经.沈阳:沈阳出版社,1997:161.
② 四书五经.沈阳:沈阳出版社,1997:296.
③ 四书五经.沈阳:沈阳出版社,1997:234.
④ 四书五经.沈阳:沈阳出版社,1997:234.
⑤ 四书五经.沈阳:沈阳出版社,1997:349.
⑥ 四书五经.沈阳:沈阳出版社,1997:180.
⑦ 四书五经.沈阳:沈阳出版社,1997:253.
⑧ 四书五经.沈阳:沈阳出版社,1997:284.

观大致经历了三个阶段的发展。[①]

第一个阶段以董仲舒“罢黜百家，独尊儒术”为标志。在传统中国社会核心价值观形成过程中，先秦时期法家、道家等其他诸子百家的思想也曾产生过重要影响，但唯有以“仁”与“礼”为精髓的儒家学说，成为主导传统中国社会价值观的思想支柱。从内因来看，儒家伦理之所以能够在诸子百家中胜出，是因为适合传统中国社会的生产关系及民族心理。从外因来看，西汉董仲舒对儒家思想主导社会价值体系发挥重要的推动作用。董仲舒结合阴阳五行学说，以“天人合一”“君权神授”理论改造儒家思想，形成了“三纲五常”说，完成了传统中国社会核心价值观的理论化、系统化与理念化。董仲舒主张的“君为臣纲、父为子纲、夫为妻纲”融政治价值准则、宗法制度和血缘家庭于一体，构成传统中国社会核心价值观的基本框架，其核心是“君为臣纲”。董仲舒提出以“仁”与“义”为核心的“仁、义、礼、智、信”这“五常”，确立了处理人际关系和社会关系的规范。这里的“仁”，在孔子“仁者爱人”的基础上加进了老庄的“节欲”无争思想；这里的“义”，要求通过“正我”达到“仁”的境界。由此，儒家“仁”“礼”思想演进为中国传统社会的“三纲五常”价值体系。

第二个阶段以唐代“三教合一”为标志。董仲舒的“三纲五常”对天人感应论、君权神授论和阴阳五行说的借重，潜伏着某种危机。西汉末年，当发现靠儒学无法解决尖锐的社会矛盾和现实问题时，一些人陷入虚无，有的把理想与希望寄托于上天，宗教开始盛行。魏晋南北朝之后，儒学未能保持大一统地位，儒、道、释此消彼长、交汇融合，出现了“三教混元”的局面。到了唐代，以“三教合一”为基本构架的社会价值体系对社会发展产生了巨大推进作用。与社会繁荣相对应的是，这一时期社会核心价值观的发展也颇具活力与成效。

第三个阶段以宋明理学标志。安史之乱后，伴随着政治昏暗、社会衰落，人们对儒家道统地位的认同也在发生着改变。为恢复封建伦理纲常，一些知识分子开始倡导儒家道统，“三教合一”局面开始向宋明理学过渡。在宋明理学家这里，“天人合一”理论被发挥到极致，社会的纲常伦理被认为来源于“天理”，而宗法制度则是“天理”的必然要求。朱熹进一步提出要“存天理，灭

---

① 李从军．价值体系的历史选择．北京：人民出版社，2008：312.

人欲”。在理的制约下，人的主体自由仅仅存在于伦理纲常范围之内。宋明理学以“天理”压制了本应为社会主体的人的创造力和主动性，否定了人的价值和对价值的追求，使源于先秦的孔孟儒学陷入了极端状态。

但是，尽管传统中国社会核心价值观经由宋明理学进入封闭、僵滞和衰落阶段，儒家“仁”“礼”思想却一直生生不息、影响甚远。从操作层面看，“中国传统社会核心价值观的培育和践行路径主要由构建晓之以理的教化体系、发挥实践活动动之以情的感染效用、利用导之以行的管理制度构成。”[①] 一是建立基于儒家价值观的教化体系，对社会成员进行教育。传统中国社会对社会成员进行核心价值观教育的载体主要是为此构建的教化体系，包括外在教化和内在教化两种方式。其中，外在教化以宗教仪式、学校教育、家庭教化等知识传授的方式使社会成员认知核心价值观；内在教化则以自我修身的方式使社会成员认同和实践核心价值观。外在教化为内在教化奠定基础，内在教化把外在教化转化为认同基础上的实践，增强外在教化的实效性。内在教化、外在教化相互联系、相互促进，构成了中国传统社会核心价值观培育的基础性路径。二是以情感引领社会核心价值观的认同。在传统中国社会，统治者常常把社会核心价值观的基本理念浸润于图腾、神话传说、歌舞、文学艺术、宗教仪式、节日庆典、祭祀礼仪等社会成员生产生活实践的诸多方面，通过艺术和宗教礼仪等等引领社会成员在情感上认同社会核心价值理念。三是借助于国家机器和制度体系引导社会成员践行社会核心价值观。传统中国社会统治者十分重视把价值观的“柔性”融入管理制度的“刚性”中，“将教化与制度二者并用”[②]，借助于政权的力量，以政策规范引领社会核心价值观的培育和践行，以达到价值导向和行为方向的统一。

由上所述可以看出，源于先秦的儒家“仁”“礼”思想构成了传统中国社会核心价值观的基石，并在不同历史时期呈现出不同的表现形式和实践形式。以“仁”“礼”为核心的“三纲五常”，虽然承载着浓厚的等级专制观念与封闭保守意识，限制了人们自由个性和创造力的发挥，但契合了中国传统社会心理与社会结构，从而能够引领中国封建社会绵延发展两千多年。传统中国社会核心价值观的表述微言大义，易懂、易记、易传承，无论是“君为臣纲、父为子

---

① 徐瑞鸿，戴钢书 . 中国传统社会核心价值观培育和践行路径探析，学术论坛，2014（09）：9-11.

② 沈壮海 . 思想政治教育的文化视野，北京：人民出版社，2005:104.

纲、夫为妻纲”，还是“仁、义、礼、智、信”，都以极为简约的语言，表达出极为丰富的内涵，为社会各阶层所熟知、认同与践行。直至今天，人们仍然对“仁、义、礼、智、信”等价值理念耳熟能详。传统中国社会核心价值观表述方式的科学性和引领途径的有效性，的确值得我们今天在探索、确立社会主义核心价值理念时学习与借鉴。

二、近现代中国社会核心价值观的引领与培育

对社会的忧虑、对民族的关怀，是社会核心价值观念变革的内在动力。在近现代中国，这种忧虑和关怀成为几代人的集体意识，成为人们探索新的社会核心价值观的动力源泉。近代以来，西方文化的传入深刻影响了中国社会核心价值观的演变。从太平天国农民运动到洋务运动，再到百日维新、辛亥革命，以至于开启马克思主义中国化的五四运动，都留下了西方文化与价值观念的烙印。但这些重大历史事件在鞭笞传统文化的同时，也都无法割断与传统中国社会核心价值观的联系。事实上，近现代中国社会史就“是一部在无可选择和不可避免的冲突的环境中，吸收、借鉴和融合外来文化因素，在冲突中促进社会发展，化解冲突负面影响，基本实现冲突正功能的历史”。[①] 而西方文化的引入，客观上推动了传统中国社会核心价值观的传承与创新。

鸦片战争以后，太平天国农民运动以西方传来的基督教思想与中国传统农民价值的结合，开启了近代中国社会价值观念转化的序幕。洪秀全创立的“拜上帝教”实际上是基督教的本土化。他把他所理解的基督教融入中国传统农民观念，作为太平天国农民起义的精神支柱。太平天国把中国传统农民的“均平观”和基督教的“上帝面前人人平等”相融合，试图建立没有差别的平等社会。太平天国农民革命实践中，平均主义的价值诉求得到表达，却没能替代传统中国社会的主导价值观。以“三纲五常”为核心的价值体系仍然深刻影响着近代中国的家庭伦理与官僚制度，即使在太平天国内部，“平等”也主要是精神与经济上的。

“洋务运动”显然比太平天国农民运动对近代中国影响更为深远。李鸿章、

---

① 邹千江．冲突与转化：中国社会价值的现代性演变．北京：中国传媒大学出版社，2008:95.

曾国藩等官僚士绅引进西方科学技术“师夷长技以制夷”的过程中，中国社会核心价值观也在发生改变。西方科学技术冲击着中国传统的制度文化和伦理观念。资本的积累、经济组织的变化、商人地位的凸显、社会阶层的变化，推动了社会价值体系的转变。这种转变最初很不彻底，未能引起社会文化的根本变革；但量变的结果，最终提出了制度变革的要求。这种制度变革要求遇上甲午战争的挫败，便加速成为时代的紧迫课题，维新运动由此而来。

“百日维新”一方面延续“洋务运动”，引进西方先进技术，发展商业，开设西式学校；另一方面试图仿效西方的“三权分立”，进行政治体制改革。可见，此时西方社会核心价值体系所倡导的政治模式已经对近代中国的制度设计产生了直接影响。由于担心西方模式的政治体制改革会彻底破坏中国的伦理纲常，顽固势力很快就绞杀了维新运动，短暂的社会改造试验嘎然而止。维新运动的失败表明，近代中国社会尚不具备接纳西方资产阶级社会价值体系的土壤。在根深蒂固的封建主义制度下，试图变革官僚制度来救亡图存是不可行的。

时代呼唤着更为彻底的社会变革，辛亥革命的爆发，为西方资产阶级核心价值观在中国的转化提供了契机。革命前后一些思想家、革命家的论述为西方资产阶级核心价值体系的传播甚至实践起到了直接的推动作用。孙中山强调，国民革命“一贯的精神就是自由、平等、博爱”①，辛亥革命的主要宗旨就是维护民权、民生、民族的。孙中山的“三民主义”思想既有西方资产阶级价值观念的影子，又有中国传统文化的渊源。孙中山指出：“盖以言民族，有史以来，其始以一民族成一国家，其继乃与他民族糅合搏聚以成一大民族。民族之种类愈多，国家之版图亦随以愈广。以言民权，则民为邦本之义，深入于人心，四千余年残贼之独夫，鲜能逃民众之斧钺。以言民生，则不患寡而患不均之说，由学理演为事实，求治者以摧抑豪强为能事，以杜绝兼并为盛德，贫富之隔，未甚悬殊。”② 孙中山在经济政策与意识形态建设上也深受传统文化影响，他所主张的平均地权与节制资本，体现出中国传统文化中重视平等的价值理念。孙中山又大力倡导中国传统价值体系，认为应该把中国传统社会核心价值观中的道德如忠孝、仁爱、信义、和平等思想作为国家独立强盛和世界大同的

---

① 孙中山选集．北京：人民出版社，1981：77.

② 孙中山全集（卷七）. 北京：中华书局，1985：1.

基础。

辛亥革命的挫折，引起了中国思想界对以儒家传统文化的彻底批判，西方民主、科学思想以及崇尚个人的价值观对中国影响迅速扩大。“五四”运动时期，中国文化的核心——儒家思想，被彻底质疑、批判和打倒。许多思想家把近代中国西化失败的原因归结为以儒家思想为核心的传统文化的根深蒂固，并由此几乎全盘否定中国传统文化。陈独秀认为孔子的伦理学说，与现代社会思想与生活绝无迁就与调和的余地。要进行现代化，就必须西化；要西化，就必须完全否定传统文化。李大钊认为：“儒教一统独尊，搞文化专制，与近代社会思想信仰自由的原则相违背，锢蔽了吾族聪明。”[①] 胡适认为“社会最大罪恶莫过于摧折个人的个性”，必须解除礼教的束缚，尊重人的主体性。在对中国传统文化全面否定的同时，“五四”时期的思想家竭力主张以自由、民主、平等的西方社会核心价值观主导中国的文化和社会生活。科学与民主被誉为舟车之两轮，成为“五四”时期进步青年与知识分子普遍追求的价值理念。“五四”时期的思想家们呼唤民主、自由，但并不认同西方的个人主义，而是更为肯定个人对社会的贡献。陈独秀在《新青年》(第 4 卷) 撰文提出“青年应该内图个性之发簪，外图贡献于其群。”李大钊则赞成儒家重整体和大我的社会价值，认为人生的根本任务在为后人造大功德。甚至维新派、革命派以及辛亥革命的代表人物，在提倡个人主义的同时也提倡群体主义。例如梁启超认为：人是不能单独存在的，有忧时就是“先天下之忧而忧”。

三、中国共产党对社会核心价值观的引领与培育

“五四”运动后，长期宣导西方社会价值观而无法达到目标后，思想界深受俄国革命成功的触动，开始向马克思主义转变。陈独秀、李大钊等早期共产党人开启了马克思主义中国化的进程，也把马克思主义价值观引入中国。马克思主义关注人的解放，寄望以生产资料公有制推动生产力的发展，实现人的自由、平等和全面发展。在中国共产党领导下，从革命到执政，马克思主义价值观不断得到强化，为引领与培育中国特色社会主义核心价值观奠定了基础。

新民主主义革命时期，中国共产党为建立独立、自由、富强、民主的新中

① 李大钊文集（上）. 北京：人民出版社，1984：264.

国，在价值观教育中着力开展了四个方面的工作。[①]一是马克思主义教育。俄国十月革命的胜利推动了马克思主义在中国的传播和中国共产党的诞生，扩大了马克思主义价值观在中国的影响。二是爱国精神教育。中国共产党以爱国主义旗帜引领民族心理，有效动员了工农群众，整合了社会资源。三是艰苦奋斗精神教育。以中华民族数千年来的艰苦奋斗精神引领党和人民，中国共产党获得源源不绝的深厚动力，在极端艰苦的环境中取得了反帝反封建的胜利。四是全心全意为人民服务的宗旨教育。毛泽东指出："全心全意地为人民服务，一刻也不脱离群众；一切从人民的利益出发，而不是从个人或小集团的利益出发；向人民负责和向党的领导机关负责的一致性；这些就是我们的出发点。"[②]中国共产党以"全心全意为人民服务"作为根本宗旨、最高政治原则与核心价值观，引领着社会价值观的走向。

为了实现党的核心价值观向社会核心价值观的转化，中国共产党人采取了三个方面的措施。一是将共产主义理想根植于中华文化的沃土之中，与传统中国人的大同社会理想融为一体，引导那些向往美好生活的中国人选择共产主义及其价值观。二是以歌谣、话剧、舞蹈等普通民众喜闻乐见的形式，向民众传播社会主义价值观，让普通民众认可与接受党的核心价值观，树立起共产主义信念。三是以群众路线促进核心价值观教育。在物质与金钱十分匮乏的年代，中国共产党正是依靠群众路线，通过深入群众宣传、解释和实践，才使党的核心价值引起人民群众的共鸣、认同和响应，成功实现了政党价值目标与民众政治目标的高度一致，实现了核心价值观的大众化。

新中国成立以后，执政的中国共产党依托政权的力量，系统推进社会价值体系建设，作为高校育人首要任务的价值观教育呈现出三个特点。首先，突出社会主义价值理想的地位。毛泽东要求知识分子、青年学生"又红又专"，不但要学好专业知识，更要学习马克思主义，在思想政治上积极进取。其次，格外重视社会实践的作用。毛泽东强调"教育要与生产劳动相结合"，主张"一切学校和学科都应当这样办，分步骤地有准备地一律下楼出院，到工厂去，到农村去，同工人农民同吃同住同劳动，学工、学农、读书"[③]。在这样的思想主

---

① 高梧．论新民主主义革命时期中国共产党对社会核心价值体系的构建．毛泽东思想研究，2007(5):141.

② 毛泽东选集(第3卷).北京：人民出版社，1991：1094–1095.

③ 建国以来毛泽东文稿（第12册）.北京：中央文献出版社，1996：34.

导下，大批的城市青年、学生等奔赴祖国的边疆、农村，进入工厂、连队，上山下乡接受贫下中农的再教育。再次，经历过“革命理想主义”和“人定胜天”思想浸润后，价值观教育一度陷入困境。社会主义改造和“一五”计划的胜利使人们迅速建成社会主义的热情高涨。但1958年“大跃进”开始后，脱离社会现实的浮夸和对社会发展进程的超乎实际的幻想，很快就被严酷的现实生活所打破，“共产主义理想”和“人定胜天”的豪言壮语因此失去了价值导向作用，人们甚至陷入价值失落的痛苦之中，迷惘而空虚。尽管如此，总体上看，新中国前三十年，乘着党领导革命胜利的东风，中国人民初步破除了小农意识、封建思想等许多陈旧的价值观，新的社会主义价值观逐步形成。

但随着“文化大革命”的爆发，大学生价值观教育也遇到了严重挫折。十年“文化大革命”，不仅造成了社会经济的衰退，也在一定程度上使思想政治工作污名化，造成了人们价值观的迷失和信仰的危机。“文化大革命”结束后，国家政治生活恢复正常，价值观教育回到了正常轨道上。伴随着改革开放的推进，大学生价值观教育与党和国家同频共振，总体上经历了三个阶段。

第一个阶段：20世纪70年代末到90年代初，高校努力恢复党的思想政治工作的优良传统，大学生价值观教育在拨乱反正中曲折发展。首先，十一届三中全会以后，高校思想政治教育恢复与重建，大学生价值观培育出现新契机，高校马克思主义理论教育、理想信念教育、思想品德教育等均得到加强。其次，改革开放初期，资产阶级自由化思潮对高校思想政治教育冲击加剧，大学生价值观教育遇到严重挫折。第三，八九政治风波过后，邓小平“十年最大的失误是教育，这里我主要讲思想政治教育”[①]的论断促使党和国家在高校思想政治教育领域亡羊补牢，加强以四项基本原则教育为重点的思想理论教育，构建起大学生价值观教育的长效机制，青年教师和大学生中涌现出“毛泽东热”“学马列热”等热潮，大学生价值观教育焕发生机、实效增强。

第二个阶段：20世纪90年代，面对社会主义市场经济体制的逐步建立，大学生价值观教育也在进行着新的探索。这一时期，伴随着社会主义市场经济体制的逐步建立，开创于20世纪80年代的邓小平理论趋向成熟，“三个代表”重要思想也逐步形成，马克思主义中国化获得了新的发展。高校思想政治教育面临着新的时代性要求，大学生价值观教育在探索中不断前进。这一时期的大

① 邓小平文选(第3卷). 北京：人民出版社，1993：306.

学生价值观教育在回应现实挑战中获得新发展。一是体制机制得以理顺，大学生价值观教育走向科学化、规范化。二是更加重视爱国主义、集体主义、社会主义教育。三是素质教育、公民道德建设、心理健康教育等内容纳入大学生价值观教育。与此同时，高校“两课”教学改革继续深化，教学基本建设和学科建设不断加强，大学生价值观教育主阵地得到巩固，邓小平理论和“三个代表”成为大学生价值观教育的新内容。

第三个阶段：新世纪以来，我国进入全面建设小康社会阶段，在党的理论创新和实践创新中，大学生价值观教育迎来新的发展机遇。这个时期，党的理论创新有了重大进展。以人为本的科学发展观、注重和谐的社会主义和谐社会理论、明荣知耻的“八荣八耻”伦理观构成了社会主义核心价值体系的重要内容，在国家、社会和个体层面为人们提供了价值评价和伦理判断的标准。习近平总书记治国理政新理念新思想新战略，尤其是关于意识形态和思想政治工作的一系列重要论述，为新形势下加强和改进高校思想政治工作提供了指南，大学生价值观教育迎来新局。这个时期，马克思主义理论研究和建设工程、高校思想政治理论课新方案为大学生价值观教育注入了新动力，建设社会主义核心价值体系成为党和国家的战略任务，在大学生中培育“富强、民主、文明、和谐”“自由、平等、公正、法治”“爱国、敬业、诚信、友善”的社会主义核心价值观成为时代的重大课题。

四、台、港、澳社会核心价值观的引领与培育

台湾、香港、澳门地区是我国的固有领土，由于特殊的历史原因，这些地区各自走出了独具特色的社会发展道路，也形成了与大陆地区差异较大的社会核心价值体系。这些地区在辖区公民中引领与培育社会核心价值观的做法，也呈现出一定的特色。这里遵循“厚今薄古”的原则，概览台、港、澳地区的社会核心价值体系建设，以资借鉴。

台湾地区在国民党统治之前，曾长期处于荷兰、日本等国家的殖民统治之下，其学校教育带有浓厚的殖民主义色彩。台湾光复后，国民党从大陆撤退到台湾，学校思想政治教育总体上带有“反共复国”的特点，同时十分注重带有传统文化色彩的“民族精神”教育与带有现代意识的“三民主义”教育。此外，台湾地区还深受西方国家的影响，在高校通过开展“通识教育”，对大学

生进行价值观引领。台湾的通识教育运用西方通识教育的概念，用中国传统文化赋予西方通识教育以新的内涵。台湾高校以中华传统文化充实通识教育的内容，“是世界观、人生观、知识观与价值观的统一，集中反映了中国文化对学问、人生、知识智能、道德文章、做事做人等完美境界的追求”。[①] 结合高校“通识教育”，一些台湾学者对大学生价值观的内容和方法等进行了系统的研究。有学者认为，大学生应该有更高级的价值涵养，“这些基本价值内涵包括：1、自尊。2、自律。3、识见。4、责任。5、美感。6、理信与 7、和平。”[②] 还有的学者提出，应该通过“统整人格”，培养大学生追求“至善”，形成“自我价值与社会价值并重”“本有价值与实用价值并重”“传统价值与现代价值并重”的价值观。[③] 相关研究成果还有黄俊杰的《二十一世纪大学生价值观的建设理念与教育策略》（2005）、陈思先的《挽回青少年脱序的价值观》（2004）等。

香港地区在回归祖国之前的较长时期，其学校教育全面服务于英国的殖民统治，在“非政治化”的外衣下，以英国式的资本主义精神影响香港人的价值观。这种殖民主义的价值观教育主要表现在宣扬资产阶级的“民主”和“自由”，强调资本主义制度的优越性，要求包括青年学生在内的香港市民绝对服从于英国王室的旨意。但事实上，香港高校的大学生价值观教育并没有被港英当局完全局限住。二十世纪五六十年代，香港高校普遍重视借助通识教育实施价值观教育。香港高校要么在中国传统文化中发掘具有当代意义的精神价值；要么在西方经典文献中汲取具有博雅性的人文主义养分；要么发扬基督精神，提倡人道主义精神回归；要么在科学与精神之间寻找新的支点，以达到大学的平衡发展。20 世纪 80 年代，公民教育、品德教育成为香港大学生价值观教育的主要途径。香港的公民教育可以总结为四大方面，即归根源（民族教育）、立根基（民主教育）、管事物（权责教育）、倡公德（公德教育）；其品德教育则突破资本主义道德观念的重围，一方面培养大学生礼貌、勤劳、诚实、宽恕、友爱、正义等人类社会公认的良好品质，一方面鼓励大学生用儒家思想中的仁、义、礼、智、信等观念塑造自己。1997 年香港回归后，以民族精神为核

---

① 梁桂麟、刘志山．港澳台高校通识教育比较研究．中国社会科学出版社，2008：169-170.

② 欧阳教．大学生的价值涵养．海峡两岸大学生人格建构学术研讨会论文集，2008(10)：1.

③ 俞懿娴．统整的人格教育与大学生的价值观．海峡两岸大学生人格建构学术研讨会论文集，2008(10)：79.

心的爱国主义教育、以“一国两制、港人治港”为核心的民主法治教育，成为香港大学生价值观教育的新内容。香港高校的通识教育此时呈现出更为鲜明的价值性目的：一是力求培养青年学生的社会责任感、历史使命感和民主意识，引导其致力于社会进步和为人类福利；二是力求培养青年学生的健全人格和自由心智；三是力求培养青年学生的主体意识和独立个性；四是力求使青年学生具备强烈的道德觉醒和高尚的价值追求；五是力求培养青年学生形成包容的文化意识；六是力求培养青年学生的艺术修养。[①]需要注意的是，近年来香港高校中出现了个别青年学生主张“港独”的逆流，警示香港学校价值观教育的内容与方法需要反思与改进，香港社会的国民教育还有待于加强。

澳门地区在回归祖国之前，社会生活也同香港一样带有“非政治化”特征，大学生价值观教育带有中西合璧的特点。一方面，西方的自由、民主、公平竞争等价值观念深植于大学生思想深处；另一方面，中国传统文化中“修身、齐家、治国、平天下”的家国情怀与“宽容、仁爱、礼仪、忠恕”的价值观念也影响着澳门大学生。此外，澳门地区四百多年来形成的多元文化混杂、多种宗教并存的状况，也使澳门地区大学生的价值观更多地受到多元文化、多种宗教的影响。1999 年澳门回归祖国后，在国家引导、特区政府主导与相关高校的自觉支持下，以民族精神为核心的爱国主义教育、以“一国两制、澳人治澳”为核心的民主法治教育在香港青年价值观教育中产生了较大影响，但是由于回归祖国的时间还不长，澳门地区的大学生价值观教育还带有浓郁的中西合璧的特征。从价值观教育的主题上看，澳门大学生有着鲜明的个人本位和实用主义倾向。为改进大学生价值观教育，澳门学者提出了六条建议：一是引领大学生树立正确的价值观要早着手；二是加强大学生专业教育目标和生活教育目标的引导；三是因势利导协助大学生订立人生目标；四是加强大学校园文化建设，重视对校园主流文化的引导；五是加强大学生的社会价值观教育；六是从整体的观点，统筹进行大学生的人格、人生目标或价值观教育。[②]

---

① 梁桂麟、刘志山 . 港澳台高校通识教育比较研究 . 北京：中国社会科学出版社，2008：73.

② 吴娟、单文经、王红军、黄素君 . 澳门大学三年级大学生的人生目标与其生活状况的关联 . 海峡两岸大学生人格建构学术研讨会论文集，2008(10):70–71.

五、当代西方社会核心价值观的引领与培育

西方资本主义核心价值体系的建构，在资产阶级政权建立之前，就早已在早期的资产阶级思想家那里开始了。历经数代资产阶级哲学家、思想家与政治家的努力，西方资本主义社会最终形成了以“民主、自由、平等、博爱”为主要内容的核心价值观，成为支撑西方资本主义国家持续发展的内在精神力量。其中，作为西方资本主义核心价值观理论基础的“人权”理论，也构成了资本主义社会的思想基石。在当代西方资本主义国家，基于“人权”理论的社会核心价值理念渗透到社会的经济、政治、法律与意识形态等社会生活的各个领域。学校教育中，各国更是有意识地强化相关的理论和核心价值观。

在英国八百多年的高等教育史上，大学生价值观教育向来未曾缺位。早期的英国高校十分注重以宗教教育和绅士教育的形式，对大学生进行精神上的指引。君主立宪制后，资本主义私有制的思想与理念对大学生价值观教育产生了深远的影响。20 世纪六七十年代以后，在高等教育大众化进程中，英国高校更加注重以资本主义的市民精神、权利与责任意识培育大学生，积极弘扬“人本、法治”等核心价值理念、“平等、公平、正义、秩序”等价值观以及“自由、博爱”等思想，并致力于民主理念和多样化活动的构建，引导学生积极参与政治活动。20 世纪 90 年代以后，英国高等教育与国家政治、经济、文化的联系空前密切，地位得到提高，理念发生重大变化，体制进行重大革新，精英教育向大众化教育迅速转化，在大学生价值观教育中，以人为本理念、法治理念、成人理念、合作理念等迅速发展，奉献社会、广泛参与的价值取向得到彰显。当代英国高校不仅面向本国大学生开展价值观教育，而且也要求外国留学生认同英国的价值观，否则在申请留学英国时会被扣分。当代英国大学生价值观教育的途径，则有传统的宗教教育、隐形的通识教育与显性的价值观课程等多种。

美国是当代最具代表性的西方资本主义国家，其高校价值观教育不仅带有浓厚的资本主义意识形态属性，还带有鲜明的资产阶级个人主义色彩。美国学校教育的重要任务之一，就是向美国公民尤其是青少年灌输美国的意识形态、价值观念与国家精神。尽管美国开放式的办学模式决定了不同地区、不同学校间的课程设置有着较大的差异，但是在德育课程的设置上还是在多样性中存在着统一，包含着许多共同内容。美国的大学主要通过各种人文社会科学课程引

领大学生理解美国社会核心价值观。美国的高校大多设置了五类课程：一是通过开设哲学类课程，引导学生认识、思考世界与人类社会发展的基本规律；二是通过开设历史类课程，引导学生认识美国的历史与文化，培养爱国精神；三是通过开设政治法律类课程，引导学生认同美国的政治思想、政治制度、政治伦理和法治精神；四是通过开设伦理学、宗教学等课程，讲授男女平等、妇女运动等理论，传播美国所倡导的资本主义道德规范和原则，培养学生的伦理意识；五是通过开设职业道德教育类课程，培养学生的职业精神。这些课程相似之处是大都渗透着美国社会核心价值观，是价值观教育的重要载体。此外，美国高校也很重视通识教育（普通教育）在价值观教育中的作用。美国高等教育委员会发表的《美国民主社会中的高等教育》报告书中提出："普通教育应该给予使学生能够在一个自由社会里正确完满生活所需要的价值观念、态度、知识和技能"，应该包括"伦理价值观、科学概论、美学观，并理解人们所创建的政治、经济和社会机构的目的和性质"。①

六、当代东亚国家社会核心价值观的引领与培育

在当代东亚诸国中，日本、韩国、新加坡等国家的社会核心价值体系建设和社会核心价值观教育各具特色，但都颇有成效，为引领国民价值观念发挥了重要作用，尤其值得我们关注与学习。

日本的国民思想教育历史悠久。明治维新以前的幕府时期，封建神道、武士道和儒道对日本国民有重要影响；明治维新后，虽然来自西方的民主主义深刻影响了日本国民精神，但传统的儒教主义、军国主义仍然有着重要影响；二战结束以后，日本传统的军国主义、神道精神得到遏制，西方民主主义思潮得到进一步发展，但以忠为核心理念的传统儒家思想得以延续。战后日本高校的价值观教育涉及了个性教育、人生观教育、职业道德教育、爱国主义教育、国际化教育等内容。其中，个性教育既注重激发个体的聪明才智与创新精神，以使其达到自我觉醒，成为"独立的人"，也要求个人融入社会，成为时代的建设者。人生观教育强调尊重生命，追求生命的价值，展示生命的意义；尊重人性，正确处理自己同他人、自然及社会的关系。劳动技能教育注重引领学生形

① 陈立思 . 当代世界的思想政治教育 . 北京：中国人民大学出版社，1999：99.

成正确的劳动观念、劳动意识，养成热爱劳动、珍惜劳动成果、善于合作的品质。职业道德教育特别注重培养大学生的职业忠诚度，培养良好的服务态度，围绕职业伦理形成正确的思考、判断、实践。爱国主义教育则延续了传统，要求虔敬天皇、忠诚国家，同时还有乡土教育。尽管二战后天皇在《人间宣言》中否定了自我的“神性”，宣布自己是人而不是“神”，但在国民精神世界中，天皇仍然具有至高无上的地位，仍然是国民精神的寄托和载体，虔敬天皇仍然是日本高校爱国主义教育的特色内容。除了对国家和天皇的忠诚，日本高校的忠诚教育还包括对团队的忠诚。日本高校乡土教育的内容多是本国、本地区的地理、历史、风俗与文化，目的是引导大学生熟悉并热爱国家、热爱乡土。国际化教育的目标是引领大学生熟悉有关国家或地区的政治、经济、文化、教育情况，深化与世界各国的相处与交流，树立日本人的形象，同时培养和平、自由和人权观念。进入二十一世纪，日本高校更加关注信息化、网络化、环境变迁对人们既有价值观的冲击，强调“心灵教育”和“感性教育”。

当代韩国的高等教育肩负着在青年学生中弘扬资产阶级自由民主主义建国理念、传授东西方价值观念相结合的道德规范、建设“新韩国人”精神的重任。二战后，韩国建国理念中突出自由民主主义，在高校渗透民族独立精神和民主主义思想，一方面进行反日教育、“反共”教育，一方面开展国民伦理教育和国民精神教育。韩国在引进西方生活方式与价值观念时，社会价值观念一度出现了混乱，但不久就又恢复并推行了儒教传统价值观，实现了以儒教传统为主导的东西方价值观念的融合。20 世纪 90 年代以来，在全球化浪潮的冲击下，如何继续保持韩国特有的民族精神和传统道德，培养青年学生为国家和社会奉献的政治素质与国民精神，成为新时期韩国高校价值观教育面临的突出问题。韩国高校普遍通过伦理、道德、人文、政治等课程的设置来强化青年学生的价值观教育，这些课程一般都渗透着男女平等意识和社会服务精神，引领青年学生形成正确的家庭伦理、社会道德与现代价值观念。其宗教课程、公民社会课程、法制历史课程具有鲜明的道德教化功能、政治教化功能，在灌输资产阶级民主自由观念、凝聚青年学生的民族热情、建设具有高度责任感的韩国公民方面发挥着重要作用。韩国高校的人文社会学科注重引领学生认识劳动的价值和意义，培养学生的道德意识和集体意识，使其成为勤奋的“生产劳动的人”和“与众共同生存的人”。

新加坡建国较晚，是东南亚的“年轻”国家；面积较小，仅有 600 平方公里；人口也不到300万。作为一个多民族的国家，其国民除了占人口70%的华人外，还有马来人、印度人、斯里兰卡人。新加坡人不仅深受儒家文化影响，也广受伊斯兰教、印度教与基督教等多元宗教文化影响。建国以来，新加坡迅速崛起为“亚洲四小龙”之一，取得了物质文明建设与精神文明建设的辉煌成就。其成功的文化密码在于，把凝练与培育社会核心价值观放在国民教育首位，“反复灌输相同的基本价值观念和生活态度”。新加坡人口虽少，但呈现出人种、信仰、价值观念多样化的景观，在这样的文化背景下，新加坡高校非常重视在青年学生中培植国家意识，培育新加坡人的归属感与认同感。李光耀认为，作为一个汇合了世界各地移民的新国家，新加坡必须培育共同社会行为准则、价值观念和道德信条，才能塑造具有凝聚力的新加坡人。他强调，新加坡公民应时刻准备为多元种族、宽宏大量、乐于助人、向前看的社会献身。新加坡《共同价值观白皮书》对公民基本价值观作了五个方面的定位“国家至上，社会为先；家庭为根，社会为本；社会关怀，尊重个人；协商共识，避免冲突；种族和谐，宗教宽容”。在此基础上，新加坡家庭委员会提出，在家庭领域要倡导“五德”即爱、敬、孝、忠、和，构建亲爱关怀、互敬互重、孝顺尊长、忠诚承诺、和谐沟通的家庭伦理。新加坡一方面特别重视发挥东方价值观尤其是儒家伦理的社会功能，另一方面特别警惕西方腐朽价值观对国民思想的侵蚀。为此，新加坡高校开设了很多介绍中国传统文化尤其是儒家文化的课程，帮助学生学习中国传统文化、树立东方价值观，这对“新加坡人”意识的形成发挥了重要作用。

七、引领与培育社会核心价值观的经验与启示

综观不同社会制度下社会核心价值观的引领与培育，可以发现一个基本规律：凡是具有强大的凝聚力与生命力，能够在特定的时空背景中深入人心，又能在历史上广泛传承的社会“核心”价值观，一般具备五大要素[①]：一是“主导性”。社会核心价值观体现了占社会主导（统治）地位的特定阶级的思想观念，并由此在政治、经济、文化以及社会各个领域获得国家政权的全面支持。二是“时代性”。新生的、有生命力的社会核心价值观，一定契合时代发展的前进方

① 宫志峰．社会主义核心价值体系的基石与理念．理论学刊，2012(11)：7-8.

向，契合社会大众的普遍向往，带有历史的进步性。三是“民族性”。特定国家的社会核心价值观要赢得社会成员的认同与共鸣，不可能脱离其主体民族的历史传统、风俗习惯、民族心理和民族精神。四是“大众性”。社会核心价值观一般是与社会大众的现实诉求（物质利益诉求和精神生活追求）紧密联系在一起的。五是“通俗性”。社会核心价值观在语言表述上一般符合人们的认知、理解与记忆规律，易读、易懂、易传承。此外，凝练社会核心价值观还应遵循四大原则：一是现实性指向。凝练社会核心价值观时，要扎根现实生活，关注现实国情、民情，关注人们的现实生存状态。二是未来性指向。凝练社会核心价值观时，要适度高于现实生活状态，以人们对未来美好生活的理想追求做指引，体现“人的自由而全面发展”的终极目标。三是传承性原则。从民族传统文化和社会价值体系中吸收合理的因素，体现民族特色。四是开放性原则。以包容的心态从人类创造的一切优秀文化和价值体系汲取营养，体现社会核心价值体系的普适性。

十八大对社会主义核心价值观的凝练，也契合了上述规律和原则。“富强、民主、文明、和谐，自由、平等、公正、法治，爱国、敬业、诚信、友善”，既契合了“主导性”“时代性”“民族性”“大众性”“通俗性”规律，也遵循了现实性指向、未来性指向、传承性原则、开放性原则，是与中国特色社会主义相适应的相对科学合理的价值观念体系。以此引领与培育青年学生，在内容上要实现社会核心价值观向当代大学生群体价值观的转化，在方法、途径上要不断与时俱进。在实践中，一是立足当代大学生思想实际，针对中国特色社会主义实践提出的历史性课题，不断丰富价值观教育的内容，以社会主义核心价值观引领大学生。二是借鉴传统中国价值观教育模式与世界各国创造的价值观教育方法，创新当代大学生价值观教育的路径、方法、载体与机制。三是尊重社会存在与社会意识的辩证关系，夯实当代大学生核心价值观生成的经济基础、政治基础、文化基础和日常生活基础。四是以人为本，尊重人、理解人、关心人，优化社会大环境，改善校园小环境，为引领与培育当代大学生核心价值观营造良好的“生态”。这正是本课题以下几章所需要集中研究与解决的问题。

第二章　引领与培育当代大学生核心价值观的内容

大学生是接受高等教育的高素质群体，是实现“中国梦”的主体力量。大学生的价值取向引领社会公众的价值取向，攸关民族的前途与命运。用正确的价值观念引领与培育大学生，是高校“立德树人”的首要任务，是中华民族“百年树人”的基础工程。实现中华民族伟大复兴的征途中，必须坚持以社会主义核心价值观充实与完善大学生价值观教育的内容，为大学生价值观教育注入新的血液，引领青年学生走在践行社会主义核心价值观、共筑“中国梦”的前列。

一、以马克思主义引领当代大学生

坚持马克思主义指导，是《中国共产党章程》和《中华人民共和国宪法》中的明确规定。马克思主义博大精深、意蕴深远、自成体系，马克思主义价值观是其思想体系的重要组成部分，是指导各国劳动人民建构科学价值体系、形成正确价值理念的重要指导思想，也是中国特色社会主义核心价值观最基础的理论来源。引领与培育当代大学生，首先要引领当代大学生深刻理解为什么要以马克思主义指导社会主义核心价值体系建设。

第一，马克思主义经典作家深刻阐释了价值的含义及其生成基础。在马克思主义经典作家的视野中，价值有多层含义：一是在一般意义上，价值指与作为主体的人相对的客体，即世界的物质性存在和精神性存在对人的有用性；二是在经济学意义上，价值作为商品交换的前提和基础，特指凝结在商品中的无差别的人类劳动；三是在哲学意义上，价值特指作为主体的人存在的意义，主要包括个人价值和社会价值。马克思主义关于价值的科学论述以及关于社会存在与社会意识的科学论断，是理解价值内涵及其产生机制的认识论基础。

第二，马克思主义经典作家深刻批判了旧的阶级价值观的非科学性。伴随着生产力的发展和物质资料的丰富，人类社会基于经济地位差别逐步分化为根本对立的剥削阶级和被剥削阶级，剥削阶级不仅在物质层面无偿占有被剥削阶级的劳动成果，而且在思想文化领域特别是意识形态领域享有社会话语权，从精神上、价值观念上支配、影响着被剥削阶级的思想。在奴隶社会和封建社会，统治阶级所宣扬的价值观，诸如君权神授、男尊女卑等思想长期毒化着奴隶、农民等阶级。近代以来，资本主义国家宣扬天赋人权、民主、自由、平等、博爱等价值观，在反对封建精神束缚方面有其积极意义，但是其实质是为资产阶级利益服务。不论是在自由竞争的资本主义阶段还是垄断资本主义阶段，资产阶级口中的人权主要是资本家剥削工人的权力，资产阶级民主政治的实质不过是资产阶级内部不同利益派别的金钱游戏，所谓的平等在资本主义国家内部被种族歧视销蚀，在对外（国际）关系上则表现为赤裸裸的恃强凌弱、弱肉强食。即使在今天，发达资本主义国家虽然创造了辉煌的物质文明，其所倡导的天赋人权、民主、自由、平等、博爱等价值观也没有真正落到实处，社会充斥着大量的种族歧视、暴力执法、非法拘禁、枪支泛滥、草菅生命等现象。马克思主义经典作家对资本主义的批判，不仅在当时具有重要的针砭时弊、唤醒无产阶级的意义，在今天仍然是分析资本主义社会的钥匙。

第三，马克思主义经典作家深刻揭示了无产阶级价值观的基本内涵。在批评阶级社会价值理念的虚伪性的同时，马克思主义经典作家指出，无产阶级不仅善于破坏旧世界，而且善于建设新世界，批判的目的全在建设。马克思主义经典作家深刻揭示了无产阶级价值观的基本内涵：一是，无产阶级追求的经济利益不是少数人的，而是绝大多数人的利益，以往有产阶级追求的利益是个人的私利，这是导致社会不平等的根源；二是，无产阶级追求的民主，是绝大多数人的真正平等的民主，不是少数人的金钱民主，建立绝大多数人民主选举的政治制度是无产阶级革命的基本目标；三是，无产阶级追求高尚精神生活，反对颓废的精神生活，重视社会成员的思想文化建设，以此提升人民的精神境界；四是，主张全世界无产者联合起来，团结统一，争取自己的权益，坚持国际主义与爱国主义的统一；五是，认为自由与纪律、民主与集中、道德与法制是相辅相成的。可见，马克思主义经典作家深刻揭示了无产阶级价值观的基本内涵，是十八大倡导的“富强、民主、文明、和谐”“自由、平等、公正、法治”“爱国、敬业、诚信、友善”的社会主义核心价值观的理论渊源。

马克思主义经典作家关于价值的研究、分析和阐释，对旧阶级价值观的批判和超越，以及他们对未来社会价值理念的科学预见，对于当代中国建构社会主义社会价值体系具有重要的指导意义，同时也为学习、理解、培育、践行社会主义核心价值观奠定了思想基础。

二、以社会主义核心价值观培育当代大学生

重视价值观建设是中国革命取得成功的重要精神性原因。在新民主主义革命时期，中国共产党大力倡导集体主义价值观，反对个人主义；倡导一切从实际出发、实事求是的精神，反对教条主义；倡导一不怕苦、二不怕死、艰苦奋斗和敢于牺牲的精神；倡导为人民服务的价值理念等等。新中国成立以来，执政的中国共产党更为重视建构社会价值观，在具有临时宪法性质的《中国人民政治协商会议共同纲领》中，鲜明地提出了“爱祖国、爱人民、爱劳动、爱科学、爱护公共财务”的价值规范，成为改革开放前社会主义道德建设的重要遵循。在“五爱”基础上，改革开放以来，中国共产党完善社会价值观的话语体系，提出了建设社会主义精神文明的新命题和新要求，明确了以德治国理念，进而提出了建设社会主义核心价值体系的重大战略任务。特别是党的十八大，明确提出了“三个倡导”的号召，在全社会培育和践行“富强、民主、文明、和谐”“自由、平等、公正、法治”“爱国、敬业、诚信、友善”的社会主义核心价值观。引领与培育当代大学生，在主体内容上，就是要引领当代大学生深刻认识社会主义核心价值观提出的逻辑依据、时代背景和基本内容。

第一，建构和塑造社会核心价值观，是支撑改革开放披荆斩棘、破浪前行的精神力量。改革开放是中华民族的伟大而艰巨的事业，任何事业的顺利开展，都需要思想理论的指导和精神力量的支撑，正如马克思强调的那样：“理论一经掌握群众，也会变成物质力量。理论只要说服人，就能掌握群众；而理论只要彻底，就能说服人。所谓彻底，就是抓住事物的根本。而人的根本就是人本身。”[①] 思想理论产生的精神力量，是认识世界和改变世界的重要思想武器和精神动力，这是被实践反复证明的真理。回首改革开放的历程，可以深切地

---

① 马克思恩格斯选集（第 1 卷）. 北京：人民出版社，1995：9.

体会到，如果没有真理标准问题大讨论吹响的解放思想的号角，人们的精神枷锁就不可能被打破，也就不可能有拨乱反正、正本清源，更不可能有改革开放和现代化事业的起步；没有邓小平对“解放思想、实事求是”这一思想路线的一贯坚持和反复重申，整个社会价值观就无法从极“左”思潮中解脱出来。正是对人们精神世界的关照，社会主义精神文明建设被列为新时期党和国家事业发展的重要战略布局之中。改革开放以来，中国共产党和中国人民意识到，必须坚定中国特色社会主义道路，不能出现滑向资本主义、走资本主义道路的颠覆性错误，但是，也不能把社会主义的价值目标等同于穷的社会主义，穷的社会主义也是对中国共产党领导的革命、建设事业价值目标的严重歪曲。为此，邓小平明确指出，致富不是罪过，社会主义追求共同富裕，这一论断极大地推进了改革开放和现代化建设事业。

第二，破解社会价值多样化挑战，是改革开放以来的社会发展提出的重大课题。改革开放以来，伴随着人们对物质利益的追求，过度追捧物质享受，忽视人的精神世界，以至于导致社会价值观混乱，是新时期社会思想文化建设面临的重大挑战。在正确处理精神世界与物质世界的关系方面，应深刻把握物质与精神的辩证关系，既要纠正不讲物质生活而片面追求纯洁精神世界的不良倾向，更要防止单纯追求物质利益而不讲精神道德生活的错误倾向。改革开放以来，我国综合国力和国际竞争力，经济总量和世界排名均实现了历史性的跨越和提升。随着社会流动加剧和我国国门的打开，社会流动性以及对外经济、文化交流日益频繁、密切，西方不良社会思潮和社会主义初级阶段不良社会意识沉渣泛起，社会价值观日益多样化，社会主义关于集体主义、奉献精神、诚实守信、道德责任的主流价值观受到干扰，一部分社会成员价值观扭曲，极端个人主义、拜金主义、享乐主义、物质至上观念、道德虚无主义等等社会思潮大行其道，一定程度上造成了社会价值观念的。因此，加强社会主义核心价值观建设，以立体化的方式确立国家、社会、个人的价值观的基本纲目，对于破解社会价值多样化挑战，坚持社会主义的主导价值观具有重大意义。

第三，社会主义核心价值观话语的基本内容，是改革开放以来精神文明建设实践经验的历史性总结。梳理改革开放以来对社会价值观的建构与塑造轨迹，可以清晰地看出，20世纪80年代初，中国共产党着眼于重塑社会成员的基本道德理念，提倡摆脱“文化大革命”时期的精神枷锁，倡导理性平和、宽松自由、文明礼貌的精神生活，培养社会成员的爱国主义情怀、思想道德情感、家庭社会责任是改革开放初期的重要价值理念。伴随着改革开放的快车飞速前进，党的十二届六中全会和十四届六中全会专题研究社会主义精神文明建设问题并做出决议，特别是20世纪90年代中国共产党制定和实施了《爱国主义教育实施纲要》，21世纪初中国共产党颁布了《公民道德建设纲要》。需要特别指出的是，改革开放以来，邓小平的“四有新人”论、江泽民的“以德治国”论、胡锦涛的“八荣八耻”论，尤其是十八大以来习近平在价值观领域反复强调的“三个倡导”论，这些理论成果都深刻总结了中国共产党的实践经验，有力地促进了我国社会主义精神文明建设，为社会主义现代化建设事业的健康发展和中华民族伟大复兴中国梦的实现提供了重要的精神支柱。

三、以中华优秀传统文化滋养当代大学生

文化是一个民族、一个国家的“根脉”所在。五千年的历史文化积淀构成了中华民族的文化根基，承载了中国人的价值理念，是中国人精神世界的独特写照。正如习近平所言，中华优秀传统文化是涵养社会主义核心价值观的重要思想基础。引领与培育当代大学生，就要结合新的历史条件以中华优秀传统文化滋养当代大学生。

中华优秀传统文化是社会主义核心价值观的文化土壤、精神血脉、思想渊源。当代大学生树立和践行社会主义核心价值观，必须深刻认识并传承中华优秀传统文化。要做好中华优秀传统文化的普及与推广，以传统中国哲学思想、人文精神、教化思想、道德理念的精华培育当代大学生。同时要处理好继承和创新的关系，赋予中华优秀传统文化新的时代内容，用以滋养大学生心灵、陶冶大学生情操。

在国家层面，中华优秀传统文化“治国”“平天下”的理念为当代大学生提供了爱国主义的坐标。中国古代先贤历来追求富国强兵、中华一统。从上古时代的“大禹治水”实现天下风调雨顺，到秦始皇平定天下纷争、统一六国、统一度量衡；从三国两晋南北朝时人们对分裂局面的痛心疾首，到隋唐中华重归一统创造盛唐盛世；从五代十国的连年战乱，到宋元明清四个朝代的市井繁华和中兴盛世；可以说，中国古代朝代的更替，历史的接续发展，都印下了历朝历代志士仁人追求国家统一、民富国强的价值理念。这些价值理念在中华优秀文化宝库中有着全景式的反映，先秦文学中的《诗经》、《尚书》、《礼记》

等，唐诗、宋词、元曲中的众多作品，从不同角度反映了国人追求社会安定、富足生活并为之努力的价值理念。为了实现国家安定与富强，中国古人建设了大运河、都江堰等大量的水利设施，修建了长城等抵御外敌的军事工事。这些文治武功，充分体现了中国古代先贤的智慧和治理国家的基本理念，构成了中华民族家国观念的基本内容。

在社会层面，中华优秀传统文化追求“和而不同”“礼仪之邦”“道并行而不相悖”“德”与“法”并举的社会治理理念，为当代大学生提供了追求理想社会的行为坐标。中国古代先哲们的思想内涵观念深邃，体现了较高的思维水平和杰出的智慧之光。“和为贵”的文化观念是中国古代优秀传统文化的重要价值观念，渗透在社会生活的方方面面，经商兴业追求的是和气生财，处世之道是和睦相处、和平相处。实现“和为贵”有着现实的社会生活准则路径，对礼仪的设定与遵行是维系社会生活和谐有序的重要社会准则，所以有着“礼之用，和为贵”的传统经典名句，“礼”的社会仪式和生活礼节构成了中国人社会化的主要内容之一，从日常问候、群体生活乃至教书育人到婚丧嫁娶，都有着一套成熟的礼仪模式。此外，中国优秀传统文化还倡导尊重事物的多样性，古人深刻认识到了包括不同民族、不同地域、不同身份的人在内的世间万物是不尽相同的，提出了“万物并育而不相害”的重要价值理念，强调要尊重差异和事物发展的多样性，世界上的一切事物都应该和睦相处，相互支持，共同发展，不要为了自身的生存和发展而牺牲其他事物，蕴含着深刻的和谐理念与和平相处的价值追求，体现了尊重事物发展规律的理性思维因素。为治理好社会，中国古人主张“为政以德”，大力倡导道德教化、文化熏陶，希望政治人物“道之以德，齐之以礼，有耻且格”，养成“君子”人格，以德立世；同时，又主张社会治理的法律考量，主张“道之以政，齐之以刑”。古代先哲深刻认识到，“徒善不足以为政，徒法不足以自行”，必须在社会层面大力倡导文明、和谐、法制理念，实现社会有序运行。

在个人层面，中华优秀传统文化追求“修身”“慎独”，主张“家国情怀”的爱国主义、“业精于勤”的敬业精神、“与人为善”的友善观念、“童叟无欺”的诚信理念，为当代大学生提供了个人修养的坐标。中国优秀传统文化认为，人是世界万物中的宝贵的能动性力量，加强自我修养是人作为生命个体在社会生活中融入社会、被社会认可和接纳的重要因素，是完善生命价值的重要途径，是实现自我与他人、个体与群体、个人与社会和睦相处、和谐发展的基本条件。人类社会自国家意识诞生以来，任何民族都强调对自己的祖国要坚持爱国主义的基本价值立场，爱国思想是中华传统文化的核心价值理念。中国古代典籍对爱国主义记载颇多,《晏子春秋》中就有“利于国者爱之，害于国者恶之”的观念，曹植“捐躯赴国难，视死忽如归”，岑参“小来思报国，不是爱封侯”，苏轼“报国之心，死而后已”，顾宪成“风声雨声读书声，声声入耳；家事国事天下事，事事关心”，吕坤“有益国家之事虽死弗避”，顾炎武“天下兴亡，匹夫有责”，这些诗句或论述洋溢着爱国主义精神，彰显了对国家、民族的责任和使命。中国古人还在人际交往方面主张“君子莫大乎与人为善”，在学业方面主张“学而不思罔，思而不学则殆”“书山有路勤为径，学海无涯苦作舟”“差之毫厘，缪以千里”，在道德修养方面主张“见贤思齐焉，见不贤而内自省也”“人而无信不知其可”，其中所蕴含的友善、敬业、诚信等观念，都是社会主义核心价值观在个人层面所传承与倚重的。

重视传统文化的继承和发展是中华文化长盛不衰的重要原因。中华民族是世界上为数不多的长盛不衰、历久弥新的民族，其中，中华文化是维系民族生存、发展以及团结、统一的内在精神动力。中华文化展现了蓬勃的生命力和旺盛的生长力，在世界民族文化百花园中展现出独特的魅力，形成了举世公认的中华文化圈和汉字文化圈。中华民族在世界的东方繁衍生息，黄河、长江孕育了黄皮肤的中国人，创造了独特的汉字，积淀了深厚的文化资源，诗词曲赋、雕刻艺术、中医医学、四大发明等一大批璀璨夺目的宝贵文明财富。在代与代之间的更替之间，注重教育下一代掌握上一代的技艺和道德，传承文化知识，弘扬道德精神，是中国传统文化中关于人的社会化的重要内容。在代际教化的过程中，中华文化历来主张以德为先、以德润才、德才兼备、德艺双馨、学富五车、才高八斗等等，这些基本要求是中华文化的重要价值主张。近代以来，特别是中国共产党成立以来，在推动传统文化的现代转型中，以“取其精华去其糟粕”的态度对待传统文化。在改革开放的时代大潮中，继承和发展中华优秀传统文化所蕴含的价值理念，是培育社会主义核心价值观的重要路径。

文化传承是高校的重要职能，传承和弘扬中华优秀传统文化，以此涵养社会主义核心价值观，存在很大的提升空间。例如，在研讨会、辩论赛、演讲比赛等校园文化活动中，渗透中华优秀传统文化元素；在春节、清明节、端午节、中秋节等中华民族的传统节日，以价值观讨论、主题征文、诗歌朗诵、书法比赛等活动体现中华优秀传统文化元素；在大学生科技大赛、创新创业大赛中，注入传承和弘扬中华民族优秀传统文化的元素；更为重要的是，配置熟悉中华优秀传统文化的师资，把中华优秀传统文化资源合理地纳入大学生党课、团课教材体系和课堂教学体系，纳入党团组织的日常管理教育中。各级党团组织要在各项活动中肩负起传承和弘扬中华优秀传统文化的神圣使命，以具体的工作把中华优秀传统文化落实、落细、落小。

四、以中国共产党革命精神淬炼当代大学生

近代以来，西方列强侵略中国的历史，也是中国人民不屈不挠抗争、奋斗的历史。追求国家富强、政治进步、社会文明，实现民主自由、人人平等、社会公正，构成了近代以来中华民族及其先进分子追求国家现代化的重要价值理念。新生的中国共产党自觉把实现民族独立和人民解放、国家富强和人民幸福视为己任，在新民主主义革命时期就开始了局部执政的探索、价值理念的实践，取得了明显的成效。新中国成立以来，中国共产党革命精神成为社会主义建设的精神动力，引领中国人民谱写了建设中国特色社会主义、实现中华民族伟大复兴的光辉篇章。引领与培育当代大学生，就要以中国共产党革命精神淬炼当代大学生，使其成为中国共产党的坚定拥护者和支持者。

要深刻把握中国共产党革命精神的现代化指向，引领大学生投身全面小康社会建设。中国共产党领导人民群众革命就是要带领中国人民和中华民族摆脱落后挨打的被动局面，把中国建设成一个富强民主的现代化国家。新中国成立以来，中国共产党领导中国人民实现现代化的目标是十分清楚和明确的，在具体的战略步骤规划方面，是逐步调整具体实施步骤的。毛泽东、周恩来等老一辈领导人曾经设想，中国到二十世纪末建成社会主义现代化国家。改革开放以来，邓小平重新审视中国现代化的战略步骤，明确提出了“三步走”的发展战略，其中，第二步战略目标是二十世纪末到达小康水平。新世纪以来，中国共产党又提出了全面建设小康社会的目标。全面建成小康社会，首先就是实现国家富强和人民幸福，要使人民共享改革发展成果。同时，全面建成小康社会，必须体现在政治生活的不断民主化、法治化，体现了全社会法治化意识及其行为能力的不断提高，也体现在全社会文化建设日益繁荣、社会文明程度的普遍提高，社会成员道德修养素质及其水平普遍提高。因此，社会主义核心价值观“富强民主文明和谐”的价值追求，与中国共产党全面建成小康社会的基本目

标是一致的。

要深刻把握中国共产党革命精神的现代化指向，引领大学生投身党领导下的制度体系建设。中国共产党在革命精神中的制度意识对于现代化意义重大。改革开放以来，邓小平对中国现代化的战略目标和战略步骤有着十分明确的思考和表述，认为到中国共产党发展一百周年时可能形成较为完善、成熟的制度体系，到新中国发展一百周年时基本实现现代化和民族复兴，这就是后来十八大报告突出强调的“两个一百年”战略目标。社会主义核心价值观追求自由、平等、公正、法治的社会价值观，这与社会制度建设密切相关，其实质是社会建设在制度层面的价值追求。从制度建设的视角来看，自由不是绝对的自由，自由与法律、纪律是相对应的，绝对的自由是破坏法律和纪律的，是对绝大多数社会成员利益的损害，不符合制度建设的既定目标；平等是现代国家的基本价值理念，是社会主义国家针对现实存在的不平等现象而言，法律、纪律、权力、权利的平等，是平等的的基本含义，是制度建设的核心目的；公平正义是制度建设的基本价值诉求，是包括制度在内的社会整体性文明程度的标志；法治观念是制度的基本内在要求，法治是针对人治而言的，体现了法律的尊严不容践踏，体现了人类理性胜于主观随意性。所以，在全社会培育和践行社会主义核心价值观，对于引领大学生为实现建党一百年时建设成熟定型的制度体系做出应有贡献具有重要的价值导向意义。

要深刻把握中国共产党革命精神的现代化指向，引领大学生积极投身社会主义现代化建设和中华民族伟大复兴的崇高事业。中国共产党革命精神在现代化进程中发挥着重要作用，这种革命精神体现在对现代化指标的清醒与自觉。任何国家对现代化的实现程度都有着自己的衡量标准，这种衡量标准有着具体的评价指标体系，但是，这种评价体系既有经济方面的一系列指标体系，也有政治方面的一系列指标体系，还有文化方面的一系列指标体系，而社会核心价值观则是从理论与实践相结合的角度在价值追求层面的具体目标，揭示了一个国家的现代化价值观和实现程度。人们普遍认为，经济现代化、政治民主化是现代化的基本指标，社会文明程度、社会和谐状态是现代化的主要内容。中华民族要实现真正意义上的伟大复兴，不仅仅要实现经济总量及世界排名的跃升，提升国家的硬实力；更为重要的是实现文化自觉，促进民族文化的日益繁荣和国际形象的不断提升，促进国民素质的不断提高和社会文明程度的不断改进，不断增强国家的软实力。上述这些基本指标，对于大学生理解、认同社会主义核心价值观，投身社会主义现代化建设事业具有重要的导向作用。

五、以习近平新时代中国特色社会主义思想武装当代大学生

习近平总书记在党的十九大报告中指出："经过长期努力，中国特色社会主义进入了新时代，这是我国发展新的历史方位。"① 以社会主义核心价值观引领和培育当代大学生，就要准确把握时代脉搏，以习近平新时代中国特色社会主义思想武装当代大学生。

以习近平新时代中国特色社会主义思想武装当代大学生，首先要教育当代大学生深刻认识到，新时代中国共产党的使命与担当也是当代大学生的使命与担当。当代大学生要坚持"与党和人民同呼吸共命运"，积极支持党为"有效应对重大挑战、抵御重大风险、克服重大阻力、解决重大矛盾"而必须进行的"具有许多新的历史特点的伟大斗争"；支持党"正在深入推进的党的建设新的伟大工程"；"更加自觉地增强道路自信、理论自信、制度自信、文化自信，既不走封闭僵化的老路，也不走改旗易帜的邪路，保持政治定力，坚持实干兴邦"②，支持党推进新时代中国特色社会主义建设的伟大事业，实现中华民族伟大复兴的梦想。

以习近平新时代中国特色社会主义思想武装当代大学生，还要教育当代大学生深刻认识到，新时代中国特色社会主义思想和基本方略同时也是党和国家夯实社会主义核心价值观社会基础的根本。要深刻认识"新时代中国特色社会主义思想，是对马克思列宁主义、毛泽东思想、邓小平理论、'三个代表'重要思想、科学发展观的继承和发展，是马克思主义中国化最新成果，是党和人民实践经验和集体智慧的结晶，是中国特色社会主义理论体系的重要组成部分，是全党全国人民为实现中华民族伟大复兴而奋斗的行动指南，必须长期坚持并不断发展。"③ 当代大学生不仅要在日常学习中"深刻领会新时代中国特色社会主义思想的精神实质和丰富内涵"，更要在今后的各项工作中聚焦"四个伟大"战略任务、"四个全面"战略布局、"五位一体"的总体布局，全面准确地贯彻落实。全面准确地贯彻落实"四个伟大"战略任务、"四个全面"战

① 习近平在中国共产党第十九次全国代表大会上的报告，人民日报，2017-10-28.
② 习近平在中国共产党第十九次全国代表大会上的报告，人民日报，2017-10-28.
③ 习近平在中国共产党第十九次全国代表大会上的报告，人民日报，2017-10-28.

略布局、“五位一体”的总体布局，也就是在夯实社会主义核心价值观的现实基础。

习近平总书记在党的十九大报告中指出：“青年兴则国家兴，青年强则国家强。青年一代有理想、有本领、有担当，国家就有前途，民族就有希望。中国梦是历史的、现实的，也是未来的；是我们这一代的，更是青年一代的。中华民族伟大复兴的中国梦终将在一代代青年的接力奋斗中变为现实。”① 大学生是青年的主体，以习近平新时代中国特色社会主义思想武装当代大学生，就要牢记习近平总书记的嘱托：“坚定理想信念，志存高远，脚踏实地，勇做时代的弄潮儿，在实现中国梦的生动实践中放飞青春梦想，在为人民利益的不懈奋斗中书写人生华章！”②

以习近平新时代中国特色社会主义思想武装当代大学生，不仅要注重系统的理论灌输，还要善于采取科学的方法、途径实现情感、思想的渗透。一是要继续不断完善大学生志愿服务和大学生青年文明号创建活动。二是要深入持久地开展接地气的校内外实践活动，把社会主义核心价值观融入其中。三要依托历史纪念活动和重要节日文化活动促进大学生价值教育。四是要积极净化网络环境，拓展新媒体阵地，向大学生传递社会主义核心价值观的正能量。五是根据现实情况的变化和大学生的特点及需求，寻找新的工作平台，阐释习近平新时代中国特色社会主义思想，传播社会主义核心价值观。

六、以先进典型示范当代大学生

榜样的力量是无穷的。以社会主义核心价值观引领与培育当代大学生，要善于运用各种先进典型，用榜样的力量影响青年学生。同时，高校教职员工要带头践行社会主义核心价值观，以身示范，扩大社会主义核心价值观对大学生的影响。

首先，要充分利用中国共产党历史上先进典型人物资源引领核心价值观的培育和践行。历史意识是任何组织发展壮大的重要思想原因，中国共产党的历史是光荣的历史，在党史上产生了许许多多的模范人物，要善于挖掘、整理、

---

① 习近平在中国共产党第十九次全国代表大会上的报告，人民日报，2017-10-28.

② 习近平在中国共产党第十九次全国代表大会上的报告，人民日报，2017-10-28.

传播这些先进人物的模范事迹，凝练模范人物的高尚精神内涵。在民主革命时期，中国共产党的一系列英雄人物已经成为当代文学作品的经典先进形象。在新中国的历史上，也有许许多多的先进典型，比如助人为乐的雷锋、舍身救人的大学生张华、自强不息的青年模范张海迪等等。这些人物的先进事迹与高尚精神值得在新的历史条件下结合时代特征加以发扬光大，理应成为以社会主义核心价值观引领与培育大学生过程中的重要思想素材。

其次，要立足当代，善于发现并宣传大学生中的先进事迹，为核心价值观的培育提供鲜活的典型素材。在中华民族伟大复兴的关键时期，许多大学生自觉投身于时代的大潮中，力求使青春年华放射出夺目的光彩，涌现出了舍己救人的大学生英雄、拾金不昧的高尚大学生、扎根基层现身青春的奉献大学生。高校要善于发现大学生群体中的佼佼者，以先进大学生的高尚品德和行为激励青年学生，树立当代大学生的价值标杆、精神榜样、行为模范。特别要注意的是，高校及其团组织要下大力气形成发现、表彰、宣传大学生模范人物的经常化体制机制，从大学生日常学习与生活语境的角度，做足功课、打牢基础、务求实效，夯实社会主义核心价值观落地生根的现实土壤。

再次，高校师生员工要以身作则、率先垂范，以实际行动引领大学生认同与践行社会主义核心价值观。中国古人云：“政者，正也。子帅以正，孰敢不正？”马克思主义强调“路线确定以后，干部就是决定性因素”，群众也常常说“火车跑得快，全靠车头带”。大学生价值观教育要取得实效，教师的示范和引领至关重要。高校师生员工要立足岗位，自觉践行自由、平等、公正、法治的社会价值理念，自觉践行到爱国、敬业、诚信、友善的个体价值观，坚持思想认识与个体行为的统一，以自身对社会主义核心价值观的真学、真懂、真信、真行，赢得大学生对社会主义核心价值观的认同与践行。

综上所述，任何社会思潮和社会意识都有萌芽、发展、成熟乃至引发社会反响的过程，这个过程既存在思想文化特别是社会意识形态代际积淀与传承的历史演进规律，也存在多样化社会思潮碰撞与竞争的互动发展规律。社会主义核心价值观是建设中国特色社会主义、实现“中国梦”的历史阶段中华民族共同的价值规范，从其发展和演进过程看，其思想基础是马克思主义，其文化根基是中国优秀传统文化，其制度属性是中国特色社会主义；从历史逻辑来看，社会主义核心价值观的提出，是“文化大革命”结束之后，伴随着改革开放历史画卷的展开，思想文化领域逐步拨乱反正、正本清源，社会主义精神文明话语体系破土而出并不断演进的必然结果。以“三个倡导”为主要内容的社会主义核心价值观，既体现了当代中国现代化过程在物质层面的价值观念，又反映出当代中国国家治理理念的现代化取向，还体现了社会主导性意识形态对社会精神领域的引领作用。引领与培育当代大学生，正是需要深入把握社会主义核心价值观形成的这一理论逻辑与历史逻辑，构建大学生价值观教育的内容体系。

习近平总书记强调，要使社会主义核心价值观内化为人们的精神追求，外化为人们的自觉行动。为了实现这一目标，高等教育工作者需要思考，如何向大学生阐释社会主义核心价值观，引导大学生了解和学习社会主义核心价值观的历史渊源，让他们对社会主义核心价值观产生认同感和归属感，使其信念认同、心理认同、理论认同和行为认同，树立高度的价值观自信，进而内化为信念，外化于行动。与此同时，要深入把握当代大学生思维发展规律和行为举止特点，根据大学生群体不同的思想素质、文化水平、年龄及职业特点，按照“有区别的共同进步原则”，因材施教，分层次确立践行社会主义核心价值观的目标。要着重从强化认知、示范引领、推动践行、有效传播等环节上下工夫，利用课堂教学活动、校园文化活动、社会实践活动等开展社会主义核心价值观的宣传及学习，在大学校园中形成学习、认同、践行、传播社会主义核心价值观的浓厚氛围。

第三章　引领与培育当代大学生核心价值观的主体

引领与培育当代大学生核心价值观涉及诸多环节，既包括教育者的引领与培育活动，又包括受教育者的认同与践行活动。所以，在引领与培育当代大学生核心价值观的过程中，既要坚持教育者在这项工作中的主体地位，加强当代大学生核心价值观的引领与培育主体建设，又要尊重和重视受教育者在认同与践行核心价值观方面的主体地位，充分发挥教育者和受教育者双方的主观能动性。

一、“主体际说”对引领与培育当代大学生核心价值观的启示

一般而言，“主体”一词多用于哲学领域，通常是指在一项实践活动中处于支配地位的事物。伴随着教育学及其相关学科的快速发展，“主体”一词在教育学等领域也被广泛使用。当前，对于引领与培育当代大学生核心价值观的主体，学术界主要有四种主流观点[①]：

第一种观点是单一主体论。该观点认为教育活动只有一个主体，但又分为两种不同的情况，有的学者认为教育者是教育活动的主体，而有的学者坚持说受教育者才是教育活动的主体。显然，单一主体论只是强调了教育活动双方某一方的作用，具有明显的片面性。

第二种观点是双主体论。持这种观点的学者将教育过程进一步划分为“教”和“学”两个子过程，认为教育者与受教育者在这两个不同的过程中分别承担主体和客体的角色。从教师的教学过程来说，教育者决定了教育的内

① 张耀灿等．现代思想政治教育学．北京：人民出版社，2001：190-191.

容、形式等关键因素，在教学过程中处于绝对的主导地位，而学生作为教育内容和形式的接受者，是教学过程中的客体；从学生的学习过程来说，学习效果的好和坏取决于学生自身的智力水平、自觉程度和勤奋程度，在学生的学习过程中，教育者能发挥的作用非常有限，是学生学习过程中的客体。这种观点的缺陷在于，它将教育过程机械地划分为两个子过程，将教育这一复杂的问题简单化，忽视了教师教学和学生学习二者之间的内在联系。

第三种观点认为，教育活动应该是一种双向互动过程。所以，简单地用主体和客体来区分教育者与受教育者在教育活动中的地位和作用是不正确的。在他们看来，教育者与受教育者之间的关系应该是比主客体关系更加高级的非对象性互动关系，是一种绝对平等的社会关系。这种观点有其合理性，但是，在实际工作中，教育牵涉的范围和因素十分广泛，教育者与受教育者的关系其实是一个复杂的关系体系，只强调教育者与受教育者之间的非对象性关系是不够的。

第四种观点继承了双向互动理论的合理因素，强调教育过程在本质上是教育者与受教育者双方共同参与、相互合作、共同完成的活动，而且双方都是这一活动的主体，这两个主体通过一定的中介相联系，形成了一种特殊的主体际交往关系，而起到中介作用的就是教育者在教学过程中所使用的教材、作业、辅助教具，还有教育者自身的语言动作等。教育者通过中介传递指导信息，而受教育者则通过中介接收信息并向教育者反馈结果，通过这一系列的活动，最终实现受教育者思想水平和知识水平的综合提升，这也是我们所赞同的观点。

（一）教育活动中的“主体际”关系

如前所述，教育活动不同于一般意义上的实践活动，不能用简单的主客体关系来界定教育者与受教育者的关系，教育过程是教育者与受教育者通过一定的中介联系起来而相互合作、共同完成的活动，在相互沟通和合作的过程中教育者与受教育者结成了主体与主体之间的主体际关系，这主要是由教育活动的特点决定的。

从目的来看。人类普通的生产生活实践是在主体占有客体的基础上，通过主体的劳动改造客体、消耗客体以适应自身需要的活动，这种活动以牺牲客体为代价，以满足主体的生存和发展为目的。而教育活动则不同，教育活动虽然也是教育者改造受教育者的活动，但是这种活动并不是以教育者占有受教育者为前提，也不是以牺牲受教育者为代价来实现教育者自身的发展，而是要通过教育者的活动来改造受教育者，最终实现受教育者的成长和发展。

从过程来看。在人类普通的生产生活实践过程中，客体与主体之间没有互动，客体只是被动地接受主体的改造。但教育过程则要复杂得多，不论是教育者还是受教育者都是具有自由意志和主观能动性的个体，在这项活动中同时存在着教师的教学活动和学生的学习活动，而且这两个活动并不是孤立的存在，而是通过中介联系起来的有机互动过程，是同一过程的两个不同方面。

从双方关系来看。在人类普通的生产生活实践中，人与物质世界的客观事物之间的关系并不均衡。其中人类处于绝对的主体地位，物质世界中的客观事物只不过是人类认识和改造的对象和目的，是人类实现自身发展的工具；人类可以独立于某个客观事物而存在而且自身不受到影响。而在教育活动中，教育者与受教育者之间包含着多重关系，其中既有物质层面、人格层面、知识层面的关系，同时还包括主体际层面等多种关系。在这些复杂的关系中，人格层面、知识层面、主体际层面的关系是教育过程区别于普通实践过程的最主要方面。

首先，从人格层面来讲，不论是教育者还是受教育者都是具有独立人格的自然人，他们在人格上是平等的，没有高低贵贱之分，在教育活动中只有二者共同合作、有机统一，教育活动才能持续健康发展，谁也离不开谁，一方以另一方的存在和发展为前提。其次，从知识层面来讲，正所谓传道有先后，术业有专攻。一般情况下，教育者在年龄上都要长于受教育者，他们的人生经历、社会经验、所受的教育、知识结构都要比受教育者更加丰富和完善，所以在这一点上受教育者相比于教育者又是存在差距、不平等的。从主体际关系来讲，教育者通过教学活动与受教育者结成主体际交往关系，提高受教育者的综合素质，促进其德智体美劳全面均衡发展，进而实现其自身价值。

同时，受教育者并不是教育者的附庸，而是把教育者看作自己学习的榜样，当作自己学习生活上的领路人和推动力。所以，教育者与受教育者在教育活动中的相互关系并不是简单的主体与客体的关系，教育活动也不是简单的主体改造客体的活动，而是不同主体之间的主体际关系，是不同主体之间互动交流、共同合作的活动。

（二）“主体际”说与当代大学生核心价值观的引领与培育

引领与培育当代大学生核心价值观，虽然在内容、形式、方法上与其他教育活动不尽相同，有其自身发展的特殊规律，但都是人类教育活动的重要组成部分，遵循教育发展的一般规律。在当代大学生核心价值观引领与培育过程中，教育者和受教育者的关系与一般教育活动中两者的相互关系总体上是一致的，也存在主体际关系，只是将二者联系起来的中介会更加具体。在大学生价值观教育中，教育者通过与受教育者的互动，把核心价值观传递给他们，而受教育者也通过这一互动过程反馈学习效果，教育者再据此调整价值观教育的内容、形式与载体等，最终在双方的动态交流和沟通中实现教育目标——引领大学生树立既符合当代大学生自身发展实际又顺应时代发展要求的核心价值观，提高大学生群体的思想境界和道德素质。

在引领与培育大学生核心价值观的过程中，教育者以马克思主义、社会主义核心价值观、中华优秀传统文化、中华民族精神和时代精神等为主要内容，以教材、宣传画、视频、多媒体等为载体，通过讲授、展示和亲身示范等形式对学生进行引导和感化；另一方面，受教育者作为有思想、有情感、有自由意志的个体，其在接受教育时并非完全被动。他们拥有独立的主体意识、明确的学习目标和积极向上学习态度，能认识到自身的思想道德水准和价值观念与社会要求之间的差距，自觉地参加和接受教育者的培育和引导，同时还能对教育者传递的思想道德信息进行筛选、改造和接受，根据现实情况的发展变化自发地调节自己的思想和行为，不断提高自己的思想道德水平，进而形成正确的价值观念。此外，价值观教育中的受教育者还能够在教育者引导下进行自我教育，能够摸索和创造价值观习得的形式与方法，这是其他实践活动所不具有的，充分体现了受教育者的主体性。

因此，在大学生价值观教育中，教育者和受教育者都是主体，二者在互动和交流中形成主体际关系。从教育者主体出发，只有发挥其主体性作用，才能更为积极、能动地进行引领与培育。从受教育者主体出发，如果其主体性作用得到发挥，不仅能积极主动地接受教育，而且还会进行自我教育和自我约束，并在这个过程中不断提高自身对核心价值观的认同感，进而在实践中践行核心价值观。

总之，只有教育者和受教育者本着人格平等的原则密切互动、相互交流、教学相长，做到充分默契、有机统一，彼此的主体作用才能得到更好的发挥，受教育者的思想道德素质才能真正提高，才能在个体自觉的基础上真正将核心价值观内化为信念、外化为行动。

二、当代大学生核心价值观引领与培育的主体及其建设

当代大学生核心价值观的引领与培育是一项包含诸多内容、牵涉诸多方面的浩大工程，教育者与受教育者都是这项工作的主体，二者之间存在着主体际关系。教育者在其中承担引领与培育的角色，将社会发展所要求的价值观念、道德规范传递给受教育者，并通过各种形式和途径引领受教育者认同这种价值观念和道德规范，最终做到内化于心、外化于行。要达此目的，就必须不断加强当代大学生核心价值观的引领与培育主体建设，充分发挥教育者主体的作用。

（一）当代大学生核心价值观引领与培育主体的内涵和特点

当代大学生核心价值观引领与培育的主体是在高校这一特定环境中面向当代大学生开展社会主义核心价值观教育活动的思想政治工作者，其教育活动具有现实性、长期性、艰巨性和综合性等特点。现实性是指当代大学生核心价值观的引领与培育主体在培育过程中要把价值观教育的一般理论和具体实践相结合，根据大学生的思想实际和个性发展需要，制定具体的培养计划和实施方案，帮助当代大学生认同与践行社会主义核心价值观，做到知行合一。“长期性和艰巨性是指引领与培育当代大学生形成正确的核心价值观做的是大学生的工作，大学生本身是非常复杂的，要想改造他们的世界观、人生观和价值观必然要下大决心，费大功夫。综合性是指引领与培育主体工作的复杂性，他们既要从事治疗大学生‘思想疾病’的活动，又要从事培养他们‘思想技能’和‘行为技能’的活动。”[①]

面对现实性、长期性、艰巨性和综合性交织在一起的大学生价值观教育工作，作为引领与培育的主体，高校思想政治工作者要更好地完成任务，就必须具备一些基本的素质，比如“坚定的政治立场、成熟的思想观念、高尚的道德情操、宽广的知识结构、一贯的全局意识、敏锐的观察能力、正确分析问题的能力、妥善处理问题的能力、善于组织协调的能力和富于开拓创新的能力等”。[②]

① 吴京玲．高校思想政治教育主体建设研究．辽宁师范大学，2015：16–17.
② 吴京玲．高校思想政治教育主体建设研究．辽宁师范大学，2015：18.

（二）加强当代大学生核心价值观引领与培育主体建设的重要性

“主体建设是引领与培育当代大学生社会主义核心价值观过程中的一项基础性工作”①，这里的主体建设，就是指在一定的社会条件下，依据当代大学生核心价值观引领与培育工作的目的、要求以及核心价值观认同与践行主体即当代大学生的现实需求，针对当代大学生核心价值观引领与培育主体的特点，通过建立和完善一系列的制度和措施，增强当代大学生核心价值观引领与培育主体的主体意识、责任意识、服务意识和实效意识，全面提高引领与培育主体的素质和能力，更好地实现引领与培育主体价值的工作过程。

加强当代大学生核心价值观引领与培育主体建设，首先是实现高等教育立德树人目标的需要。党的十八大强调，立德树人是教育的根本任务。对高校而言，引领与培育当代大学生核心价值观是实现高等教育立德树人目标的重要环节。高校毕业生走出校园后，绝大多数都将成为各行各业的精英，他们的价值观如何，将直接关系到中国的未来。这就要求高校站在历史的高度，以战略眼光认识大学生价值观教育的深远意义，全面贯彻党的教育方针，以社会主义核心价值观引领与培育当代大学生，促进当代大学生德智体美全面发展。

加强当代大学生核心价值观引领与培育主体建设，还是应对现实挑战、解决现实问题的需要。长期以来，高校价值观教育往往习惯于填鸭式说教，即使联系实际，也往往讲不全、谈不透，缺乏说服力。一些高校为避免学生受社会阴暗面影响，甚至采取了许多消极的防范措施，力求阻断学生与社会的接触，其结果不仅达不到目的，反而使学生失去了“免疫力”。为改变这种状态，当代大学生价值观教育的主体必须与时俱进，与社会发展同频共振，转变工作理念、方式和方法，提高业务能力和自身综合素养，增强工作的时代感和针对性。

当代大学生核心价值观的引领与培育涉及多个学科，科学性、系统性、专业性很强，要求引领与培育主体必须具有较高的综合素质。当前，面对社会上各种错误思潮的侵蚀和影响，当代大学核心价值观引领与培育的个别主体存在着一些亟待解决的问题，如品德修养不够、政治理论素质不高、敬业意识淡泊、知识结构不合理、心理素质欠佳等方面。高校思想政治工作者只有自觉加强思想修养，不断提高思想境界，弘扬敬业精神和奉献精神，完善知识结构，

① 李纪岩．当代大学生社会主义核心价值观培育研究．济南：山东人民出版社，2013: 98.

增强心理承受力，成为全面发展的复合型人才，才能更好地适应新形势和新要求，完成引领与培育当代大学生核心价值观的新任务。

（三）当代大学生核心价值观引领与培育主体建设的路径

加强当代大学生核心价值观引领与培育的主体建设，重点是针对引领与培育主体中的基础队伍、骨干队伍、兼职队伍、课外队伍、校外辅导员队伍等，采取可操作性强、效能高的建设措施。

加强当代大学生核心价值观引领与培育的基础队伍建设。高校思想政治理论课教师是系统传授马克思主义理论，宣传党的路线、方针、政策的基础力量，是当代大学生核心价值观引领与培育的基础队伍。哲学社会科学课教师不仅承担着传授哲学社会科学知识的任务，而且也担负着引领与培育当代大学生核心价值观的神圣职责。要统筹抓好马克思主义理论和哲学社会科学各相关学科的学科建设、专业建设、课程建设、课堂建设，系统优化和充实高校思想政治理论课和哲学社会科学课教师队伍，进一步提高这两支队伍的整体素质。

加强当代大学生核心价值观引领与培育的骨干队伍建设。辅导员和班主任是当代大学生核心价值观引领与培育主体中的骨干力量。辅导员和班主任负有在思想、学习和生活等方面指导学生的职责。加强辅导员和班主任队伍建设，对于把大学生核心价值观引领与培育工作落到实处，促进学生全面发展，维护高校安全稳定，具有十分重要的意义。要从全局入手，充分认识新形势下加强辅导员和班主任队伍建设的必要性和紧迫性，打造一支与时俱进、素质全面、准确把握时代特点和大学生价值观生成规律的的辅导员和班主任队伍。

加强当代大学生核心价值观引领与培育的兼职队伍建设。高校党政干部和共青团干部也是当代大学生社会核心价值观的引领与培育主体之一，承担着大学生核心价值观引领与培育的组织、管理、协调和实施等重要任务。加强高校党政干部、共青团干部等兼职思想政治教育队伍建设，重点在于抓好高校党的建设，关键是要抓住领导班子建设、基层党组织建设，发挥好党团组织的教育与管理优势。

加强当代大学生核心价值观引领与培育的日常队伍建设。除了思想政治理论课和哲学社会科学课教师、辅导员和班主任、党政干部和共青团干部之外，高校广大教职员工如所有专业课教师、管理服务岗位的员工等，都负有对大学生进行核心价值观引领与培育的重要责任。高校应树立全员育人、全过程育人的意识，制定相关规定和政策，完善相应制度和考核办法，形成教书育人、管理育人、服务育人协调配合的体制机制。要突出师德建设、本科生导师制和校园育人三项工作，形成全方位、无死角、齐努力的核心价值观培育氛围和格局。

加强校外思想政治理论课特聘教授和辅导员队伍建设工作。校外思想政治理论课特聘教授和辅导员队伍是高校从党政机关、企事业单位、人民团体和人民军队聘请的兼职思想政治教育工作者，是大学生核心价值观引领与培育主体队伍中的重要组成部分。他们身处社会实践的一线，或者是国家大政方针的具体实施者，或者是各行各业的先进典型，他们的经历与思想认识对当代大学生具有特殊的引领与培育作用。实践证明，聘请校外思想政治理论课特聘教授和辅导员，有利于挖掘和利用社会教育资源，拓宽教育渠道，丰富教育内容，使大学生核心价值观引领与培育工作更加贴近现实、增强实效。所以，高校要高度重视校外思想政治理论课特聘教授和辅导员队伍建设。

在大学生核心价值观引领与培育工作中，上述几支队伍目标一致，相互交融，相互促进，是统一的整体。其中，思想政治理论课和哲学社会科学课教师队伍是基础性力量，他们担负着当代大学生核心价值观引领与培育的主要任务。辅导员、班主任队伍是中心环节，他们始终活跃在大学生核心价值观引领与培育工作的第一线。高校党政干部、团干部队伍是主体之一，这支队伍由具备完整组织体系的党团组织作后盾，为大学生核心价值观引领与培育主体建设提供了组织保证。高校全体专业课教师和其他教职员工是引领与培育当代大学生的重要力量，主要在高校日常学习、生活中承担对大学生的教育、引导和指导责任。校外思想政治理论课特聘教授和辅导员作为重要补充，是当代大学生认识社会现实的重要领路人，对于增强当代大学生核心价值观引领与培育工作的实际效果具有重要的促进作用。加强当代大学生核心价值观引领与培育主体建设，主要是加强这几支队伍的建设。要统筹兼顾，不断提高当代大学生核心价值观引领与培育主体建设的水平，把大学生社会核心价值观引领与培育工作不断向前推进。

三、当代大学生核心价值观认同与践行的主体及其建设

在大学生价值观教育中，教育者和受教育者都是主体，前者是引领与培育核心价值观的主体，后者是认同与践行的主题，二者存在主体际关系。提高大

学生价值观教育的实效性，不仅要加强教育者主体建设，更要加强受教育者主体建设，充分发挥大学生作为受教育者的主体作用，提高其认同与践行核心价值观的自觉性和积极性。

（一）当代大学生核心价值观认同与践行主体的内涵和特点

当代大学生核心价值观的认同与践行主体，是指为了树立正确的价值观念而积极参与价值观教育活动，并在此基础上自觉认同与践行高校价值观教育所传授的社会主义核心价值观等价值理念的在校大学生。作为核心价值观认同与践行主体的在校大学生，其主体性突出表现为目的性、自觉性、独特性、能动性和超越性等特点。[①]

目的性是大学生主体性的首要体现，是指大学生在认同与践行社会主义核心价值观的过程中具有特定的目标。这是大学生参与价值观教育活动的出发点和落脚点，也是大学生积极参与这种实践活动的主要推动力。具体来说，就是大学生在认同与践行社会主义核心价值观的活动中，首先明确参与这项教育活动想要达到什么样的目的。目的是否科学和合理，将会深刻影响大学生主体性的发挥。

自主性是指作为社会主义核心价值观认同与践行主体的大学生摆脱外力支配而决定个体活动的自由意志，以及自我调节、控制、反省、教育、完善和实现等能力。自主性既能使个体调控自身需要和目的，也可以使个体控制和改良自我活动的内容和形式，从而避免个体活动偏离正确方向。具体到价值观教育中，大学生要想正确处理自身与他人（包括教育者）、与社会的关系，就必须进行自我调节、自我控制、自我反省、自我教育，从而达到自我完善、自我实现的目的。

独特性是指大学生由于个体生理、心理不尽相同而表现出来的个性。独特性（个性）和主体性相辅相成，主体性具有独特性（个性），大学生在充分发挥主体性的基础上才能发展独特性（个性）。大学生的独特性（个性）在生活和学习中具体表现为特定的性格、气质、思维方式、兴趣爱好、处事方式等等。这些差异为大学生个体主体性的发挥提供了广阔的空间，也使得大学生群体异彩纷呈。

---

① 尹建平．高校思想政治教育中学生主体性研究．西南师范大学，2005:7–8.

能动性是指作为主体的大学生在认同与践行社会主义核心价值观中表现出来的自觉、自愿、自为的特性。能动性使大学生为了特定的目标自觉调动潜在的生理、心理能量。在大学生价值观教育中，能动性具体表现为大学生根据时代、国家、社会和个人的发展需要，有意识地甄别筛选各种社会思潮和价值观念，并在认同的基础上调动一切积极因素践行正确的价值观念，以提升自身的思想境界。

超越性是大学生在自我纵向对比中表现出来的超越以往的特性。在认同与践行社会主义核心价值观的过程中，超越性可以使大学生摆脱既有思维和成绩的羁绊，勇敢探索、开拓创新，培养创新精神，提升思想境界，并能结合社会和时代发展的要求对社会主义核心价值观有一个更深入的、符合实际的理解，并在此基础上将社会主义核心价值观付诸实践、内化为个人品质。

（二）加强当代大学生核心价值观认同与践行主体建设的重要性

当代大学生核心价值观认同与践行主体建设是指在大学生价值观教育过程中，从大学生的思想实际、个体发展需求和社会发展要求入手，运用各种科学的方法和手段，进行的旨在最大限度发挥大学生的主观能动性，使其自觉认同与践行社会主义核心价值观的的建设活动。在推进当代大学生核心价值观的引领与培育工作时，加强核心价值观的认同与践行主体建设是十分必要的，原因在于：

首先，加强当代大学生核心价值观的认同与践行主体建设是实现当代大学生自由全面发展的客观要求。实现人的自由全面发展是马克思主义的终极追求，在马克思看来，人类社会发展的终极形态是实现自由人的联合体，而个人发展的终极形态是消除异化，实现向自我复归的自由全面发展状态。在传统的价值观教育中，通常都是以教育者为中心，教育者在整个价值观教育过程中占据主导地位，而受教育者则处于从属地位，只是教育者的附庸。正是因为这样的教育模式导致的教育者与受教育者之间的不平等关系，使得受教育者在参与这项活动的过程中，很难感受到幸福和满足，而常常是痛苦和无聊；很难感受到自身的不断进步，而常常是假大空的宣传。这种学习状态和异化劳动非常相似，可谓“异化学习”状态。要消除这种“异化学习”状态，促进学生的自由全面发展，使当代大学生在价值观教育中感受到满足、愉悦和幸福，就必须充分尊重当代大学生的自由、自主选择权，加强当代大学生核心价值观的认同与践行主体建设。

其次，加强当代大学生核心价值观的认同与践行主体建设是提高大学生价值观教育针对性的必然选择。正如世上没有两片完全相同的树叶，世上也没有两个完全相同的人，这就要求在大学生价值观教育中必须要提高针对性。在传统的价值观教育中，教育者对受教育者的教育方式的突出特点是标准的一致性，即对所有学生采用一刀切的价值观教育方式。往往不是从学生的个体需要和个性特点出发深入到学生个体中做思想工作，而是以学生群体为单位，采用“大水漫灌”的方式。这样做的后果是，对那些自觉性、先进性强的学生而言，一般性的价值观教育无法满足他们的发展需求。对于那些思想落后、缺乏自觉性的学生而言，一般性的价值观教育则会让他们感到力不从心，甚至丧失信心。总之，由于缺乏针对性，传统的价值观教育工作实效性也就差强人意。所以，必须加强当代大学生核心价值观的认同与践行主体建设，深入研究学生的个性特点，了解每个学生思想发展水平，采取因材施教、差别对待的方式，增强价值观教育的针对性。

最后，加强当代大学生核心价值观认同与践行主体建设，有利于形成师生平等交流、积极互动的良好氛围，提高当代大学生核心价值观引领与培育的效能。教育活动是人类特殊的实践活动，必须由教育者和受教育者相互配合，共同完成。在这一过程中，教育者通过与受教育者的交流沟通，了解受教育者的学习情况，现实需要等，从而调整教育方法、内容等因素，以更好地适应受教育的发展需要；受教育者通过与教育者的密切互动，向教育者表达诉求，反馈学习结果。但是在实际的教育活动中，经常会出现十分尴尬的局面，即教育者希望大学生能够主动向自己表达诉求，加强双方的互动交流；当代大学生也渴望把自己在学习生活中遇到的相关问题和困惑传达给教育者。但是在以往的教育过程中，由于当代大学生的主体性没有得到充分尊重，难以形成师生平等交流、积极互动的良好氛围，加之从小受到中国传统文化中“天”“地”“君”“师”“亲”等级森严的观念的影响，中国的学生和老师之间形成了天然的距离感。在以往教育活动中，教育者给大学生的印象往往都是高高在上，难以接近的。所以，虽然教育者与受教育者之间都存在加强双方互动交流的意愿和要求，但是因为这种天然距离感的存在，严重阻碍了教育者与受教育者的沟通和互动。当代大学生核心价值观的引领与培育工作也是如此，要消除教育者与受教育者之间的距离感，形成师生平等交流、积极互动的良好氛围，推动大学生自觉成为核心价值观的认同与践行主体，加强大学社核心价值观的认同与践行主体建设就是十分必要的。

（三）加强当代大学生核心价值观认同与践行主体建设的路径

同引领与培育主体的建设相比，由于当代大学生的目的性、自觉性、独特性、能动性和超越性千差万别，当代大学生核心价值观认同与践行主体的建设更为复杂，具体工作中可尝试以下途径：

首先，教育者积极引领当代大学生成为社会主义核心价值观的认同与践行主体。大学生大部分涉世未深，思想不够成熟，有的则在中学时代被高考“异化”，丧失了思想上的主体性，认同与践行社会主义核心价值观的主体意识不强，这就决定了他们需要在教育者的引导下发挥主观能动性，增强认同与践行社会核心价值观的主体意识。此外，个体生理、心理成熟度、所处的环境、家庭背景的不同，也会造成大学生个体价值观念的差异，直接影响到他们对所学理论的理解程度、接受程度和信服程度，影响到他们认同与践行核心价值观的效果。因此，教育者需要引导和帮助当代大学生，尊重他们的主体差异性，按照“有区别的共同进步原则”，对基础不同的学生提出不同的教育目标，引导学生循序渐进地认同与践行社会主义核心价值观。

落实“有区别的共同进步原则”，要求教育者坚持基础性目标与先进性目标的统一，针对当代大学生的主体差异提出认同与践行核心价值观的不同目标。面对思想不成熟、心理年龄偏低，想问题、做事情容易走极端，以自我为中心，大局意识淡薄的大学生，教育者须制定基础性的培育目标，引导他们培养健康的心理、健全的人格，树立科学的思维、正确的思想，养成全局观念和集体意识。面对思想进步、思维超前、素质过硬的大学生中的先进分子，基础性的培育目标已经不能满足他们的发展要求了，教育者要尊重他们的思想实际和性格特点，因材施教，制定先进性培育目标，让他们的思想政治素质得到进一步提升，个人的优势和潜质也能得到充分发挥和挖掘。“从某种意义上讲，基础性目标是大学生社会主义核心价值观培育工作的推动力，先进性目标是大学生社会主义核心价值观培育工作的牵引力。既要以基础性目标夯实培育基础，又要以先进性目标引领培育方向。两者相互影响、相互促进，统一于培养高素质人才的实践中。”①

---

① 李纪岩 . 当代大学生社会主义核心价值观培育研究 . 山东人民出版 ,2013: 98–103.

其次，当代大学生要增强“打铁还需自身硬”的主体意识，不断提高明辨是非的能力，积极树立自主学习的观念，坚持自主学习与自我教育相结合，做到知行合一、脚踏实地。

一是要不断提高自身明辨是非的能力。大学教育与中小学基础教育的最大区别就在于，大学阶段管理更加宽松，学生的自由度更大。在基础教育阶段，学生主要是以学习书本知识为主，与社会接触的时间比较少。同时，由于年龄、生理、心理、经济条件、家庭环境等方面的限制，中小学生很少受到来自社会的不良影响。但在高等教育阶段，教学模式、管理制度都有了很大的改变，为使大学生积累社会经验、培养职业素养，以便毕业后更好地适应社会环境，高等教育留给了大学生更多的自由时间和自主选择权。在这样的条件下，大学就像是一个半开放的社会，大学生身在其中，会经历各种思想的交流和碰撞，其思想和价值观也会受到多种思潮的影响，这其中有大有小，有好也有坏，既有政治立场上的原则性问题，也有日常学习、生活和工作中为人处世的是非问题。面对这些问题，大学生要擦亮眼睛，提高明辨是非的能力，自觉抵制不良诱惑，追求高尚的人生境界。

二是要树立自主学习理念，坚持自主学习与自我教育相结合。社会是不断发展的，每天都会出现许多新情况、新问题。所以，大学生在认同与践行社会主义核心价值观的过程中，不能仅仅只是从教育者、从固定的书本上汲取养分，还要通过各种形式和途径不断地进行自主学习，细心体察，大胆实践，顺应时代潮流，在社会实践中不断进步。同时，还要坚持自主学习和自我教育相结合。人不仅能够认识和改造世界，而且能够认识和改造人类自身，人类改造自己的重要方式就是自我教育。大学生要在自主学习的基础上，用自身所学的先进思想和价值观念进行自我教育，积极地将这种先进思想和价值观念内化为自己的价值观，不断提升自己的精神境界，形成科学的价值观。

三是要做到知行统一，脚踏实地。认识世界的目的是为了改造世界，理论只有回到实践中去才能变成现实的物质力量，理论只有回到实践中去才能得到检验和不断发展。当代大学生认同与践行社会主义核心价值观，最终落脚点在于大学生的行动。一方面，大学生在实际生活中要注重将作为社会共识的社会主义核心价值观进行内化，根据自身特点和社会需要将其转化为自己的价值观；另一方面，还应该做到知行合一，在实际生活中，用社会主义核心价值观指导自己的学习、工作和生活。只有大学生做到知行统一，将社会主义核心价值观落实到行动中，社会主义核心价值观的引领与培育才是成功的。

高校育人为本，德育为先。高等教育的成功是实现民族复兴和国家强盛的关键，对大学生的教育首先是通过思想和价值观教育，使其树立科学的世界观、人生观和价值观。在这一复杂的过程中，必须摒弃基础教育阶段“填鸭式说教”的教育方法，充分尊重大学生在这一活动中的主体地位，使教育者和受教育者紧密配合、亲密互动，共同创建良好的价值观教育环境，使大学生最终在理解、领悟的基础上，认同、接受社会主义核心价值观，将其内化为自己的精神信仰，外化为自身的实际行动，作为自己学习生活的最高准则。

第四章　引领与培育当代大学生核心价值观的载体

大学生价值观是社会意识形态尤其是社会核心价值观在大学生群体中的体现，引导着大学生的价值实践和行为方式。大学时代价值观的形成，虽然也受到来自社会和家庭等因素的影响，但由于大学生更多的时间是在学校度过，就会更多地受到文化知识学习、社团活动等因素的影响。另外，随着互联网在大学生中的普及化，新媒体也成为大学生价值观形成中不容忽视的因素。因此，课程、校园环境、实践活动和新媒体构成了大学生价值观教育的载体系统。这四个方面相互影响、相互作用、形成合力，塑造着当代大学生的核心价值观。

一、课程载体：专业课、人文社会科学课、思想政治理论课等

课堂是大学生价值观教育的主渠道，但大学生价值观的引领与培育不仅仅是思想政治理论课的责任，高校要实现全程育人的目标，首先是大学的所有课程都育人。虽然高校的课程设置因专业不同会有差别，但无论开设什么样的课程，都可以归纳到专业课（含基础课、专业选修课）、思想政治理论课和人文社会科学课（以人文素质课为核心的通识课）等三大类课程中。高校应牢固树立全程育人的理念，明确三类课程在大学生价值观教育中的角色、定位，形成合力。

（一）在专业课中渗透社会主义核心价值观

中共中央、国务院在《关于进一步加强和改进大学生思想政治教育的意见》中强调，要深入发掘各类课程中的思想政治教育资源，在传授基础知识和专业知识的过程中加强思想政治教育，使学生在学习科学文化知识的过程中，自觉加强思想道德修养，提高政治觉悟。专业课是高校课程的主体，不同的教

育内容蕴藏着各具特色的思想教育资源。专业课教师应结合专业特点和学生思想实际，利用课程中蕴涵的价值观教育资源，在潜移默化中开展社会主义核心价值观教育。

专业课中的价值观教育具有隐蔽性、随机性、渗透性等特点，这些特点使专业课承载的价值理念更容易被大学生认同。首先是隐蔽性。从教育形式上看，相对于显性的思想政治理论课而言，专业课教学中的价值观教育属于“无意识”教育。这种“自然而然”的模式能避免“我说你听”的传统说教，消除学生的逆反心理，在不露痕迹、“润物无声”中，通过学生自身的体验、感受，收到良好的价值观教育效果。其次是随机性。专业课中的价值观教育往往是非预设的随机教育，当然这并不妨碍教育者在主观上具有一定的自觉性。它要求教师熟练掌握大学生价值观教育的基本内容，在进行专业课教学的过程中抓住和利用最佳教育时机，随时随地调动学生的主动性、积极性和创造性，使学生在专业课的兴趣中自觉接受爱国主义、职业道德、创新意识和法制意识的培养。第三是渗透性。专业课中的价值观教育资源与专业内容融合在一起，浸润在专业知识中，以完全“无形”的存在使专业课更丰满、更富有生机活力。专业课教学中融入价值观教育，一方面使学生完成对专业文化知识和专业技能的学习，培养出专业智力、能力和职业素养，另一方面又能使学生受到良好的思想品德教育。这种教育“文以载道、文道结合”，比传统的灌输更加流畅、自然、和谐，更能收到良好的效果。此外，专业课教学是通过专业课教师进行的，专业课一般学时较多，老师和学生相处的时间多，更了解学生，更能联系学生的实际进行价值观引领与培育。专业课教师在大学生价值观培养过程中往往会发挥出思想政治工作者不能发挥的作用，开展大学生价值观教育，要格外重视并发掘专业课教师的这种作用。

在专业课中推进大学生价值观教育，首先要深入挖掘教材的价值观教育资源。专业课教师在授课过程中应该自觉树立科学性与思想性相统一的原则，在专业课备课时要有意识地把其中价值观教育资源挖出来，并在讲课时溶到授课中去。要改变对专业课教学是传授专业知识的传统认识，在传授专业知识的同时要讲述知识背后的故事，引导大学生在思想观念方面有所启示和收获。教师要从思想渗透的原则出发，从大学生的思想现实情况出发，对教材进行灵活处理，自然引申，或随机联系、或增减、或补充，相机拓展，结合专业课背景尽可能充分地挖掘出教材中的价值观教育因素。其次要根据不同专业的特点实施价值观教育。专业课教师可以通过讲授专业课的发展史，增强学生学习该课程的积极性，激励学生树立终生为真理而奋斗的进取精神；也可以介绍学科专业发展过程中涌现出的优秀历史人物，介绍所学学科与当前人民群众利益需求的现实关系，激发学生的历史观、社会责任感和造福于人类社会的热情。专业课教师不仅要传授科学知识，也应说明知识形成的过程，如此可以使学生受到科学方法和科学思维的训练的同时，受到艰苦奋斗、不怕挫折的情商教育，培养独立思考的能力与探索新知的精神，培养热爱科学的感情和实事求是的学风。第三，要结合实践教学活动推进价值观教育。实践是理论的来源。引领当代大学生的价值观，要引导他们将理论学习与生产实践相互结合，动手操作与动脑思考相结合，在实践中充分调动学生的积极性和创造性，形成创造性思维能力和敏锐的观察力、准确的判断力、丰富的想象力。第四，要以专业课教师的人格感染学生。教师是人类灵魂的工程师，人类灵魂的工程师当然需要有高尚的人格。所谓“身教重于言教”，主要就在于教师的人格在潜移默化中影响着大学生。因此，教师要规范自己的言谈举止，身正示范，正面影响大学生的价值认同、价值选择和价值实践。第五，在专业教育中要突出科学精神的教育。探求未知、追求真理，实事求是、尊重规律，独立思考、敢于怀疑，这些都是专业教育所注重的科学精神。专业课教师要善于以这些科学精神教育、引导大学生，避免单纯的科学知识传授。

总之，专业课是大学生价值观教育的有效载体。把专业教育与价值观教育有机统一起来，在专业课教学中推进大学生价值观教育，既能使专业课教师立德树人的义务落实到实处，也使专业课焕发生机和活力，使大学生在获得专业技能的同时，思想和人格得到提升。

（二）在人文社会科学课中彰显社会主义核心价值观

人文社会科学课在大学生人格塑造、文明养成、价值观形成中发挥着关键作用，是大学生价值观教育的重要载体。人文社会科学课程中所蕴含的人文精神可以内化为大学生的人格与修养，外化为大学生的气质与行为，沉淀为大学生相对稳定的价值观。引领当代大学生认同与践行社会主义核心价值观，必须高度重视人文社会科学课载体建设，切实发挥其在大学生价值观教育中的作用。

人文社会科学课中对大学生价值观的引领，突出表现在对大学生人文素质的培养。首先，人文社会科学课程引导学生如何“做人”。大学生价值观教育的根本任务是教育学生如何“做人”，而“做人”的基础是人文素养。贫富差别、毒品泛滥、道德滑坡以及人口·资源·环境等问题对人的精神世界的威胁，单凭科学技术的进步和物质财富的增加难以根本解决，需要同时具有处理人与人、人与社会、人与自然的关系的科学态度。因此，世界许多国家都十分注重通过人文社会科学教育等途径，培养学生开放、自由、理性、宽容的品质和尊重人的价值、关注人的状况与命运的精神；引导学生理解人的完整性，把眼光放在比人的物质生存更高的地方；帮助学生打开眼界和心胸，从人类生存的多样性中发现统一性，从差异性中发现属于全人类的经验，从而认识到人类的共同命运，达到超越自我的境界。[①]其次，人文社会科学课程可以引导学生建立具有历史合理性的价值体系。现代大学离开了人文教育，是很难建构合理的价值体系的。自然科学的新发现、新理论、新学说固然会对价值体系产生重要影响，但并不能直接建立人的价值体系。文学、史学、哲学等人文学科，则可以通过揭示人的本质，探讨具有历史合理性的价值取向和理想追求，帮助当代大学生建立起与时俱进的价值体系。第三，人文社会科学课程优化大学生的精神家园。自然科学与人文社会科学以不同的方式解释世界与改造世界，但在人的精神世界中，起主导作用的主要还是人文社会科学。中国哲学家所讲的人的“安身立命”，西方哲学家所讲的人的“终极关怀”，马克思所讲的“人的自由而全面的发展”，现代教育家所讲的“完善的人”，都有赖于人文精神的指引。人文社会科学课程帮助大学生建立起精神世界的“家”，不致在物质世界里陷入价值迷失、思想茫然。[②]由此可见，在大学生价值观教育中，人文社会科学课程不可或缺。

当前，有些高校实用主义氛围浓厚，尤其一些“应用型”高校，简单地把“应用型”大学教育等同于职业教育，重科技、轻人文，重专业、轻素养，重就业率、轻素质培育，学生人文素养普遍低下，学校面临着“人文精神”失落的危机。提高大学生人文素质，校园文化熏陶、社会实践培育是重要途径，但最为关键、最为有效、最经常发挥作用的应该是课堂教学。应该从课堂教学的各个环节着手，充分彰显人文社会科学课程在价值观教育中作用。首先，要合理安排教学时间，确保人文社会科学课程的渠道畅通。其次，要提高教师自身

---

① 徐涛．论大学人文素质教育的重要性．重庆交通学院学报，2005(1):110.

② 李维武．大学人文教育的失落与复兴．高等教育研究，2000(3):8.

的人文素质。教师是人文素质教育培养目标和课程建设、课程教学的具体实施者。既要重视人文社会科学课程师资队伍的建设，又要鼓励非人文学科的专业教师提高自身的人文素修，避免教师队伍出现“木桶效应”。第三，要在各学科教学过程中渗透人文素质教育。人文素质教育要以教学文件的形式固定下来，纳入各专业培养目标，落实到各专业教学计划和课程设置之中，为人文素质教育的组织与实施提供明确依据。在各专业课程群中，有必要开设学科史等专业文化课，挖掘相关学科古今中外代表性人物的治学精神、成才道路、研究方法、学术成就等等，教育青年一代。第四，要突出大学生人文精神教育。在课堂教学中弘扬人文精神，就是要正视大学生对理想信念、道德人格的追寻，对自由、平等、公正、法治的渴望，对生死、信仰、幸福的思考，对人生目的、生存意义的终极关怀，结合相关人文社会科学课程的讲授，引导大学生形成崇高的理想、健全的人格和尊重人、关心人的心态，从而正确对待人生挫折和成就，提升自由度和幸福感。

总之，高校要着眼于大学生价值观教育，调适人文社会科学课程的学时、质量和水平，促进文理交叉，渗透价值观教育内容，引导大学生形成既有益于自身、也有利于他人和社会的价值观。

（三）在高校思想政治理论课中培育社会主义核心价值观

思想政治理论课是系统进行大学生价值观教育的主阵地、主课堂、主渠道。在思想政治理论课中推进大学生价值观教育，在内容上，要加强学科建设，促进内容转化，做好“两个结合”。首先，要做好高校与小学、中学思想政治课内容的衔接，避免内容的简单重复，把握好高校思想政治理论课的定位，加强高校思想政治理论课学科建设，在小学讲价值观故事、中学讲价值观历史的基础上，在大学阶段把社会主义核心价值观在理论上讲透，使践行社会主义核心价值观成为大学生的理性自觉。其次，要促进理论体系、课程体系、教学体系与素质体系之间的“转化”，把社会主义核心价值观的理论体系渗透到思想政治理论课程体系中，通过教学体系促进相关课程体系的贯彻和落实，最终把认同与践行社会主义核心价值观转化为学生综合素质的精神支柱。①

---

① 郝潞霞．高校思想政治教育贯彻落实社会主义核心价值体系的路径浅析．思想政治教育研究，2008(2):37.

再次，要实现专题教育与全面渗透相结合、正面教育与偏差纠正相结合。[①]目前，社会主义核心价值观已从不同角度融入高校思想政治理论课的四门主体课程中，在此基础上，高校还需要开展专题教育，以便大学生从整体上感知、认同、内化和践行社会主义核心价值观。在授课中，教师要从正面对社会主义核心价值观的意义、内容作深入的阐释，以优秀实践案例做好对学生的示范与引领，同时，要关注学生的思想、情绪和行为，有针对性地纠正偏差。

在思想政治理论课中推进大学生价值观教育，在方法上，要注重以人为本，用活传统方法，创新教育载体，做好各种方法、途径的融会贯通。首先，以人为本是各种方法的思维基础。落实以人为本的育人理念，要求在价值观教育中视大学生为主动认同与践行价值观的主体而不是被动的接受客体，贴近大学生的学习、生活和思想实际，针对他们的思想困惑和人生矛盾开展价值观教育。其次，用活传统方法，创新教育载体。在理论灌输的同时，注重情理交融，关心热爱学生、尊重理解学生，以情感人、循循善诱。在课堂言教的同时，注重身教示范，以教师的人格力量提升真理的力量、逻辑的力量。在运用生动的语言、鲜活的事例、新颖的形式活跃教学的同时，注重运用新媒体技术增强教学效果。再次，做好各种方法、途径的融会贯通。一是要注重把思想政治理论课与形势政策课结合起来，联系大学生思想的实际，围绕国内外热点问题，进行生动活泼的形势政策教育。要不断用社会发展的新成就和理论研究的新成果充实思想政治理论课教学内容，有针对性地回答大学生在社会变迁中的思想困惑，推动大学生在理论与实践中认同与践行社会主义核心价值观。二是把课堂教学同校园文化活动、社会实践紧密结合在一起，坚持理论学习、实践锻炼与情感体验相结合。“价值观教育的过程就是一个不断参与和体验的过程，是获得一种精神、一种立场的不懈追求的实践过程”。[②]观察大学生价值观教育的实际效果，关键是看大学生能否自觉践行社会主义核心价值观。在思想政治理论课实践教学中，应当努力预见大学生在实践中可能遇到的伦理选择困境，设置相关的实践情境，加强大学生行为选择能力的锻炼，引导大学生对契合社会主义核心价值观的价值选择产生积极的情感认同，对与之相悖的值观念产生鄙视和憎恶。

---

① 裴正轩 . 在思想政治理论课中加强社会主义核心价值体系 . 思想理论教育导刊，2009(7):72.

② 刘济良等 . 价值观教育 . 北京 ：教育科学出版社，2007 ：146.

二、活动载体：校园文化活动、大学生社团活动、社会实践活动和志愿服务活动等

引领大学生认同与践行社会主义核心价值观，可以通过灵活多样的活动载体来呈现。立足大学生的实际，把社会主义核心价值观融入到与大学生密切相关的各类活动载体中，是大学生价值观教育的必然选择。校园文化活动、大学生社团活动、社会实践活动和志愿服务活动等，都是大学生日常生活的重要组成部分，高校应充分利用这些活动，来承载、涵养和传播社会主义核心价值观。

（一）校园文化活动要传播社会主义核心价值观

高校校园文化活动丰富多彩，譬如：影视展播、话剧表演、歌咏（舞蹈）比赛、文艺汇演、各类晚会、棋类大赛、朗读（演讲）比赛、辩论赛、书法（绘画、摄影）展览、读书会、法律知识竞赛等形式多样的文化娱乐活动；围绕传统节日、庆典或者人为策划的某一主题而组织的庆祝活动形式；拔河比赛、跳绳比赛、球类比赛、武术比赛、田径运动会等体育活动。校园文化活动形式多样、易于操作，主题鲜明、贴近生活，深受大学生欢迎，在陶冶大学生情操、丰富大学生精神文化生活、增强班级集体荣誉感等方面发挥着重要作用。校园文化活动具有经常性、广泛性，是大学生价值观教育的重要载体。

在校园文化活动中传播、培育社会主义核心价值观，有明显的优势。首先，校园文化活动促进大学生沟通，有利于建立和谐的同学关系。科技的发展，尤其是电话、手机、邮件、QQ、MSN、微信等通讯方式的运用，方便了人们之间的交往和联系，但是，人与人之间面对面的沟通却变得越来越少，感情交流越来越淡。大学本来就是班级概念比较松散的求学阶段，大学生只有在上课、参加班级活动时才见面，平常疏于沟通。在这样的生活方式下，大学生的心理、精神压力，往往难以得到及时疏通和调解。在这种背景下，校园文化活动把同学们联系起来，成为大家相互了解、交流沟通的平台。紧张、有序、欢乐、活泼、民主的活动氛围，便于大学生更好地沟通，有利于大学生找到幸福感和归属感。其次，校园文化活动有利于净化大学生心灵，锻炼大学生体魄。网络时代，刷微博、刷朋友圈、玩手游等等已经成为大学生日常生活中不可或缺的内容，而大学生花在体育锻炼和户外运动的时间也随之减少。网上不

健康的信息和内容也趁机不断侵入视野，侵蚀着人们的心灵，也摧残着人们的身体。校园文体活动渗透着参与者的感情、兴趣、力量、毅力、价值观和人生观，传递着热情、感动、激情、进取精神和拼搏精神，吸引和动员学生参入到校园文体活动，能够激发大学生对生活的热爱、对生命的珍重、对锻炼体魄的重视。最后，校园文化活动有利于磨练大学生意志，熔铸大学生品格。校园文体活动很多以比赛形式出现，具有竞争性、运动性、对抗性、挑战性等特点，使参与者接受各种外在的磨练，经受内在的斗争，处理与其他参与者的关系，协调外在环境与内心世界的关系。如何面对比赛的结果，如何在应对过程中的困难，是否坚持走到最后，如何面对对方的突然失利等等，都能反映出一个人的人生观和价值观。只有顽强意志的人，才能坚持，才能成功；只有品格高尚的人，才能正确面对成功和失败。参加校园文体活动，能够磨练意志，铸就优秀的品格。鉴于上述优势，高校应该根据社会主义核心价值观教育的需要设计校园文化活动，在校园文化活动中引领与培育当代大学生。

以校园文化活动为载体培育社会主义核心价值观，要注意三点：第一，活动形式要贴近大学生学习、生活和思想的实际。文体活动一个很明显的特征，就是贴近生活，群众基础好，参与性才高。高校思想政治工作者要深入调研，了解学生的学习和生活，挖掘大学生日常生活中的题材，把社会主义核心价值观的内容，最大限度地融入到活动中，让大学生在不知不觉中，受到感情的熏陶、意志的磨练、思想的锤炼，逐步实现对社会主义核心价值观的认知、认同与践行。第二，活动形式要不断发展。高校思想政治工作者要开动脑筋，善于发现科技创新、艺术创新等给开展校园文化活动带来的机会。现在一些电视台举办的真人秀活动吸引了大量年轻人，如对浙江电视的《奔跑吧兄弟》栏目中的“撕名牌”活动就引起了大学生的热情关注。高校也可以借鉴这些新的表现形式，在校园里开展现实版的“撕名牌”活动。一方面可以锻炼参与者的体力，磨练参与者的意志；另一方面也可以培养参与者的竞争意识、拼搏精神，有时还会引起参与者心理、情感上的积极变化。高校思想政治工作者不仅要有政治意识，还要有教育敏感性，积极引导校园文化活动的发展方向，不断创新文体活动的表现形式，始终掌握主动权。第三，活动组织要规范有序。校园文体活动是广泛参与的集体活动，其有序进行除了需要参与者的积极配合外，还需要规则、秩序的约束。高校思想政治工作者在组织活动时，一定要遵守公开、公正、公平、诚信的原则，不能徇私舞弊、搞私下交易。这样才能调动和保护大学生的积极性，满足大学生参加活动的精神需要，才能取得校园文化活动传播社会主义核心价值观的实效。

（二）大学生社团活动要契合社会主义核心价值观

大学生社团是学生以共同兴趣、爱好、志向为基础组成的非正式群体组织，它以各具特色的社团主题吸引大学生，在大学生课余生活中发挥着重要作用。以大学生社团活动为载体培育社会主义核心价值观，是提高价值观教育有效性的重要途径。目前大学生社团根据内容大致可以分为以爱好文学、哲学、国学等为基础的学术型社团，以爱好音乐、美术、书法等为基础的艺术型社团，以爱好登山、跑步、马拉松等为基础的运动型社团，以志愿服务、义工服务等为特点的服务型社团，以科技发明、创造与应用为基础的科普类社团等五大类，另外还有一些社团致力于历史文化传承、心理健康教育等领域。这些社团大多具有自发性、自愿性、公益性等特点，对当代大学生具有很强的吸引力。高校要善于以大学生社团活动培育社会主义核心价值观，使之成为大学生价值观教育的有效载体。

校园社团活动在大学生价值观教育中具有以下鲜明的优势：第一，参与性强，具有广泛的群众基础。校园社团活动完全是由学生自发形成的。大学生普遍认为大学生活不是纯粹的学习专业知识，参加社团活动，在活动中结交志同道合的朋友，培养自己的综合素质是大学生活的重要内容，因此，校园社团活动具有广泛的群众基础。第二，集体参与，团队凝聚力强。基于共同爱好基础上的社团活动，具有强大的向心力，能够把不同专业、不同性格的同学组织起来，形成协作。如果引导有方，完全可以把社会主流价值观融入社团活动的内容和过程中。高校应加强引导，把社会主义核心价值观融入社团活动中，充实活动内容，提升活动内涵，在丰富多彩的社团活动中传播社会主义核心价值观。第三，具有实践性。社团活动为大学生提供了广阔的实践平台，可以帮助大学生广泛了解国情民意和社会价值取向。社团活动的实践性与社会主义核心价值观的“外化”路径是一致的。培育和践行社会主义核心价值观，最重要的环节是实践，最根本的目的也是实践。大学生价值观教育，要充分运用校园社团活动这一重要的载体，不断推进大学生对社会主义核心价值观的认同与践行。

着眼于培育和践行社会主义核心价值观，大学生社团活动的组织引导要把握好以下几点。首先，要明确社团活动的目的。指导老师在指导社团成员参加活动时，要像上课一样明确教育教学目的，指导学生设计切实可行的活动方案。例如户外运动型社团，进行户外运动时要提前让同学事先准备要前往地点的相关历史材料，了解参观对象的历史和现状，选择优秀的讲解员。一般纪念馆、科技馆、博物馆等旅游景点，都配有讲解员或者是导游，专门负责向游客介绍景点的历史及其展馆的变迁等相关的信息。好的讲解员，可以把漫漫历史用简洁、富有感情的语言，清晰地呈现在人们面前，使人们在轻松愉快的心情下掌握大量的历史信息和知识。社团活动组织者应该选择优秀的讲解员，或者自带优秀的讲解员，把讲解员的职业技能与丰富的介绍材料相结合，做到娱乐和学习的相统一，达到引领与培育社会主义核心价值观的目的。其次，要转变理念，加强管理，实现大学生社团活动的制度化。社团活动是大学生价值观教育的重要载体，是思想政治教育第二课堂的重要组成部分。学校领导和相关职能部门要充分认识到大学生社团在学生成长过程中的育人功能，转变管理理念，加快制定育人为本的大学生社团管理办法，形成科学、规范、统一的管理体系，完善社团的准入、运行、评估、考核和退出机制。再次，要注重社团活动的总结和评价。一方面，活动组织和管理者要总结社团活动是否顺利实现了育人为本的预期，总结社团活动的经验和教训，总结活动参加者在心理和感情上的变化。优秀的总结报告，要存档保存以利于以后大学生价值观教育的顺利开展。另一方面，活动参加者要对自己的所见所闻和活动感受进行总结，在参与者之间相互传阅交流。总之，社团活动能够以“润物细无声”的方式达到价值观教育的目的，高校要善于运用大学生社团活动这类载体，以有效的方式、方法让大学生在精神愉悦状态下，实现对社会主义核心价值观的认同与践行。

（三）社会实践活动要见证社会主义核心价值观

作为活动的社会实践主要指社会调查活动，也称社会调查研究活动，是指围绕人们普遍关心的社会热点问题开展调查，直接从社会现实中收集第一手的相关信息资料的过程。社会实践活动一般分为两大类，一是为解决理论或政策问题的理论调查，二是为解决实际问题的工作调查。大学生社会实践活动有时与实践教学融合在一起，是课堂教学的延伸。社会实践活动常常采用走访法、座谈法、问卷法、观察法等进行。社会实践活动是大学生价值观教育的重要途径。社会实践中，大学生可以亲自见证社会的变迁，感受科技创新和改革开放给中国带来的变化，以及这种变化投射在人们心理上的映像。

以社会实践活动见证社会主义核心价值观，符合大学生思想观念形成与发展的基本规律，具有重要意义。第一，社会实践活动可以锻炼大学生的思维方式。大学生需要掌握先进的文化知识和科学技术，更需要掌握马克思的辩证思维方式。通过社会调查，大学生在亲身经历中，能够发现问题的内在本质和表面现象的异同、问题的实然状态和应然状态的异同、问题的事实情况和大家传诵的异同，从而透过错综复杂的表面现象看到事物的本质、面对曲折迂回的发展抓住事物的主流。第二，社会实践可以陶冶大学生的情操。一般致力于社会调查活动的人，都具有较强的社会责任感和良好的思想道德素质。他们关心国家的前途命运，热心社会问题的解决。社会实践中，大学生能够深刻地感受到社会对自身的希望和要求，能够找到为社会服务的使命感和责任感，从而努力按照党和人民的要求，进行自我反思、自我教育和自我提升，努力把自己塑造成对人民、对社会有价值的思想、政治、道德素质优秀的人才。同时，这种思想上的进步，也能够感染、带动、影响身边的人。第三，社会实践可以帮助大学生检验与应用所学知识。实践是检验真理的唯一标准。一切理论只有被实践证明正确，才能称为正确。参加社会调研的大学生，一般都初步掌握了较为丰富的知识，但知识尚未亲身实践，应用能力不足。通过社会实践，大学生不仅可以检验所学知识的真伪，还能对自己的知识系统有一个更加清晰和明确的把握，在此基础上形成应用能力。

由于社会实践活动内容广泛，地点不确定，在活动开始前要做好充分的准备。首先，要做好调查前期的准备。调查前期准备，是整个调查活动顺利开展的基础，关系到能否收到预期的成果。准备工作主要有调查活动的经费筹集、调查主题的选择、调查活动的预期结果、调查活动进程、调查活动计划、调查活动采用的研究方法、调查活动参与者的分工。活动组织者要根据价值观教育的要求，着重选择好调查的主题，努力使调查活动承担一定的价值观教育内容。其次，要做好调查过程的指导与督导。调查过程直接关系到前期准备工作能否得到落实。活动组织者要加强领导和指导工作，提供解决问题的思路和必要的服务，帮助调研队伍正确运用调查方法，鼓励调查队伍实事求是地采集一手信息；全程跟踪调查行程，监督调查计划的进行情况；做好原始记录，及时总结经验和教训，为以后的调查活动提供参考资料。最后，要做好调研报告的撰写。调研报告是调查活动的收官之作，涉及数据分析、活动总结和论文撰写等环节。要按照分工，指导学生正确地进行数据分析，提出解决问题的方法、思路与对策。最后，还要做好调研活动的评价工作，对优秀的团队给予物质或精神奖励。

（四）志愿服务活动要践行社会主义核心价值观

志愿服务活动，也可统称为志愿活动，是指在自愿的基础上，为社会上需要帮助的人或群体，义务提供人力、物力、财力等帮助的各种公益慈善活动。志愿服务精神与社会主义核心价值观高度契合，参加志愿服务活动就是在践行社会主义核心价值观。高校要引导大学生把参加志愿服务活动与践行社会主义核心价值观结合起来，提升志愿服务活动的高度，丰富志愿服务活动的内涵。

以志愿服务活动引领大学生价值观，具有重要的意义。第一，有利于培养大学生的公民意识。社会中每个人都在扮演着不同的角色，传统社会的人们以家庭、家族、亲缘、血缘、部落为主扮演着自己的角色。而在现代社会中，自由、民主、平等等思想观念已经深入人心，每个人的角色定位也发生了巨大转变，其中最重要的定位是对社会公民角色的认同。大学生在志愿服务活动中，通过帮助他人、服务他人，感受到他人、社会对自身的需要，自身对他人、社会的存在价值。第二，有利于促进社会融合。社会融合是和谐社会理念的一种反映。大学生志愿服务活动绝大多数是一种跨血缘、跨情感或者跨地域的活动，是公民之间相互帮助、和睦相处、友好往来的一种方式。大学生义务付出自己的劳动、时间、物力、财力，去帮助他人和社会的同时，也就促进了不同群体、不同地域、不同文化之间的交流，有利于社会的融合。参加国际志愿服务活动，志愿者可以相互借鉴、相互补充活动过程中的经验，交流各国的优秀文化，促进国与国之间的相互了解，有利于世界范围内不同文化的融合和精神的迸发。第三，有利于提升大学生践行社会主义核心价值观的自觉性。在志愿服务活动中，大学生通过关心他人、了解他人、服务他人，能够激发爱心和同情心，增强宽容、尊重、责任、关爱等价值理念；通过与服务对象交往、了解和沟通，可以培养互帮互助、相互理解、相互合作、相互关心、为他人着想、从他人的角度思考问题的道德品质。随着志愿活动的深入，大学生践行社会主义核心价值观的自觉性会不断提升。

志愿服务活动在大学生价值观教育中具有鲜明的优势，在组织开展大学生志愿服务活动时要注意以下几点：首先，要创新主题。志愿活动在我国历史较短，尚未组织化、规范化和系统化。目前，国内代表性大学生志愿服务活动主要有国家的“西部计划”“大学生三支一扶”等。高校思想政治教育者应该敏锐地看到志愿服务活动在引领与培育社会主义核心价值观中的作用，倡导“志愿活动无大小之分，人人可做志愿者，生活处处是志愿活动”的理念，增添活动主题，拓宽活动领域。其次，要投入真感情。参加志愿服务活动的人，奉献自己的劳动、物力、财力、时间，不图任何回报，他们的动力来自哪里？那就是志愿者精神。志愿者精神是一种爱，是一种真情，是契合社会主义核心价值观的崇高价值观。志愿活动能够顺利的开展下去，靠的就是这一种精神。但是，实践中免不了有功利主义的作风，个别人参加志愿者活动是做给别人看的，具体行动也敷衍了事。这种做法，不仅浪费自己的时间，而且严重影响着周围人参与志愿服务的热情和志愿精神的传递，也谈不上有什么教育意义。组织者在开展活动时要及时发现类似问题，纠正这种不良风气，保证志愿服务活动的顺利进行。

三、网络载体：专题网站、微信公众号等

信息化时代，以互联网为载体的各类新媒体给人们的日常生活带来了极大的便捷，呈现出“媒体皆人人，人人皆媒体”的发展态势，满足了人类获得更多信息的欲望，同时也对人们传统的行为方式和价值认知观念发起了挑战。新媒体形式多样，主要包括数字报刊、数字视听设备、手机彩信、移动电视、桌面视窗、触摸媒体、博客、QQ、微博、微信、网络游戏等等。这些新媒体与传统媒体相比有着诸多新特点，归结起来主要体现为：信息传输更迅捷，感官感受更丰富，影响范围和程度更广泛、更深入。大学生作为有知识年轻的一代，对新媒体有更大的兴趣，更容易受全媒体时代的影响。因此，引领当代大学生认同与践行社会主义核心价值观，要充分认识以互联网为载体的各类新媒体的地位和作用，主动占领互联网阵地。

（一）新媒体对引领与培育当代大学生核心价值观的影响

新媒体传播的热点新闻、历史逸闻、生活趣事等信息的价值取向无形中影响着大学生的价值观，具体呈现出以下几个特点：

首先，有利于丰富当代大学生的道德认知模式。作为一个特殊群体，大学生正处于“三观”逐步定型的重要时期。在这一特殊时期，不仅需要丰富的科

学知识的滋养，而且需要正确的道德准则的匡正。传统的课堂教学中，一般都以教师授课为主，很难发挥学生在认知过程中的主体性。而在全媒体环境中，大学生凭借各种网络平台，不仅可以搜集海量科学知识，而且还能够获取大量道德评判案例，积极参与到道德争议与伦理思索中，从而在一定程度上丰富了道德认知模式，促进了“世界观、人生观、价值观”的塑型。

其次，有利于激发当代大学生的政治热情。人的政治参与意识及参与行为有时自发产生的，有时需要特定信息的激发。新媒体的普及化，不仅使得时事新闻传播得更加便利，而且还极大地丰富了新闻报道的形式，拓展了信息的深度与广度，使之更为全面、直观、鲜活，从而在很大程度上契合并满足了大学生政治参与所需要的信息刺激。当代大学生可以方便地通过新媒体，随时随地了解世界上每一个角落发生的事件，并通过阅读相关链接和深度评论深入了解事件的始末、原因、过程和影响，从而极大地提升政治参与热情。

再次，有利于增强大学生的平等意识。平等是任何一个社会政治民主化建设不可或缺的核心要素，建设中国特色社会主义民主政治，推动广大人民群众参政议政，需要一定的多元化、非集权化的方式。新媒体的便捷性、即时性、鲜活性的特性就成为一种能够为人们提供适合参政手段的媒介和途径。其优点在于：彻底改变了长期以来秉承的政府主导的集权性信息传导模式，变自上而下的单向灌输宣传为发散性、多元化信息呈现，多中心、非线性的信息传导保障了社会个体成员的平等话语权，使每个人都平等地拥有被关注的机会与可能。这样不仅极大地激发了大学生被关注的渴望，促使其积极地制造话题、传导言论、发布信息，以期成为自己所处朋友圈的话题中心或“意见领袖”；而且尤为重要的是能够刺激、强化大学生的平等意识、民主意识、个性意识。

最后，有利于丰富大学校园文化。移动互联网的普及，手机客户端在大学生中的广泛使用，使得手机日益成为最便捷的大学生个人信息终端。这样的环境使大学生相互之间的联系突破了时空限制，从而使得大学生扁平化组织的形成成为可能。同时，传统媒体与新媒体——尤其是最为大学生所青睐的手机媒体——的优势互补与有机融合，使大学校园与校外世界之间、大学生相互之间交流深度与互动频率都大幅提升，极大地丰富了校园文化活动模式。

新媒体对大学生价值观教育的消极影响也不容小觑。当前，随着新媒体的大众化、普及化，人们的阅读载体迅速由传统的纸质媒介转移到网络媒介，造成了阅读的碎片化趋势。这种全媒体时代的碎片化阅读趋势，使社会低智化、文化视觉化、社会关系异化现象日渐突出，由此也对大学生价值观教育产生了消极后果。

首先，新媒体引发了社会低智化现象。随着互联网的普及，大学生习惯于在网络上寻求解决问题的现成答案，以致部分大学生肤浅浮躁，缺乏理性思考，社会陷入“低智商社会”。在新媒体环境中，信息量呈几何增长，信息获取的难度日趋减小，一些大学生不再劳心费力地学习和思考，而是倾向于在需要时随时上网打上几个关键词“高效”地、“有的放矢”地搜一搜，便“ok”了。有的大学生甚至认为，网络或平台所提供信息就足以够用，自己再去动脑思考与时代发展趋势不合时宜，是毫无意义地浪费脑细胞、时间和资源。然而，这些看似“识时务”的“聪明”大学生没有意识到：学习本质上是一个长期的信息累计与思维再造过程，不是简单地记忆知识，不经过自己思考和重建的知识信息仅限于知道，是难以持久并付诸应用的。一旦信息大潮回落，那些在网上获取的表层知识至多会留下模糊的印记，必将随着时间的推移终将被抛至“九霄云外”而荡然无存。

其次，新媒体引发了文化视觉化趋势。当前，随着图像技术的进步与发展，图像化日趋成为信息的主要呈现方式和传播手段，将人们带入了一个“视觉文化时代”。在这个全新的时代，各种媒体都竞相制作精美的数字影像信息，试图吸引大学生的关注和眼球，甚至共同构成校园影像霸权，对大学生产生了消极影响。一是寻求刺激和快感。与声觉信息相比，视觉信息图文并茂、生动形象、直观感性，更为大学生所喜爱。为了迎合大学生的信息获取与感官享受偏好，媒体竞相制作清晰而流畅的视频图像信息资料。在这一环境中，大学生“如鱼得水”，充分享受这种“快餐文化”所带来的冲击和快感，并将视觉感官享受置于首要目的，以是否“好看”作为对图书及各种音像制品的评判标准。大学生对他人的评价也更注重外貌与服饰等外在形象，选择的偶像也多是俊美的流行歌手和影视明星。二是崇尚消费与享受。“视觉文化时代”是由消费意识形态来筹划、引导大众的消费时代或准消费时代，其中所传递的大众文化是一种采取市场化、时尚化运作模式的文化形态。[①]这种形态的文化是一种趋利性大众文化，为了利益最大化，倾向于曲意迎合消费者的感官刺激需求和奢靡消费欲望。在这种文化影响下，一些大学生的日常文化消费理念日益浅薄

① 金元浦 . 文化研究：理论与实践 . 郑州：河南大学出版社，2004：164.

化、庸俗化、低能化，沦落为曾在西方喧嚣一时的消费主义的践行者。三是沉迷游戏和搞怪。在视频图像信息的“海洋”中，大学生大多流连于简单化欲望体验，沉溺于表像性视觉享受，而对其中所表达的深层思想意识鲜有感知和领会。日积月累，大学生的审美标准与价值观念将会逐渐偏离社会主义核心价值观，对主题崇高的“政治剧”逐渐失去兴趣，而热衷于虚幻、虚无与搞怪，甚至认同并接受一些消解红色经典、颠覆革命传统的历史虚无主义，严重偏离社会主义核心价值观。

再次，新媒体引发了社会关系异化。新媒体环境下网络空间的虚拟性，造成了网络社会关系的异化，进而对大学生价值观教育产生了严重的冲击。一是人际交往虚拟化。在新媒体环境下，网络交往的匿名性与隐蔽性使得网民身份的真实性存疑，从而导致人们在虚拟交往中缺乏必要的道德责任羁绊和伦理规范约束。① 同时，由于大学生沉迷于虚拟网络交往，实际上耗费了大量精力和时间，从而使现实人际交往的时间和精力相对减少，现实生活中人际关系弱化，导致大学生精神世界的进一步空虚和荒芜。二是同学关系淡漠化。作为易于接受新生事物的群体，大学生容易对新媒体这种新生事物着迷，学习时间和精力被大量挤占，同学间的交流和沟通缺失；再加上大学生所接触的信息因性格和爱好不同导致所关注的问题差异较大，从而致使同学之间“相对无言”的境况频频出现。久而久之，同学间共同话题趋少，相互隔阂日生，进而影响了班集体之间的和谐。

（二）新媒体环境下引领与培育大学生核心价值观的对策

新媒体对社会主义核心价值观的传播与弘扬，有利也有弊，高校在运用新媒体推进大学生价值观教育时，应扬长避短、趋利避害。

首先，要善于利用新媒体对大学生“灌输”——正面宣传社会主义核心价值观。这不仅是正当的，而且是必需的。单纯的硬性的理论灌输往往起不到预想效果，但借助新媒体辅之以心理诱导，就可以激发大学生接受社会主义核心价值观的主动性与自觉性。

其次，依托新媒体营造大学生价值观教育的立体网络阵地。在新媒体环境中，如果我们不去抢占并稳固把握价值观教育阵地，各种非马克思主义或反马

---

① 张耀灿等．现代思想政治教育学．北京：人民出版社，2006:303.

克思主义的思想就会去占领。为此，必须着力打造覆盖面广、影响力大、引导力强的新媒体网络阵地。例如，中国人民大学马克思主义学院的“别笑我是思修课”微信公众号，不仅把学生感兴趣的问题融入到思想道德修养与法律基础课中，而且定期针对学生关注的问题从思想政治教育的角度进行分析和解读，实现了马克思主义理论对网络阵地的占领，也把思修课办成了同学们都喜欢上的课程。建设价值观教育的立体网络阵地，要善于运用新媒体做好大学生的思想引导。面对新媒体环境的挑战，高校应根据大学生价值观念发展的新趋势，针对大学生喜动爱思、好群乐聚的特点，以通俗便捷且大学生喜闻乐见的形式构建价值观教育的网络载体与平台。同时，要把新媒体运用到大学生价值观教育评议系统中去。凭借新媒体，所有大学生价值观教育的参与者（包括教育者、管理人员、受教育者）都能够全面系统地了解、记录、评价和反馈大学生价值观状况。

再次，运用新媒体加强大学生思想动态的网络舆情监控与引导。新媒体有时也会成为校园风险放大与激化的载体。借由强大的新媒体，个别大学生对某些重大事件发表的与主流价值观不一致的观点和言论会被迅速放大并传递给其他大学生，以致在整个校园产生负面轰动反应，进而可能引发种种不可控的后果。为了有效避免这种局面的出现，有必要加强对校园新媒体的管理，强化对大学校园网络舆情的跟踪、监控和引导。这种跟踪、监控和引导，同样需要借助于新媒体。

四、校园环境载体：校园标识系统和公寓文化等

中国有句古话“文以载道”，其实，环境也是“道”的重要载体。就高校而言，建设什么样的大学校园，也形同于做一篇什么样的道德文章。校园是大学生日常生活、学习与交往的主要环境，是大学生价值观念形成、发展与实践的主要场域，因而也是大学生价值观教育最主要的环境载体。大学校园环境是否“载道”，是否充盈着社会主义核心价值观，直接影响着大学生价值观教育的效果。

（一）以社会主义核心价值观引领校园标识系统的建设

课堂教学之外的校园文化一般可分为物质文化、精神文化、制度文化三种

类型，其中物质文化和精神文化集中体现在校园标识系统上。校园标识不仅是指校园中的楼群、雕塑、景观等看得见的建筑物，也包括以校训、校风、校歌、校史等为标志的精神层面的标志。每一所高校的校园标识都有自身的特点，一般情况下，人们看到某一校园标识，就能够准确地知道是哪所高校。例如一说“一塔湖图”（博雅塔、未名湖、图书馆），人们就知道说的是北京大学。校园标识系统作为校园文化的物质和精神表现形式，承载着高校独特的精神风貌和价值取向，发挥着文化凝聚和文化育人的重要作用，是高校文化软实力的重要体现。[①] 例如中国人民大学西门矗立的该校首任校长吴玉章先生的雕塑，不仅向学生诉说着中国社会变迁中学校的历史，也凝聚着吴玉章先生的革命精神、奋斗精神、奉献精神、治学精神和家国情怀，这些都潜移默化地陶冶着该校学生的道德情操和价值取向。校园标识系统的这种育人功能，是其他教育方式所难以达到的。

校园标识系统在大学生价值观教育中发挥着独特作用，这是由其特性决定的。首先，校园标识系统的育人作用是隐形的。大学生生活在校园中，每日所闻所见都对自身价值观的形成有引导作用，校园标识系统所承载的积极向上的校园文化，可以使学生在愉悦的环境中不自觉地得到熏陶和教育。其次，校园标识系统是大学独具特色的身份。每个高校的校园标识系统都体现着学校的办学定位。大学生进入高校后，往往会受学校的校园标识系统影响，形成与该校的校园文化相符的价值观念。最后，校园标识系统有传承性和延续性。这里的传承性不仅仅是指校园标识系统所承载的文化理念的历史传承，同时也指在大学生身上的传承，大学生在特定的个校园文化影响下所形成的价值观念不会随着校园生活的结束而结束，而会伴随人生的步伐走入社会。很多时候，不同高校毕业生的特质是不同的，这与特定高校的校园文化有重要的关系。校园标识系统所承载的校园文化不仅可以熏陶大学生的思想观念，同时可以使大学生身心得到放松，在大学生人格塑造过程中有着举足轻重的作用。所以，在大学生价值观教育中，一些高校非常重视校园标识系统的建设。例如，临沂大学把学校的红色历史与红色精神融入校园标识系统，在大学生价值观教育中收到了良好的效果。走进临沂大学，随处可见的取材于沂蒙革命历史的雕塑，不仅美化

① 齐琳琳 . 论大学校园标识系统建设与文化育人的有机结合 . 学校党建与思想教育，2016（12）：92–94.

了校园，而且无声地诉说着沂蒙人民的奉献和沂蒙精神的伟大。校风“实”体现了沂蒙人民的朴实，引导大学生做人要从实际出发，同时要敢为人先，在实事求是的基础上勇于创新。这些校园标识系统深刻诠释了沂蒙红色文化和沂蒙精神的深刻内涵，对培养该校学生“能吃苦、善创新、敢担当、乐奉献”的临大特质发挥了重要作用。

（二）以社会主义核心价值观营造融洽的公寓环境

高校公寓除了给提供学生居住环境以外，还是学生人际交往的重要场所，同时也是校园矛盾的多发地。曾经产生恶劣影响的“云南大学马加爵杀人案”“复旦大学投毒案”等几个大案，都是同居一个公寓的同学，因日常小事而导致心生怨恨酿成的大错。因此，公寓是大学生价值观教育必须高度关注的重要场域，但在实践中却很容易被忽视，在研究中也往往成为盲点。加强和改进公寓中的大学生价值观教育，公寓文化建设不容忽视。公寓文化是指学生在公寓生活过程中，与舍友相处中应当具有的精神追求和价值取向。它受到校园文化的影响，也受公寓文化建设的影响，更受学生的性格、精神、爱好等因素的影响。在公寓文化培育中，大学生既是主体，又是客体。因为大学生拥有对高校公寓的使用权、享受权，学生的精神面貌很大程度上决定了一个公寓的文化氛围；同时，学生又会不自觉的受到既有公寓文化的影响，接受既有公寓文化所传达的思想、情感和价值观念。最近几年经常见诸报端和网络的“学霸宿舍集体考上研究生”的报道有很多，例如 2011 年青岛大学化工学院一个宿舍的 6 位同学全部考上研究生、2012 年扬州大学 4 个宿舍的同学集体考上研究生、2013 年山东农业大学 6 个宿舍的同学集体考上研究生。如果仔细看这些新闻报道，会发现他们的公寓生活非常和谐，相互之间更多的是宽容、鼓励、帮助和扶持，之间谈论的话题更多的是学习，并且他们之间一般都会有一个充满正能量的“领头羊”。这种公寓文化是应该提倡的，更应该引起重视，在建设这种充满正能量的公寓文化的同时，融入大学生应该具有的价值观，一定会受到良好的价值观教育效果。

利用公寓文化载体渗透社会主义核心价值观，既是一个理论问题，更是一个实践问题。构建良好的公寓文化可以从以下几点入手：首先，张贴传播社会主义核心价值观的标语、警句、名言和海报等，渲染积极的价值观教育氛围。公寓空间分为公共空间和私人空间两部分。公共空间包括洗刷间、洗手间、楼道、走廊、电梯、张贴栏、接待室、活动室等空间。私人空间就是指为某几个人共用的具体房间。高校应充分利用公共空间，并且根据公共空间的使用性质进行必要的设置和标识。例如在公寓的对外接待室招贴“友善”的宣传画或者提供相关小故事的手册，一方面方便学生在等人无聊时打发时间，另一方面避免了宣传的灌输式。私人空间的价值观渲染的方式更多样，在这里就不再介绍。其次，在公寓管理员办公室设置意见箱，方便学生反馈住宿问题，积极就反应问题进行干预。学生与舍友相处的不愉快，一般都是由小事引起的。如果能够及时发现，一定会把大事化小小事化了。另外注重心理教育的干预，科学分析公寓关系紧张的心理因素，积极营造和谐的宿舍环境和人际关系。再次，定期开展公寓文明评比、公寓文化节等活动，物质鼓励和精神鼓励相结合，激发同学们的公寓集体荣誉感。在公寓中开展主题活动时，融入与社会主义核心价值观相关的内容，引领与培育大学生的价值观。最后，以积极向上的文化理念培育公寓文化氛围，把公寓营造成大学生乐在其中的“第二课堂”。公寓文化对学生价值观的影响更显著、更经常、更深入，应该结合公寓文化对学生影响的正反两方面的案例，使学生意识到公寓文化的重要性，自觉地积极营造向上的公寓文化，形成在与舍友相处时多些宽容和忍让，在卧谈时少论他人长短、多讨论学习和国家大事，在集体外出活动时少去娱乐场合、多些体育运动的良好氛围。

第五章　引领与培育当代大学生核心价值观的方法

方法是人们在活动中为了达到预定目的所使用的手段和行为方式。“无论人的认识世界的活动，还是改造世界的活动，都要遵循一定的方式法则，都要运用一定的符合其对象实际的方式、方法，否则就不可能有任何成功。”[①] 方法在发现问题、分析问题、解决问题的过程中发挥着重要的作用。一件事情如果方法得当，会得到自己想要的结果，甚至比预期效果更好，方法不好则可能事倍功半。“磨刀不误砍柴工”，引领当代大学生认同与践行社会主义核心价值观，找对方法至关重要。宏观上的方法，不仅包括一些的具体的方式、方法，也包括处理事情的原则和方略，甚至包括作为基础理论的方法论。

一、引领与培育当代大学生核心价值观的原则和方略

所谓原则，是指说话、办事的基本准则；所谓方略，是指处理事情的方法和谋略。原则和方略在事情的处理过程中都发挥着重要作用。作为一项庞大而复杂的系统工程，引领与培育当代大学生核心价值观，既需要有正确的培育原则，也需要科学的培育方略。

（一）引领与培育当代大学生核心价值观的原则

引领与培育当代大学生核心价值观，总体上要坚持“合目的性”与“合规律性”相统一的原则；具体到“合目的性”，则既要合乎社会目标，又要合乎个体目标，坚持社会目标与个体目标相统一。

---

① 李志才．方法论原理．南京：南京大学出版社，1998：4.

首先，坚持“合目的性”与“合规律性”相统一。实现两者的有机统一，才能赢得大学生的欢迎与配合，取得最好的教育效果。大学生价值观教育的“合目的性”，是指价值观教育要符合社会发展目的和大学生个人发展目的。在当代中国，大学生价值观教育是党的意识形态工作的重要组成部分，具有鲜明的意识形态属性。判断大学生价值观教育是否符合社会发展目的，主要看其是否符合党和国家关于社会主义核心价值观的“三个倡导”。始终以“三个倡导”引领大学生价值观教育，才能实现其社会目的。大学生价值观教育还要符合大学生自身的发展方向，为此，就要关注大学生个人发展的目的，顾及到大学生个人目的的实现。比如生活中如何处理时间，如何与人相处，如何安排个人的生活；在工作中如何看待竞争与合作，实现人际和谐；在感情中，如何处理爱情、亲情和友情的关系，调整自己的情绪；如何实现自己的全面、协调和可持续发展等等问题。总之，大学生价值观教育既要符合社会发展的目的，不能偏离社会发展的基本要求；也要实事求是，设身处地地为培育对象即当代大学生着想。

大学生价值观教育的“合规律性”，是指价值观教育要遵循社会发展的规律、遵循大学生个体成长的规律。首先，是否遵循社会发展的规律，不仅关系着大学生对价值观教育的接受程度，而且关系着这种价值观教育是否具有“合理性”。价值观教育带有一定的政治倾向性，如果这种政治倾向性是符合社会发展的规律，老师能够比较容易地教授给大学生，同时大学生也能够比较好地接受这些理论，在后期通过社会实践，更能够印证这些理论的正确性。反之，如果价值观教育仅仅是为了一时的政治需要，虽然大学生在课堂上短暂地接受了这种教育，但是没有社会实践作为后期支撑，理论无法照进现实，这种价值观教育就不可能得到想要的成果。所以，与社会发展规律相一致，是当代大学生价值观引领与培育的重要原则，违背了这一原则，“合理性”就值得怀疑。其次，是否遵循大学生的个体发展规律，决定着大学生价值观教育的有效性。大学生与中小学生的认知模式存在很大的区别，小学生对事物的认知主要建立在感性之上，中学生理性思维逐步发展，大学生对事物的认识则主要建立在理性思维之上。遵循青少年的个体认知发展规律，在社会主义核心价值观的引领与培育中，高校教师要在小学讲故事、中学讲历史的基础上，致力于从理论上把社会主义核心价值观“是什么”、“为什么”要培育社会主义核心价值观、“怎么样”践行社会主义核心价值观等问题讲清讲透，引领当代大学生在理性认同的基础上实现社会主义核心价值观的内化与外化。

其次，坚持社会目标与个体目标相统一。大学生价值观教育的社会目标，就是要引领当代大学生在国家层面认同并践行“富强、民主、文明、和谐”的社会主义核心价值观，在社会层面认同并践行“自由、平等、公正、法治”的社会主义核心价值观，成为德智体美全面发展的社会主义合格建设者和接班人。大学生价值观教育的社会目标是由社会主义核心价值观的意识形态属性决定的，体现着鲜明的工具性，具有引领思想、承载政策、凝聚精神、稳定社会等社会功能。一是引领大学生思想。大学生是社会发展的有生力量，加强对大学生的思想引领格外重要。在大学生价值观教育中，要坚持马克思主义理论的指导，高举中国特色社会主义旗帜，使大学生在思想上真正认同、行动上真正践行社会主义核心价值观。同时，要把社会主义核心价值观的基本理念融入大学生日常生活全过程，使之成为大学生锐意创新、奋发向上的精神力量和团结和睦的精神纽带。二是承载党和国家的政策。党和国家的政策，要想顺利实施，就必须要赢得人们的认同。大学生在这些政策赢得群众支持的过程中，发挥着举足轻重的作用。在党和国家政策大众化的过程中，结合时代特点，发掘当代大学生喜闻乐见的方式，将政策的宣导融入到大学生价值观教育中，可以使当代大学生成为政策的拥护者、实践者、宣传者，充分发挥价值引领作用，促进人民群对政策的理解和认同。三是凝聚精神。大学生价值观教育有利于强化当代大学生的民族自尊心和自信心，激发他们的民族凝聚力和向心力，为实现中华民族伟大复兴的中国梦汇聚力量。四是稳定社会。大学生即将走入社会，对于社会的变化会更加敏感。要通过价值观教育，引领当代大学生理性分析、深刻认识各类现象发生的根源，通过合情、合理、合法的途径表达意见或诉求，力争成为国家利益的维护者、群众利益的代言人与和谐社会的建设者。

现时代，大学生在关注国家、民族的前途命运的同时，更关注自身的发展。如何净化心灵、提升人格，成为心灵和谐、道德高尚的人；如何开阔胸襟、增强责任，成为胸怀宽广、有责任心的人，是当代大学生关注的新热点。一是净化心灵。和谐社会内在地包含人的心灵和谐。以社会主义核心价值观净化大学生心灵，是大学生价值观教育的重要任务。要把价值观教育与心理健康教育相结合，注意发现影响大学生心理发展的各种因素，随时调整培育手段，努力将负面事件、负面现象对大学生的心灵冲击降到最低，以正面事件、正面人物激励大学生，引导他们求真、向善、为美。二是塑造人格。在复杂的社会环境中，大学生面对着一些困难和挫折，诸如学习上的困难、对未来的迷茫、就业中的不适应、人际交往中的不协调等等因素，都会影响价值判断，甚至诱发人格扭曲。面对这些问题，大学生价值观教育要注重大学生健康人格的塑造，引导大学生坦然面对人生的种种机遇或者遭遇。三树立理想。理想信念教育是大学生价值观教育的核心。崇高的理想有助于大学生凝聚精力、挖掘潜力、增强毅力，最大限度的实现自身的人生价值。要引导当代大学生把社会理想与人生理想结合起来，把个人进步与国家富强、社会繁荣、民族复兴结合起来。既要避免脱离个人理想谈社会理想，使理想教育流于形式；又要避免脱离社会理想谈个人理想，使理想教育偏离正确的方向。

（二）引领与培育当代大学生核心价值观的方略

推进当代大学生价值观教育工作，总体上应以社会主义核心价值观为引领，坚持整体推进的方略。同时要统筹兼顾，协调方方面面的工作，以科学的理论武装大学生、以正确的舆论引导大学生、以高尚的精神塑造大学生、以优秀的作品鼓舞大学生。

大学生价值观教育，科学理论武装是前提和根本。理论上的清醒和坚定，是大学生认同与践行社会主义核心价值观的内在基础。社会主义核心价值体系的灵魂是马克思主义指导思想，主题是中国特色社会主义共同理想。以科学的理论武装大学生，就是要以马克思主义理论、中国特色社会主义理论自身的科学性赢得大学生内心深处的认同，引导大学生树立正确的人生观、世界观、价值观。以科学理论武装大学生，要找准理论与实践的结合点，在实践需求、实践验证的基础上阐述理论、剖析理论；要与时俱进，以大学生喜闻乐见的新载体、新形式承载科学理论，把抽象的理论同感性的形式结合起来，把理论的穿透力同典型的震撼力结合起来，有的放矢地回应大学生对社会热点问题的关心，回答大学生的心理困惑，真正使当代大学生成为科学理论的坚定信仰者、自觉实践者和积极传播者。

舆论是大学生价值观生成的土壤。现代政治活动中，无论是国家主体、阶级主体还是政党主体，都非常重视社会舆论导向。中国共产党向来重视舆论在革命和建设中的重要作用，毛泽东、邓小平、江泽民、胡锦涛和习近平等中央领导人都对舆论的重要性有相关的论述。改革开放以来，我国的大多数媒体积极宣传党的路线、政策、方针，坚持了正确的舆论导向，对引领社会价值取向起到了重要的作用。在大学生核心价值观教育中也是如此，社会舆论导向正确，大学生价值观教育就好做；舆论导向偏离了正确方向，大学生价值观教育就会受到很大影响，甚至被颠覆。

以高尚的精神塑造大学生，是大学生价值观教育的关键。人无精神不立，国无精神不强。以高尚的精神塑造人，要格外重视民族精神和时代精神的作用。中华民族精神的核心是爱国主义，“天下兴亡，匹夫有责”“苟利国家生死以，岂因祸福避趋之”等等，都是我国历代仁人志士爱国主义精神的写照。当然，中华民族精神还有团结统一、自强不息等优秀的精神品质。这些精神不仅使中华民族生生不息、连绵不绝，创造了灿烂的文明，也是激励华夏子女奋发图强、实现中华民族伟大复兴的强大精神动力。在大学生价值观教育中，要充分利用这样的民族精神引导大学生，培养他们的爱国意识。时代精神是一种与时俱进的精神，其中的创新精神，更是当代大学生应该具有的品质。在竞争激烈的现代社会中，拥有创新精神的大学生，更容易对自己进行定位。所以在大学生价值观教育中，要强化民族精神和时代精神教育，引导大学生始终保持昂扬的精神状态。

优秀的文艺作品深受大学生欢迎，是价值观教育的重要依托。文艺作品包括文学、音乐、绘画、影视剧等，无论作者有意还是无意，都蕴含着一定的文化和价值观。优秀的文艺作品流淌着民族文化的血液，哺育着一个民族，影响着人的一生。在大学生价值观教育中，要理直气壮地向青年学生推荐代表中华民族精神的优秀文艺作品，引导他们多读好书，多欣赏正能量的音乐、美术作品和影视剧，学会全面分析各类作品。文艺战线要坚持“二为”方向、“双百”方针，主动弘扬主旋律，创作更多大学生欢迎的优秀作品，满足大学生的精神需求，引导大学生认同与践行社会主义核心价值观。

二、引领与培育当代大学生核心价值观的常规方法

长期以来，中国共产党在引领与培育大学生价值观的过程中积累了许多重要的经验，探索出了一系列科学的方法，有些方法超越历史的时空，至今仍具有重要的实践应用价值。在当代大学生价值观教育中，要积极继承、灵活运用这些常规方法。

（一）理论宣教法

理论宣教法是思想政治教育的“灌输”原则在价值观教育中的具体运用。大学生要形成正确的价值观念，仅靠自我认知是远远不够的。通过教师的理论灌输与宣传引导，大学生搞清楚什么是社会主义核心价值观，为什么社会主义核心价值观是科学的、正确的价值观，才能够深刻理解、积极认同与践行社会主义核心价值观。

理论宣教法有课堂讲授、会议学习、媒体宣传等多种形式。其中最主要的是课堂讲授。课堂学习是大学生进入高校后最主要的学习方式，而且课堂学习有其他学习方式所没有的优势，即更加系统化和理论化。课堂配有专门的教师和教材，可以集中向学生进行理论讲授，能够深化大学生对社会主义核心价值观的理解。我国高校建立了完备的思想政治理论课程体系，比较全面地涵盖了大学生社会主义核心价值观教育的相关内容。为了增强教材的科学性，我国专门组织专家编写了通俗易懂、深入浅出的、全国通用的思想政治理论课“马工程”教材，并在教学方法、教学手段上进行了改革。同时各大高校培养了大批马克思主义理论领域的高层次人才，建立健全了大学生价值观教育队伍。会议学习是仅次于课堂讲授的又一理论宣教方法。目前我国的大多数高校在课堂之外，每周都有例行性会议，集体学习政治理论与形势政策。会议学习的时间机动灵活，形式多种多样，内容丰富多彩，是大学生价值观教育的重要途径。媒体宣传也是今天高校普遍借用的理论宣教方法。目前，我国许多高校在教室、餐厅安装有闭路电视，在校园网上专门开辟宣传教育网页，学校、院系、班级都订有国家和省级的各类报章杂志等。这些途径构成了理论宣教的庞大系统，能够及时地、不间断地提供全面的、高质量的价值观教育内容，从而为引领学生养成正确的价值观念奠定了坚实的基础。

（二）榜样教育法

榜样教育法就是利用有榜样和示范意义的人或事进行价值观教育，对当代大学生进行启迪和教育。比如央视评选的“感动中国十大人物”，评选出符合社会主义价值观念、对社会有影响力的先进典型进行颁奖，从而对社会大众产生了良好的价值观教育意义。此后，层出不穷的各级各类“感动人物”也发挥了类似作用。榜样教育法被广泛认可的原因在于，榜样贴近现实生活，是真实可见的人物和事件，相对于枯燥的理论来说更具有说服力，更加易于人们去效仿。

在大学生价值观教育中，要积极运用榜样示范法，善于利用大学生身边的榜样人物和正面事例，使大学生受到启发、形成共鸣、提高认识、学习仿效。作为接受过高等教育的大学生来讲，理性思维和感性思维都已经得到了一定程度的训练，在以榜样人物和正面事例教育大学生的过程中，不仅要以感性的形象触动大学生的心灵，而且要引发他们对人生价值的深入思考，引领他们形成正确的价值观念。具体工作要注意四点。一是必须实事求是地选择、宣传榜样。真实性是榜样力量的源泉，只有贴近大学生的日常生活，才能使榜样和典型更加为人们所信服。游离于人们的生活世界与精神世界之外的“榜样”，难以真正从思想到行动上得到人们的普遍认同，更谈不上正面典型的作用。因此，榜样的事迹切忌任意拔高、添枝加叶。二是要尽可能让榜样人物面向大学生亲自宣讲榜样事迹。让大学生近距离接触榜样人物，了解事实真相，才会产生更强的感染力和说服力，收到最佳效果。三是榜样示范的具体方式方法要灵活多样。除了电视、广播等传统媒体，还可以利用微博、微信等新型媒体传播榜样事迹。譬如，建立公众号，传播榜样人物的先进事迹，供大学生阅读和评论，从而强化榜样示范的效果。四是在宣传典型事迹和榜样人物的同时，要双管齐下，善于利用反面典型，发挥其威慑、劝阻与警示的作用。利用正反两方面的事例警醒大学生什么事可以做，什么事不可以做。

（三）实践教育法

实践教育法，就是组织引导大学生通过各种社会实践活动不断提高思想觉悟和认识能力，在改造客观世界的过程中同时改造自己的主观世界，形成与社会发展相适应的价值观的方法。“纸上得来终觉浅，绝知此事要躬行”，人的思想观念是在实践中逐步形成的。大学生的思想观念虽然还不是很成熟，但是对于理论能不能照进现实这件事情非常看重。在实践的过程中，大学生会自觉不自觉地将学到的理论知识应用到其中，从而获得更加深刻的价值观认知，加深对于价值观念的信服程度，所以实践在大学生价值观教育中发挥着关键的作用。

实践教育法有劳动实践、社会服务、考察实践等等多种方式。劳动实践，就是让大学生从事一定量和一定程度的生产劳动，引导他们在劳动过程中树立正确的观念，培育热爱劳动、亲近人民的感情，养成勤劳节俭、团结协作、艰苦奋斗等优良品质。社会服务，就是引导大学生运用自身的知识、技能、体力等素质，为社会提供力所能及的服务，帮助人们解决学习、生活和工作中的实际问题。这样，大学生在奉献社会的同时，获得对责任关系、道德关系的体验和教育，使自己的价值观念得到升华。社会考察，就是引导大学生按照一定的计划、程序和方式，带着一定目的或者问题深入社会生活，在考察过程中研究社会现象，分析社会问题，培养发现问题、分析问题、解决问题的能力，提高思想观念和品德修养。实践教育法用于大学生价值观教育，要注意三个问题。一是要根据大学生的思想实际和教育目的选择合适的实践锻炼方式；二是要持之以恒，通过反复的实践锻炼，不断提高大学生的思想认识，最终形成正确的价值观；三是要建立实践活动基地，力争实践锻炼系统化、经常化、制度化。目前，多数高校能够经常性地组织学生参加各种社会实践活动，引导大学生了解国情、服务社会、锻炼自己，这些都是实践教育法的具体运用。

三、引领与培育当代大学生核心价值观的方法创新

与20世纪相比，现时代的大学生与外界的接触越来越多，所获得的信息量不断增大，影响大学生价值观走向的因素也日渐增多。高校在大学生价值观教育中，不仅要灵活运用传统的教育方法，还要坚持原则、积极探索，实现大学生价值观教育方法的创新。

（一）坚持价值观教育与制度建设相结合

邓小平曾经指出：“领导制度、组织制度问题更带有根本性、全局性、稳定性和长期性。”[①]这些思想阐明了思想教育与制度建设的关系，体现了深刻的唯物辩证法。培育和践行社会主义核心价值观，制度建设与思想教育同等重要。大学生正确价值观念的形成当然需要教育的引导，但教育的作用只有在科学的制度保障下才能达到。在学校生活中，大学生总是被一定的制度所制约的。当制度与价值观相一致时，价值观教育的内容就比较容易被大学生所接受，反之，就容易造成大学生价值观的混乱。所以，在大学生价值观教育中，要始终坚持教育与制度建设相结合，以期达到最好的教育效果。

---

① 邓小平文选(第2卷).北京：人民出版社，1994：333.

（二）坚持价值观教育与人们的思想实际相结合

“经验说明，要做好宣传思想工作，在明确宗旨和把握正确方向的前提下，还需要深入了解人们的思想和心理，同时要讲究方式方法。”[①] 这个经验，同样适用于大学生价值观教育。理论和实践都说明，针对性、预见性、前瞻性是大学生价值观教育成功的关键。价值观教育要做到有的放矢，就要深入大学生学习、生活的实际，了解他们的价值取向背后的真实动因。现时代，多样化的社会思潮使大学生的价值观念呈现出多种发展趋势，这是大学生价值观教育面对的一个新课题，需要认真研究和妥善解决。大学生价值观的发展还是个动态过程，教师要时刻关注学生思想动态，抓住时机进行价值观教育。同时，教师要细致地研究大学生的情绪和心理变化，见微知著，防微杜渐，把问题解决在萌芽状态。不顾大学生思想实际的价值观教育，不但不会解决大学生的价值观困惑，反而会降低价值观教育的威信。

（三）坚持以理服人与以情感人相结合

以理服人和以情感人相结合，就是在社会主义核心价值观教育中，既要让大学生在理论上产生认同，又要让他们在情感上产生共鸣；既要注重大学生的情感需求，也要关注大学生的真理追求。首先，要采取说服教育的方法，以理服人。以理服人，道理要说透彻，实质要讲清楚，并以实践与事实印证理论。要讲事实，摆道理，使大学生在事实面前转变思想。同时要防止“左”，遵循不抓辫子、不扣帽子、不打棍子的“三不原则”。总之，要通过说理，让大学生了解、信服社会主义核心价值观所包含的内容。其次，要注重情感上的共鸣。实践证明，要想让大学生真正信服某种价值观，必须做到情真意切，情理结合。否则，即使理论讲的再好，也不能使大学生真正信服。这就要求高校思想政治工作者自觉培养与当代大学生的深厚感情，实施有效的情感激发。为此，教师一是要经常深入大学生中，熟悉大学生的生活与思想状况，与大学生打成一片，与他们同呼吸、共命运，建立起深厚的个人感情；二是要主动热情地关心和帮助大学生，在大学生遇到实际问题和困难时，要帮助他们解决；三是无论是宣传真理还是追求真理，都要保持对大学生的深情厚爱。最后，要寓理于情，寓教于乐，促进情与理的充分结合，使大学生对价值观教育的内容能

---

① 毛泽东邓小平江泽民论思想政治工作．北京：学习出版社，2000：172．

"听进去，看进去，写出来，唱出来"。[①]"听进去"是指价值观教育要把真理融于真情之中，采取理论讲授、优秀大学生报告会、先进大学生座谈会以及恳谈会等生动活泼的形式，使教育内容入耳入脑。"看进去"是指既要重视指导大学生阅读相关书报杂志，又要重视运用现代教育技术手段对大学生进行形象化教育，使他们在不知不觉中心灵得到净化，情感得到升华。"说出来"是指在价值观教育中，要注意调动大学生的主动性、创造性，引导他们把受到的教育转化为自己的体验和感受，并以多种形式表达出来，相互启发，相互交流。"唱出来"主要是指针对大学生爱唱、爱舞、爱运动的特点，通过歌咏比赛、革命先辈诗词朗诵会等主题鲜明形式多样的活动，充分发挥校园文化的娱乐功能、育人功能与导向功能，使大学生受到潜移默化的教育。

（四）坚持言教与身教相结合

俗话说"喊破嗓子不如做出样子"，教师的言教与身教相结合是大学生价值观教育的一条重要的原则，也是实现大学生价值观教育科学化的又一重要途径。言教是指教师通过课堂教学等方式，使大学生在知识层面、在理论上对社会主义核心价值观形成系统的认识，知道社会主义核心价值观是什么、为什么要认同和践行社会主义核心价值观。身教是指教师在生活、工作以及教学过程中能够始终以社会主义核心价值观作为行动指南，以身作则引导学生，使大学生在掌握理论的基础上，从老师身上得到教育和启示，学会应该怎么样践行社会主义核心价值观，达到价值观教育的目的。实践证明，教师的行为对大学生有重要的示范作用。当然，这并不是要否定言教的重要性。但相对而言，身教对于大学生价值观教育更能起到决定性的作用。在瞬息万变的当代社会，大学生的价值观教育要取得更佳效果，就应该注重将言传和身教紧密结合，更好地发挥教师身教的示范作用。

（五）坚持自律与他律相结合

要实现大学生价值观教育的科学化，还必须坚持自律和他律相结合的原则。自律就是自我教育、自我修养和自我提高。自律是一种内在力量，是人们在长期的社会实践中形成的一种良心、正义感、责任心和荣誉感，是对自

---

① 宫志峰．高校思想教育应当情理交融．大众日报，1995-10-25.

己、对他人、对社会负责的内在的自觉意识。大学生价值观教育，要注重这种自律意识的培养。但是，大学生社会主义核心价值观的生成，仅靠自律是远远不够的，还需要他律来约束。他律具有强制性和权威性，能够从宏观、中观和微观等各个层面抑制大学生的消极观念。自律和他律相结合，是做好大学生价值观教育的有效手段，两者相辅相成，缺一不可。这就需要把自我约束和各种社会调控手段结合起来，以自律的内在自觉性来提高大学生的价值观念，以他律的强制性规范约束大学生的思想和行为，使自律和他律相互补充、共同发挥作用。这样，就能使大学生社会主义核心价值观教育建立在更为科学的基础之上，形成扶正祛邪、扬善惩恶的氛围，使大学生的价值追求健康向上、行为文明有序。

四、价值澄清理论对引领与培育当代大学生核心价值观的启示

价值澄清理论源于20世纪的美国。1966年《价值与教学》（拉思斯与哈明、西蒙等合著）一书的出版，标志着价值澄清学派的形成。价值澄清学派认为，在价值观多元化的社会中，道德说教和榜样示范难以赢得学生的认同，甚至会引起学生的怀疑。因此，需要以价值澄清策略引导学生在批判性思考中实现自我价值观的澄清，做出自己的道德决定和道德行为。价值澄清理论反对单纯的理论灌输，注重教给学生价值澄清的技巧、提高学生价值选择的能力，对大学生价值观教育具有重要的启示意义。首先，价值澄清理论试图应对人们的思想意识复杂多变、社会价值观念趋向多元等时代性挑战，这些挑战也是当前我国大学生价值观教育所面临的问题。价值澄清理论在教育理念上尊重学生的主体性和自由选择的权利，在教学方法和澄清策略上注重民主互动，这对我国大学生价值观教育也具有重要的借鉴意义。其次，价值澄清理论认为价值选择必须在法律许可范围内进行。价值澄清的价值，既是有个人兴趣爱好的价值，又是有社会限制的价值。这在一定程度上契合了当前中国“德法兼治”的德育理念和“以社会主义核心价值体系引领人们的价值选择”的价值观教育原则。最后，价值澄清理论鼓励学生对价值观教育的内容进行深入的思考与鉴别，有助于培养学生的价值选择能力，促进学生思维、情感和行为的发展，这些主张也契合我国当前的价值观教育理念。

（一）注重大学生在价值观教育中的主体地位

价值澄清理论认为，传统的价值观教育偏重灌输，忽视了学生的主体性，实质上把学生当成了只需接受先进思想品德的“容器”。即使是树立榜样、说服劝告、激励鞭策、制定规章、运用文学作品等方法，实质上也是在试图把预先定好的“正确的”价值观兜售、推销、强加给他人，因而也多少有灌输的味道，只是某些方法比另一些方法更巧妙一点而已。这样的价值观教育，虽然动机是善良的，内容是高尚的，但违背了价值观形成与发展的基本规律，因而成效不佳。针对这种状况，价值澄清理论强调，教师应尊重学生的主体地位，帮助学生澄清思想困惑，培养他们的价值思考和价值选择能力，引导他们形成与其价值观念一致的独特生活方式。我国高校价值观教育长期习惯于从外部对大学生施加影响，教师处于主体地位，学生则处于客体地位。“这种教育模式因其忽视现代社会开放和价值多元的事实，忽视道德教育之固有的主体性本质，以及忽视现代社会对主体性和创造精神的呼唤，而在解释现实的社会道德问题，解决青少年道德价值观冲突面前日显苍白。”① 要改变这种状态，就需要借鉴价值澄清理论，充分发挥大学生在价值观念认同与践行中的主体作用，激发其自我教育的自觉性，让他们学会自我调控、自我激励、自我完善、自我超越，在开放的环境中辨析善恶美丑、进行价值选择，真正成为价值观生成的行为主体。

（二）注重培养大学生的价值选择能力

价值澄清理论认为，学生获得价值观念的能力比获得怎样的观念更重要。拉思斯认为：“在我们看来，‘她如何获得价值观’这一问题比‘她获得了什么价值观’更为重要”，“我们不能教给儿童一套绝对的价值，但我们却能教给他们一些完好的东西，我们可以教给他们用来获得自己的价值的方法。”② 在拉思斯看来，道德教育的目的应该是教给学生价值澄清的技巧，提高他们分析、处理道德问题和社会问题的能力，提高他们的价值判断与价值选择能力，使他们能适应复杂多变的生活。价值澄清学派的这些观点对当代中国价值观教育具有重要的启示。在当代中国，社会价值观念更加多元、价值选择更加自由，鲜活的现实、活跃的媒介不断刷新着人们的认知，大学生经常会面临着各种价值选

---

① 戚万学．关于建构中国现代道德教育理论的儿点设想．教育研究，1997(12):27–31.
② ［美］拉思斯．价值与教学．杭州：浙江教育出版社，2003:7.

择、价值冲突。在这种背景下，传统的理论灌输模式效果不再尽如人意，只有培养大学生的自主认知与价值选择能力，才能让他们在价值辨析的基础上认知并形成正确的价值观。当代大学生价值观教育不能再封闭性围绕某种“正确”“理想”的价值观运作，而应树立一种“教会选择”的新理念，从“给现成结论”向“给分辨武器”转变，让大学生勇敢面对现实，在多元化的社会环境中，经过价值“澄清”、价值冲突，培养价值判断力，生成与现实社会相适应的价值观念，并把自己的价值经验内化为稳定的行为习惯。

（三）建立平等的师生关系

价值澄清理论认为，平等的师生关系、互相尊重的氛围是学生自主进行价值辨析并做出价值选择的基础条件。只有在这样的环境中，学生才能唤醒自己内心的想法，而不是盲目地受他人干扰。这就需要教师尊重学生，从训导者变为指导者、导航者亦或“治疗”者，引导学生以自己的思维确立正确的价值体系。价值澄清理论关于师生平等的观点无疑是值得肯定的。大学生的情感体验，譬如爱的需要、尊敬感和归属感等等，往往会影响他们将外在价值观念转化为内在需要的意愿，而良好的师生关系是这些情感要素的承载者。在以往的价值观教育中，学生的主体地位往往得不到足够重视，教师指挥者和命令者的角色常常使人产生疏离感。按照价值澄清理论，师生应该在和谐的氛围中，以民主、平等的方式交流人生问题。学生敞开心扉与教师进行沟通的过程中，自然会流露出自己思想的火花，这时教师因势利导，就会帮助学生树立正确的价值观。当然，强调建立民主、平等、互助合作的师生关系，并不是要求教师完全中立。大学生毕竟是发展中的不成熟的主体，教师要尊重并激发其主体性，但不是纯粹的旁观者，作为教育者，教师仍然要发挥主导作用，给学生以必要的指导。

（四）关注大学生的日常生活

价值澄清理论认为，价值观来源于生活，价值观教育融入学生的生活实际，才能摆脱“空谈”的厄运。拉思斯指出：“如何处理生活中常见的友谊、恐惧、合作、爱情、贫穷、金钱、暴力等问题，这些不是学生个人的问题，而是重要的社会问题。并且正是这些问题使生活复杂化，并造成价值问题显得扑朔迷离”。[①] 为此，教育者的注意力应放在那些在学生日常生活中具有“价值指示”意义的问题上，诸如学生如何对待闲暇时间、如何处理与朋友的人际关系，以及学生的信仰、目标、抱负、兴趣等等。长期以来，我国高校的价值观教育效率低下，部分原因在于教育内容脱离大学生的生活实际、脱离大学生所处的社会现实。当大学生的社会实践、生活体验无法印证学校价值观教育内容时，他们不但不会将后者纳入自己的“道德框架”，甚至有可能产生抵触情绪。为避免这种厄运，价值观教育就应回归纷繁复杂的社会现实，引导学生直面现实生活和内心世界的价值冲突，在感受、体验、觉知、理解不同的价值准则中做出正确的价值选择。

当然，价值澄清理论带有道德相对主义色彩，运用在当代中国大学生价值观教育中，需要扬其所长、避其所短，结合中国国情与社会现实，处理好三个关系：首先，要正确处理一元主导与多元共存的关系，一方面坚持社会主义核心价值观的主导地位，另一方面尊重差异，包容学生多样化的价值选择。其次，要正确处理教师中立与教师引导的关系，既要保持教师“中立”的超然形式，又应加强对学生价值选择的“隐性”引导。第三，要正确处理好教师“灌输”与学生自主选择的关系，既要尊重学生的主体性，尊重学生的自主意识和个人选择，又要巧妙地渗透和“灌输”社会主义核心价值观。

---

① [美]拉思斯．价值与教学．杭州：浙江教育出版社，2003:2.

第六章 引领与培育当代大学生核心价值观的物质基础

梁漱溟曾经说过，人生要理顺三个关系，第一是人与物的关系，第二是人与人的关系，第三是人与内心的关系。物质是人类生存与发展的基础，而且决定着人们的意识，这是唯物史观的基本观点。引领与培育当代大学生核心价值观也同样需要尊重这一基本原理，夯实其物质基础，这就要求高校思想政治工作者切实关注当代大学生学习和生活中最迫切、最直接、最关心的物质利益问题，明确物质基础和社会主义核心价值观的内在关系，努力应对市场经济体制下意识形态领域的挑战，引领大学生认同与践行社会主义核心价值观。

一、物质基础与社会主义核心价值观的内在联系

马克思主义关于社会存在与社会意识、经济基础与上层建筑的辩证关系原理，从哲学回到人们的社会实践中，就是物质基础与价值观的关系。从价值观的物质基础及其所追求或维护的利益诉求看，社会主义核心价值观建立在中国特色社会主义的经济基础之上，有利于保障和巩固社会主义的物质基础，有利于维护人们现实的物质利益；而社会主义物质基础的保障与巩固、人们现实物质利益的被维护、获得感，又会推动人们对社会主义核心价值观的认同与践行。

（一）价值观视域下的物质基础

物质一词内涵十分丰富，不同学科对于物质的定义是不同的，但总结起来主要有两层含义：一是哲学上的物质即不依赖人们的意识而存在但可以为人们的意识所反映的客观实在；二是指经济学意义上的生产资料、生活资料及其货

币化表现形式。现在人们经常把“物质”一词狭义的理解为“金钱”，这具有一定的道理。但金钱对物质的固化解释并没有把物质的自然属性囊括在内，金钱是物质社会化的表现形式。物质是自然属性和社会属性的有机统一。物质基础是人们维持基本生存的必要前提。人类的生存和发展要以一定的物质生活资料为基础，必须首先解决衣、食、住、行等方面的基本需要。物质基础是一切社会赖以存在和发展的根本保证，同时也构成了一定生产方式的物质条件。物质基础是社会生产力的重要内容，生产力的发展水平是衡量一定社会物质基础的重要标志。在通俗意义上，物质基础可以理解为，在一般的社会生产条件下，满足自身及其家属生存和发展的物质生产资料与生活资料总和，具体表现为各种各样的能满足人们某一需求的物品。历史上任何一种社会制度，都是建立在一定的物质基础之上，并形成与之相适应的社会形态。任何一个社会的物质基础，都是人民群众在生产实践中创造和建立起来的。不同的社会形态，其赖以存在和发展的物质基础也不尽相同。随着人类文明的不断进步，生产力逐步发展，社会的物质财富也越来越丰富。

马克思一生都致力于人民群众物质财富和精神财富的提升，为实现人的自由而全面的发展而进行理论探索与实践尝试。中国共产党历来高度重视人民群众的物质利益。在新民主主义时期，把武装革命与为人民群众谋利益相结合，取得了一个又一个的胜利。毛泽东指出：“一切空话都是无用的，必须给人民以看得见的物质福利。”① 在改革开放时期，邓小平强调发展才是硬道理，社会主义社会的根本任务是解放生产力、发展生产力。在这样的理念引领下，社会主义市场经济体制的建立极大的解放了生产力，带来了人们物质生活翻天覆地的变化。世纪之交，江泽民指出：“在整个社会生产和建设发展的基础上，不断使人民得到日益增加的看得见的利益，始终是我们共产党人的神圣职责。”② 新世纪以来，胡锦涛认为，群众利益无小事，坚持人民利益高于一切。十八大后，以习近平同志为核心的党中央坚持以人民为主体的发展思想，致力于全面建成小康社会，大力推进全面深化改革、全面依法治国、全面从严治党，系统推进“五位一体”的社会建设，为发展好、维护好人民群众的物质利益构建了完善的体制机制。

---

① 毛泽东文集（第 2 卷）. 北京：人民出版社，1991:467.
② 江泽民文选（第 3 卷）. 北京：人民出版社，2006:122.

在党和国家大力推进的社会主义核心价值观的“三个倡导”中，排在国家层面的社会主义核心价值观第一位的就是“富强”，深刻表明了物质基础在国家发展中战略地位和价值观念引导中的基础意义。事实上，即使从辩证唯物主义与历史唯物主义的哲学意义上，没有“富强”，其他核心价值理念也将无从谈起。从现实看，西方发达资本主义国家向来以贫穷落后质疑社会主义国家的优越性，当代中国只有大力发展社会主义生产力，在物质基础上显示出超过西方国家的比较优势，才能有力回击这一质疑，更好地支撑起社会主义核心价值观，更好地推动当代大学生对社会主义核心价值观认同与践行。

（二）物质基础是思想认识的前提

每一个时代的认识都是建立在这一时代相应的物质基础之上。离开了这个时代的物质条件，所谓的思想、观念、意识都会陷入空想。人们的意识归根到底是由“物质”决定的，“物质”是前提、是基础，认识是结果。人类创造精神财富的思维器官——人脑是物质的，人类的思维对象——客观世界是物质的，人类创造精神财富的大脑之外的认识世界的辅助工具也是物质的。所以，马克思主义强调物质条件是创造精神财富的现实基础。马克思指出：“思想、观念、意识的生产最初是直接与人们的物质活动，与人们的物质交往，与现实生活的语言交织在一起的。观念、思维、人们的精神交往，在这里还是人们的物质关系的直接产物。”[①] 正所谓“仓廪实而知礼节，衣食足而知荣辱”，物质生活是人类一切历史的首要前提，人们只有必要的物质生活得到保障，才可能有时间和精力去追求精神层面的满足；最基本的物质生产、生活资料无法保证，人类精神层面的追求就无从谈起。

就培育和践行社会主义核心价值观而言，作为当代中国人的精神追求，是中国经历过长期的改革开放、社会主义物质文明得到巨大发展后，在社会主义精神文明建设领域提出的必然要求。改革开放最终建立的社会主义市场经济体制，把社会主义制度与市场经济有机结合起来，使市场在资源配置中越来越发挥基础性作用，从而进一步激活了全社会的创造活力，极大地促进了经济的发展。在这种背景下，社会主义核心价值观的提出，集中反映了经济发展基础上当代中国最广大人民的根本利益和精神诉求。其所倡导的“富强、民主、文

---

① 马克思恩格斯全集（第3卷）. 北京：人民出版社，1961:29.

明、和谐”“自由、平等、公正、法治”“爱国、敬业、诚信、友善”，有的是对社会物质文明发展程度的追求，如“富强”；有的是对利益分配方式的呼唤，如“公正”；有的是对理想社会状态的渴望，如“和谐”；有的是对个体高尚品格的垂塑，如“诚信”。总之，培育和践行社会主义核心价值观，是中华民族基于当代中国的社会存在尤其是物质文明基础，在社会意识形态这一上层建筑领域的精神诉求。

当然，也必须清醒地看到，改革开放促进了中国经济的腾飞，但市场经济带来的负面影响，尤其是利益多元化对人们思想的冲击，也导致了社会价值观的多样化，一些人的价值观出现了明显的逐利化倾向。这一方面反映了培育和践行社会主义核心价值观的必要性，另一方面也加大了培育和践行社会主义核心价值观的现实难度。社会价值观的多样化对大学生的冲击，主要表现在一些大学生集体主义淡薄，奉献精神缺失，实用主义、享乐主义思想浓厚，等等。所以，引领与培育大学生核心价值观，也要从正反两方面的社会存在出发，引导大学生形成正确的物质观、金钱观，正确处理物质与精神的关系，绝不能过分追求物质利益，忽视精神利益。要引导学生深刻地认识到，社会主义核心价值观需要社会主义市场经济创造的物质财富来支撑，但社会主义市场经济创造物质财富的过程以及利益的分配、财富的享用，又需要社会主义核心价值观来规范和约束，两者相互适应。

（三）物质基础推动人们对社会主义核心价值观的认同

物质利益是人们在现实生活中无法回避的基本问题。“‘思想’一旦离开‘利益’就一定会使自己出丑”[①]，这是马克思对利益和思想关系的经典表述。人类要生存，就必须要解决好衣食住行的问题，只有满足了最基本的物质条件，人们的生产生活实践才能够延续下去，才有从事精神工作的可能。物质基础是人们的思想观念形成与发展的源泉和动力，离开人们生活其中的物质基础空谈价值观是不切合实际的幻想，无意会滑向唯心主义。培育和践行社会主义核心价值观，无法回避马克思主义关于经济基础与上层建筑、社会存在与社会意识的辩证关系原理。社会主义核心价值观是建立在中国特色社会主义的物质基础之上的价值观念，人们群众物质生活条件的优劣，是影响社会主义核心价值观

---

① 马克思恩格斯文集（第 1 卷）. 人民出版社，2009:286.

培育效果的重要因素。人们对社会主义核心价值观能在多大程度上认同与践行，归根结底取决于社会主义核心价值观维护人们赖以生存与发展的经济（物质）基础的程度。

从历史经验看，中国共产党领导中国革命与建设的进程，一再证明物质基础对于培育社会核心价值观、凝聚人心争取革命和建设胜利的重要作用。从新民主主义时期在根据地和解放区开展土地革命“打土豪、分田地”，到改革开放以来搞“家庭联产承包责任制”，再到如今“全面建成小康社会”，中国共产党始终坚持全心全意为人民服务，始终不忘给予人民群众看得见的物质利益，这是广大人民群众认同中国共产党所倡导的社会核心价值观，全心全意跟党走的重要原因。需要注意的是，在建立社会主义市场经济体制的过程中，利益的分化与整合对人们原有的价值观念造成了一定的冲击，出现了价值观念多样化的趋势。在这种背景下，要使人民从心底里真正信服和践行社会主义核心价值观，必须把社会主义核心价值观的“三个倡导”落到实处，建立公平、正义的利益分配机制，切实解决好与人民群众切身利益相关的民生问题，维护好人们生存与发展的物质基础。

（四）社会主义核心价值观保障物质基础的实现

首先，社会主义核心价值观作为先进的社会意识引领经济社会的发展。伟大的时代总是伴随着理论创新，创新的理论引领伟大的时代。春秋战国时期百家争鸣催生了中国封建制度，从此开启了长达两千多年的中国封建社会。西方启蒙运动催生了资产阶级民主制度，在资本主义核心价值观的引领下，“资产阶级在它的不到一百年的阶级统治中创造的生产力比过去一切世代创造的全部生产力还要多，还要大”。[①] 社会主义核心价值观的凝练虽然在党的十八大才完成，但其蕴含的一系列价值理念与科学理论，是在中国共产党领导中国革命与建设的过程中逐步形成的。尤其是改革开放以来，马克思主义理论指导、中国特色社会主义共同理想、民族精神与时代精神、社会主义荣辱观构成的社会主义核心价值体系，成为中国经济社会持续高速发展的精神动力，充分体现出社会主义核心价值观对生产力发展的引领作用。

其次，培育和践行社会主义核心价值观有利于培养综合素质过硬的优秀人

---

① 马克思恩格斯选集（第 1 卷）. 人民出版社，2012：405.

才，为经济社会发展提供智力支持。建设中国特色社会主义，创造社会主义物质文明与精神文明，实现中华民族伟大复兴的中国梦，需要大批高素质的人才。人才素质包括德、智、体、美、劳多个方面，首要的是“德”，即思想品德或思想政治素质。社会主义核心价值观倡导“爱国、敬业、诚信、友善”，明确提出了当代中国公民应当具有的思想政治素质，为人才培养提供了“立德”的标准。培育和践行社会主义核心价值观，有利于丰富人们的精神世界，提高人的思想政治素质，培养、凝聚高素质人才投身中国特色社会主义建设。

最后，社会主义核心价值观维护绝大多数社会成员的根本利益。社会主义核心价值观与资本主义核心价值观有着本质的区别，社会主义生产与资本主义生产的目的也因此大相径庭。资本主义核心价值观建立在个人主义基础上，维护资本主义私有制。资本主义生产的最终目的是要维护资本家阶级的利益，帮助他们以更加隐蔽的手段剥削工人，以获得超额利润。社会主义核心价值观建立在集体主义基础上，维护人民群众的共同利益。在我国，发展生产力的目的是为了满足人民群众日益增长的物质文化需求，发展依靠人民，发展为了人民，发展的成果由人民共享。要坚持社会主义生产为人民服务的正确方向，就必须加强培育和践行社会主义核心价值观，使人民至上的理念深入人心，确保广大人民群众在社会生产与分配中的主人翁地位。

（五）社会主义核心价值观与物质基础相互促进、辩证统一

倡导社会主义核心价值观有利于优化人们生存与发展的物质基础，夯实物质基础又有利于人们对社会主义核心价值观的认同与践行，社会主义核心价值观与物质基础相互促进、辩证统一。

一方面，社会主义核心价值观作为思想观念，虽然不具备直接的生产力功能，但可以通过科学合理的途径催生巨大的物质财富。社会主义核心价值观作为先进的社会意识，能够深刻影响生产者的思维与素质，影响生产关系的变革，从而极大地推动生产力的发展。社会主义核心价值观倡导爱国、敬业、诚信、友善，引领高素质人才的培养，为物质财富的创造提供强大的智力支持。社会主义核心价值观倡导公平、正义，能够保障人民群众牢牢掌握生产资料的所有权，始终以生产资料的主人共享社会财富。社会主义核心价值观反映了全体社会成员集体利益和诉求，能够全面调动社会生产活力，保障社会主义物质文明建设的顺利进行，保障最广大人民群众的根本利益。

另一方面，人民群众生存与发展的物质基础的满足，会推动他们对社会主义核心价值观的认同。通常来说，人们对社会意识的认可程度与这种意识带来的物质利益丰富程度呈正向相关，当社会意识较好地促进生产力发展、较好满足人们的物质需要时，人们就会拥护这种社会意识及其倡导的制度理念；反之，则会唾弃这种社会意识及其倡导的制度理念。中国封建社会后期，主流社会意识形态儒家思想越来越阻碍社会的发展，国家于内陷入僵化、苛捐杂税严重，于外闭关锁国、遭受列强入侵，人们生存与发展的物质基础很难得到保障，封建社会制度最终被历史和人民所抛弃。中国人民最终之所以选择了马克思主义、选择了中国共产党，正是因为马克思主义一向重视人民群众的物质利益，中国共产党始终坚持“全心全意为人民服务”的宗旨，不断为人民群众争取利益。改革开放以来，人民群众之所以继续支持党的领导，关键原因就在于中国共产党始终坚持国家利益、社会利益、个人利益的高度统一，始终发展、维护人民群众的切身利益。

二、物质基础对当代大学生核心价值观生成的现实挑战

在改革开放的过程中，西方资本主义意识形态尤其是“资本逻辑”冲击着当代中国大学生的价值选择，国内经济体制的转型尤其是利益格局的调整也深刻影响着当代大学生的价值判断，这对引领与培育当代大学生核心价值观构成了一系列严峻的挑战。

（一）“资本逻辑”对当代大学生核心价值观的冲击

“资本逻辑”是指资本为了追求利润的最大化，为了达到价值增值的目的，而不择手段进行掠夺式的财富积累的现象。“资本逻辑”是资本主义意识形态的“潜意识”。虽然近些年来资本主义国家对生产关系进行了局部调整，但并未动摇其私有制基础，资本仍然无止境地追逐超额利润，生产的社会化与生产资料私人占有之间的基本矛盾仍然存在。“资本逻辑”对当代大学生核心价值观的冲击主要体现在：

“资本逻辑”灌输了利己主义的价值观。利己主义是西方资本主义国家意识形态的核心。“资本逻辑”迎合了资本主义价值观念，把一切事物视为工具，为追求利润最大化不择手段，造成物的世界增值和价值世界的贬值，从而导致

不停地爆发周期性经济危机。“资本逻辑”对当代大学生的消极影响，主要在于其在价值观上灌输利己主义思想，强调一切以自己的利益为转移，以自我为中心，把财富积累的多少当做人们毕生的价值追求，重物质基础轻理想信念。

“资本逻辑”冲击了社会主义核心价值观的凝聚力。社会主义核心价值观注重国家、集体、个人利益的高度统一，始终以集体主义为核心，与资本主义的意识形态截然对立。“资本逻辑”则一切为了价值增值、为了个人利益。例如，一些企业虽然利润丰厚，但是存在严重的污染，为了维护生态环境，应当关停并转，面对这样的问题，“资本逻辑”的惯性思维是，在做出这些选择时自己的利益是不是受损。这与社会主义核心价值观所倡导的“友善”“和谐”等理念背道而驰。

总之，“资本逻辑”单向度的利益追求、过度的生产和消费，侵蚀了当代大学生的精神世界，离散了社会主义核心价值观的凝聚力和向心力，容易扭曲当代大学生的人生观、价值观，使其物欲膨胀，道德滑坡，信仰淡化，人生意义迷茫。当代大学生必须遏制“恶性”的“资本逻辑”的冲击，才能认同与践行社会主义核心价值观。

（二）市场经济条件下利益原则对大学生核心价值观的挑战

市场经济提高了经济效率和社会活力，但以利益为杠杆、以市场为基础配置资源的机制，客观上也加剧了社会竞争，诱发了人们的逐利思想。当代大学生身处这样的社会环境中，从求学到就业，随时面临着竞争；而个人的生存与发展，也随时需要获得必要的物质利益。物质利益是人们赖以生存和发展的前提，追求一定的物质利益值得肯定，但事物都有一个“度”，过分逐利就有可能走到反面。事实上，市场经济的大背景下，一些大学生面临竞争压力与生存压力，也的确出现了利益观念的扭曲与异化，突出表现在日常生活中片面追求物质利益，拜金主义、享乐主义、个人（利己）主义思想浓厚。

拜金主义是指人们思想中崇拜金钱，认为金钱万能，用金钱来衡量一切，把获得金钱当作最高的价值追求。把人际交往关系看成是金钱关系，过分追求金钱，贪图金钱享受，无视亲情和友情。热衷于在公开场合炫富，以财富多少衡量人们的社会地位，阿谀奉承富裕人士，歧视社会底层民众。通过各种不正当的手段和途径获得非法利益，导致社会坑蒙拐骗、敲诈勒索泛滥，诚信缺失，社会秩序混乱。受拜金主义影响，有些大学生一切向钱看，被金钱奴役了人性，失去了精神支柱，陷入空虚、迷茫，对社会主义核心价值观失去亲近感。

享乐主义是指以追求各种感官刺激为主要目标的思想意识。一些大学生受享乐主义影响，过分追求物质享受，崇尚及时行乐，奉行“今朝有酒今朝醉”的消极人生态度。学习不思进取，安于现状，得过且过，骄傲自大，满足于既有成绩，自觉性和主动性差，不愿吃苦耐劳，不求有功但求无过，缺乏强烈的责任感和进取心，遇到困难逃避退缩；追求贵族式的奢侈生活，生活比阔气、讲排场，热衷于吃喝玩乐，沉醉于花天酒地，追求低俗趣味，纵情享乐，不仅造成社会资源和财富的巨大浪费，也是自身玩物丧志、虚度光阴、浑浑噩噩。

个人（利己）主义是西方资本主义价值观的核心，指个体处理任何事情都以自我为中心，认为他人、集体、国家都是实现个人目的的手段，为达到个人的利益而不择手段。受个人（利己）主义影响，一些大学生集体观念淡薄，缺乏团队合作意识，时常打个人的小算盘，以自我为中心，孤立于他人，不善于合作。缺少亲人和朋友，性格孤僻，人际关系差，生活态度不积极；自私自利思想泛滥，把市场经济的等价交换原则移植到思想领域，过分追求自己的利益，把自己的利益看得高于一切，缺少无私奉献和大公无私精神。

（三）物质生活经历对大学生核心价值观的直接影响

大学阶段是人的价值观趋向定型的重要时期，但不是一个孤立的阶段。在校大学生从哪里来，到哪里去，过去经历了什么，现在面对着什么，将来可能会遇到什么，都直接影响到他们的价值观念。以社会主义核心价值观引领与培育大学生，必须高度重视每一位大学生的过去、现在与未来，在他们的人生经历中探寻既有价值观生成的密码，配好“每一把钥匙”，因材施教、因势利导，做好教育与引导。大学生的物质生活经历对其价值观的影响主要体现在以下几个方面。

首先，家庭固有的经济状况是大学生成长最重要的物质基础。这里的成长，不仅是生理意义上的成长，也包括价值观念的生成。大学生出生在什么样的家庭，家庭的经济状况如何，都会潜移默化地塑造着他们的价值观。地理环境的差异，社会发展的不平衡，意味着有的大学生从小就生活在交通不便、经济落后的地区，有的大学生则一直生活在交通顺畅、经济发达的地区。家庭经济状况的差异，意味着有的大学生从小就生活在贫困中，有的甚至因为父母常年外出打工而成为孤独的生活无着落的“留守儿童”；有的大学生则从小就生活在衣食无忧的富裕环境中，甚至作为“富二代”目睹了父母奢侈的生活。这些不同的家庭经济境遇，自然会深深地印入大学生成长的年轮中。贫困，有的会导致他们心理的自卑、对社会核心价值观的质疑，但也有可能历练了他们，培养出勤俭节约、艰苦奋斗、自强不息的优秀品质；富裕，有可能会导致他们的骄奢淫逸、背离社会核心价值观，但也有可能为他们提供了良好的教育环境，培养出宽容、和谐、友善的优秀品质。可见，无论是贫困的家庭环境还是富裕的家庭环境，都深深地影响着家庭成员的价值观。但这种影响不是绝对的正面的，也不是绝对的负面的，向哪个方向发展，教育引导是最为关键的因素。

其次，家庭经济状况的变迁深刻影响着大学生价值观念的演变。一个家庭的经济状况不是一成不变的，家庭成员的价值观也随着经济状况的变迁而演变。当代大学生在成长过程中，有的经历了父母下岗，原先稳定的经济来源突然中断后，有的创业成功，有的创业失败；有的世代居住的房屋因为城市建设被拆迁，补偿费高的一夜暴富，补偿费低的一夜致贫；有的父母离异，家不成家，经济来源丧失，父母亲情疏离；有的家庭成员出现车祸、重病甚至去世，背上了沉重的经济包袱，或者失去了家庭经济支柱；有的曾经是“富二代”，但是家庭产业破产，曾经习以为常的富足与安逸一去不复返；有的曾经是“官二代”，但父母因为贪污腐败被捕入狱，不法财产如潮水退去……这种种的人生变故，都与家庭经济状况的改变纠缠在一起，撞击着大学生的心理，引发他们对既有价值观的反思与调整。这个时候，他们的价值观向何处去，他们自己的理性很重要；但当自己的理性不足以引导他们做出正确的价值判断时，教育引导就显得更为重要。

最后，经济社会的发展尤其是社会保障政策的进展重塑着大学生既有的价值观念。人生是一场漫长的旅行，人生的经历随时会微调着人们的价值观。大学生从儿童、少年到青年的成长过程中，国家的经济发展状况，所在区域的经济发展状况，经济发展对民生的贡献，社会保障政策的进展情况，国家尤其是区域民生政策、社会保障政策有没有辐射到大学生本人或其家庭成员，这些也会影响大学生对社会主义核心价值观的心里接纳程度。国家繁荣昌盛，区域经济健康、快速发展，发展的成果惠及民生、为大众共享，生态环境越来越优美，老有所养，病有所医，住有其房，有机会接受高品质的教育又不因高昂的学费出现沉重的经济负担，大学毕业后学有所用，能找到一份劳有所得的体面的工作……如果大学生经历的是这些与社会主义核心价值观的“三个倡导”高度一致的社会现实，他们没有理由不自发地高度认同与践行社会主义核心价值观；但如果社会的某些领域尚未发展到这样的阶段，那么，要让大学生认同与践行社会主义核心价值观，就需要更多、更深入、更扎实的解疑释惑与教育引导。

（四）当前一些大学生思想中存在重物质、轻信仰的倾向

面对西方社会思潮尤其是“资本逻辑”的冲击、市场经济条件下逐利化的挑战和大学生自身生活经历的影响，当前部分大学生思想存在重物质、轻信仰的倾向，主要表现为以下几个方面。

首先，一些大学生面对就业难题陷入焦虑甚至出现就业观念扭曲。就业压力大与就业结构性矛盾并存是我国现阶段大学生就业形势的主要特点。就业人数总量压力大，目前全国大约有3000多所高校，每年大约有700多万的毕业生需要就业（尤其是农村普通本专科大学生毕业生压力最大），加上农村每年新增的青壮年劳动力，远远超过当年市场提供的就业机会。就业市场的现状，引起了部分大学生对未来就业的焦虑。就业关系到以后生活的质量，大学生对未来就业的关注，反映了他们对物质基础的追求。为了在未来就业时占据有利地位，一些大学生竭尽所能地报考各种各样的证书，一些大学生希望通过入党以党员身份在将来的就业中获得比较优势。前者一定程度上造成了社会资源的浪费，后者则扭曲了入党动机。以社会主义核心价值观引领与培育当代大学生，需要从当代大学生关注的现实就业问题出发，引领他们树立正确的就业观，以扎实的专业基础为就业做好准备。

其次，一些大学生在各种兼职中迷失自我。在校大学生兼职有三个特点，一是时间上的灵活，二是简单的劳动，三是形式上的多样性。各种校园或社会兼职是大学生获得一定物质基础的重要途径，这本是减轻家庭负担，锻炼自己的好机会。但是部分大学生并没有把握好“度”，有的通过逃课、翘课的方式进行社会兼职；个别大学生甚至通过提供色情服务，比如陪唱、伴游、援交等等获得物质利益，不仅严重影响了个人学习，也败坏了社会风气。社会兼职的安全问题也是值得关注的重点问题。大学管理相对宽松，大学生活自由度较强，而一些大学生法律意识淡薄，自我保护意识较差，容易引发一系列安全问题。大学生兼职一定要端正态度、合理合法，处理好兼职与学习的关系，使兼职成为减轻家庭负担、更好地提高和锻炼自己的机会。

再次，一些大学生对奖助学金的追求出现异化。奖助学金的设立本来是为了鼓励品学兼优的学生，支持贫困大学生的。近些年来国家加大了对学生奖助学金资助的力度，但是奖助学金依然有一定的名额限制，所以评定的客观性和公平性非常重要。某些学生实际上家境殷实，但为了能够顺利拿到学校发放的助学金，谎称自己家庭很贫困，甚至做假材料欺骗老师和同学，这导致了许多学习成绩优秀的学生和真正困难的大学生难以拿到相应的奖学金和助学金，这种不公平现象严重影响了大学生的情绪，对大学生社会主义核心价值观的培育产生了一定的消极影响。关于大学生奖助学金的评定，高校有关部门的老师一定要慎重，做到公开、客观、公正。大学生个人也要端正态度，从自身的实际情况出发，凭自己的学习实力获取奖助学金，比学习、比做人，形成良好的氛围，让奖助学金支持真正需要的同学。

综上所述，面对“资本逻辑”的冲击、市场经济条件下逐利化的挑战和大学生自身的物质生活经历，必须正视物质基础对大学生价值观的深刻影响，统筹社会各界做好大学生社会主义核心价值观的引领与培育工作，既要避免大学生价值观出现物质化倾向，又要避免无视物质利益的基础性作用使大学生教育观教育陷入空洞的说教。

三、当代大学生核心价值观生成的物质观念的优化

物质基础在引领与培育当代大学生价值观的过程中发挥着重要作用。党和国家一直在为社会物质基础的改善进行着不懈努力，在解决“人民日益增长的物质文化需要同落后的社会生产之间的矛盾”后，党的十九大又做出了新时代要努力解决“人民日益增长的美好生活需要和不平衡不充分的发展之间的矛盾”的战略部署，这些都为引领和培育当代大学生核心价值观奠定了坚实的物质基础。在此基础上，以社会主义核心价值观引领与培育当代大学生，还必须高度关注大学生的日常学习和物质生活实际，优化他们的物质观念，进一步增强他们对社会主义核心价值观的理论认同、思想认同和情感认同。

（一）树立正确的物质利益观念，增强当代大学生对社会主义核心价值观的理论认同与思想认同

大学生已具备理论思考能力，理论认同是大学生认同社会主义核心价值的

思想基础。要引领当代大学生深刻认识到，社会主义核心价值观在结构上是物质利益观和精神利益观的统一。社会主义核心价值观包含着“富强”等物质因素，但倡导国家走向“富强”、人民生活富裕不是引导物质主义，更不是引导人们唯利是图。当代大学生必须树立科学的物质利益观念，理性看待金钱，适度进行物质享受，妥善处理个人与集体的关系。树立正确的物质利益观念，就要坚决反对拜金主义、享乐主义、个人（利己）主义等腐朽的思想倾向。

要引领当代大学生深刻认识到，金钱与人生有一定的关联，可以改善人们的物质条件，让人们生活得更好，但金钱并不是万能的，也不是人生的全部内容。在金钱的获取与使用上，要牢记中国的古训“君子爱财取之有道、用之有度”，用知识和能力驾驭金钱，而不是被金钱所奴役。要充分认识到，知识和能力与金钱正相关、付出与回报成正比的社会，才是一个健康的社会。通过劳动、知识和能力获得的金钱回报，才是最有价值、最有意义、最可安心享用的财富；一夜暴富的人，很难驾驭突如其来的财富，容易受其影响和奴役走向堕落。总之，要引导大学生以积极的心态对待金钱，寻求人生真正的价值。

要引领当代大学生深刻认识到，享乐主义违背中华民族勤俭节约的传统美德，违背中国共产党艰苦奋斗的优良传统，是个人日常生活的麻醉剂、人生进步的绊脚石，也是家庭衰败、民族衰亡的精神鸦片，必须坚决抵制。要引导大学生警惕不思进取、贪图享乐的思想，构筑克服享乐主义的防火墙，防止思想的“千里之堤”溃于贪图享乐的“蚁穴”。要鼓励大学生到贫困农村地区、西部偏远山区亲身体验困难群众的艰辛生活，增强忧患意识和责任意识。要引导大学生用社会主义荣辱观滋养个人道德，自重、自省、自强、自励，摒弃贪图物质享受的思想，形成爱岗敬业、艰苦奋斗、勤俭节约的优良作风。

要引领当代大学生深刻认识到，以集体主义为核心的社会主义核心价值观明显优于以个人主义为核心的资本主义价值观。个人主义作为一种社会意识，它生成于特定历史时空的社会存在。个人主义的膨胀，必然导致个人唯利是图。要引导当代大学生坚决抵制个人主义腐朽思想，深刻反思个人主义的危害，通过自我学习、自我教育、自我提高、自我完善，树立社会主义核心价值观，增强社会责任感和使命感，形成集体主义观念、团队合作意识，努力做到个人利益与集体利益的有机统一，面对矛盾时个人利益服从于集体利益。

树立正确的物质利益观是培育社会主义核心价值观的应有之意，也是增强社会主义核心价值观理论认同的必要前提。社会主义核心价值观教育是建立在当代中国特色社会主义市场经济体制之上的意识形态活动，它无法回避当代中国的社会存在。脱离当代中国的物质基础，价值观教育无论多么美丽动听，都无法嵌入人们的日常生活。倡导科学的物质利益观并不是否认个人合理的物质追求，而是要以集体主义为核心，做到物质利益与精神利益的统一。必须高度重视物质利益对人们思想观念的影响，努力夯实社会主义核心价值观的物质基础，切实增强当代大学生对社会主义核心价值观的理论认同。

在理论认同的基础上，要进一步加强当代大学生的思想道德修养，增强他们对社会主义核心价值观的思想认同。提高思想道德修养是培育社会主义核心价值观的内在要求，也是增强大学生对社会主义核心价值观思想认同的重要方面。人的思想道德修养与其物质需要密切相关，离开人的现实的物质需要去谈道德，必然脱离实际，陷入空谈。社会转型期出现的道德滑坡现象，某种意义上是物质利益多元化在人们思想道德领域的反映，应对之道仍然无法回避对人们日常生活尤其是物质生活的关照。提高当代大学生的思想道德修养，充分关注他们的日常生活需要，满足合理的物质需要，疏通不合理的物质观念，才能增强他们对社会主义核心价值观的思想认同。

（二）促进物质需要与精神信仰的有机统一，增强当代大学生对社会主义核心价值观的情感认同

情感认同是社会主义核心价值观认同的最高级阶段。从物质层面，到道德层面，再到信仰境界，是人的精神活动的正常逻辑。促进物质需要与精神信仰的有机统一，是增强当代大学生对社会主义核心价值观情感认同的现实需要。以社会主义核心价值观中的“富强”与“和谐”为例，前者充分肯定了国家追求强盛、国民追求富裕（物质利益丰富）的正当性；后者则对利益多元化背景下构建什么样的社会秩序、修炼什么样的内在心理，如何处理与他人、与社会、与自然、与自身的关系，提供了科学（和谐即矛盾的稳定状态）的价值导向。两者都从现实的物质利益出发，导向人们的价值观念，充分体现了物质需要与精神信仰的有机统一。在大学生价值观教育中，要引导当代大学生既要尊重基本的物质需要，又要坚定马克思主义的崇高信仰，在物质需要与精神信仰的统一中增强对社会主义核心观的情感认同。

坚定马克思主义信仰是实现物质需要与精神信仰相统一的必然要求。历史唯物主义最核心的观点就是经济基础与上层建筑的辩证统一、社会存在与社会意识的辩证统一。人类社会发展的历史逻辑，中国特色社会主义发展的现实，与这两个辩证统一高度一致。从人类历史看，社会物质财富越来越丰富，人的文明程度也在不断提高，每一个新的社会形态，都以更为进步的意识形态为先导，也都孕育了更为丰富的物质文明。从人类历史发展的趋势看，社会主义的集体主义思想观念必然战胜资本主义的个人主义思想观念，社会主义物质文明终会超越资本主义物质文明。从中国特色社会主义的发展来看，马克思主义指导是中国革命与建设取得胜利的精神动力，推动了中国经济社会发展的不断进步。尤其是改革开放以来，中国实现了经济的高速发展、社会的全面进步，物质财富的涌流、人民群众物质生活的改善，证明了马克思主义指导思想的科学性，证明了中国特色社会主义道路是一条正确的社会发展之路。中国特色社会主义的发展深刻体现了先进的社会意识对社会存在的反作用，体现了马克思主义指导思想、中国特色社会主义共同理想、中华民族精神与时代精神、社会主义荣辱观对发展、维护人民群众物质利益的积极意义，有助于增强人民群众对马克思主义的信仰、对社会主义核心价值观的情感认同。

当前，引领当代大学生增强对社会主义核心价值观的情感认同，需要进一步引领大学生正确对待物质利益，实现个人物质追求和崇高信仰的统一。追求物质和信仰的有机统一是认同的高级阶段，是从理论认同到思想认同再到情感认同的升华，是从物质到道德再到信仰的飞跃。社会主义核心价值观从结构上来说包含物质和精神两个层面，从根本上维护着人们的物质利益和精神利益。只有让大学生真切感受到社会主义核心价值观的利益所在，即大学生在践行社会主义核心价值观中会得到什么、实现什么，才能更好地推动他们对社会主义核心价值观的认同与践行。当然，尊重利益、维护利益，不是唯利是图，不是利益至上。培育和践行社会主义核心价值观，在重视价值观的物质基础和维护群众利益问题上，要避免从一种极端陷入另一种极端。要用社会主义核心价值观社会层面的要求引领社会风尚，塑造去功利化的时代气质。用社会主义核心价值观个人层面的要求改变社会上庸俗的功利主义思维，引领当代大学生坚定马克思主义崇高信仰、坚守对社会主义的坚定信念，实现物质追求和崇高信仰的统一。

总之，经济基础决定上层建筑，社会存在决定社会意识，物质基础是引领与培育当代大学生核心价值观的重要动力，撇开物质基础空谈培育和践行社会主义核心价值观，就会陷入唯心主义。越是面对资本主义意识形态的渗透，越是面对利益分化的现实挑战，就越要坚持马克思主义的基本原理，越要正视物质基础对人们思想观念的深刻影响，以维护与实现物质利益为切入点，不断增强大学生对社会主义核心价值观的理论认同、思想认同和情感认同，使大学生的物质观、道德观、信仰观不断提升，积极认同与践行社会主义核心价值观。

第七章　引领与培育当代大学生核心价值观的生活基础

理论形态的价值观经由与个体生活实践的良性互动，逐步内化为个体认同的价值观念，并外化为个体的价值实践，这是价值观生成的内在规律。大学生价值观的生成，也离不开他们的日常生活。以社会主义核心价值观引领与培育当代大学生，关键是促成社会主义核心价值观与大学生日常生活的良性互动，夯实大学生价值观生成的生活基础，实现对大学生日常生活观念的引领和生活方式的变革。

一、生活基础与社会主义核心价值观的内在联系

习近平总书记曾经指出，价值观要真正发挥作用，必须融入社会生活，与人们的日常生活紧密联系起来，在落细落小落实上下功夫。生活在现实社会中的个体，有着基本的存在方式。日常生活既是人们的基本存在方式，也是人们的价值观生成的基础场域。

（一）社会生活是个体价值观生成的基础场域

根据在社会价值系统中地位的不同，价值观可分为一般价值观和核心价值观，其中，社会核心价值观是得到社会各阶层民众普遍认可、引领社会风尚的主导价值观。社会核心价值观内化为个体的价值观念，外化为个体的价值行为，就生成为个体的稳定的价值观。

社会核心价值观转化为个体价值观的环节在于实践，场域则是社会生活。社会生活是人们的物质生活与精神生活的统称，包括一切主观见之于客观的社会实践活动。人们在社会生活中尤其是精神生活中以价值认同为核心的思想观

念凝结为价值观。价值观与社会生活是辩证统一的。一方面，价值观的形成需要经过一定的过程，生成于主体与社会生活的互动；另一方面，价值观生成后又具有相对稳定性，并指引主体按照业已形成的价值准则思考、解决社会生活中遇到的问题。主体按照既有价值准则解决自身面对的各种问题时，若能够达到预期目标，就会强化对既有价值观的信任；反之，遭遇与现实生活的矛盾，解决问题的负价值突出时，对既有价值观的信任就会被消磨殆尽。由此可见，现实生活世界是价值观生成与发展的基础场域。

（二）社会主义核心价值观引领人们的现实生活

处在社会生活中的人们，实践活动是在一定的价值理念指引下展开的。人类社会的发展演进，常常先从价值观的变革开始。历史上，价值观的变革经常表现为革命领导者提出的口号。如陈胜、吴广提出“王侯将相，宁有种乎？！”，其所彰显的平等观引起底层民众的感情共鸣、内心认同，掀起了轰轰烈烈的农民起义；太平天国运动提出“建立一个有钱同使、有衣同穿、无处不均匀、无人不保暖的大同社会”，其所彰显的平等、均富等价值理念，激励农民起义军抗争长达 14 年之久。孙中山在辛亥革命中提出“驱除鞑虏、恢复中华、创立民国、平均地权”，尽管革命的胜利果实被袁世凯所窃取，但使民主、共和的观念深入民心，激励革命的后来者为此流血牺牲、奋斗不息。

当代中国处在社会主义初级阶段，社会主义核心价值观应中国特色社会主义建设的伟大实践而生，是当前及今后凝聚社会共识、引领人们为实现中华民族伟大复兴的中国梦努力奋斗的精神动力。现实生活中，由于生活环境、教育程度、先天禀赋、地理位置等因素的影响，个体的生活观念存在很大的差异性。在多样化社会思潮与价值观念共存的现实社会生活中，社会主义核心价值观的引领，有利于人们形成健康、积极、向上的价值观念。当然，社会主义核心价值观对人们的引领，从根本上离不开人们置身其中的社会生活基础的优化。当前，中国共产党提出统筹推进经济建设、政治建设、文化建设、社会建设、生态文明建设这“五位一体”建设，就是在根本上构建社会主义核心价值观生成的生活基础；倡导“创新、协调、绿色、开放、共享”这五大发展理念，就是要在根本上引领广大群众转变生活方式。

生活方式转变的前提是思维方式的转换，即价值观的优化。马克思认为，个体的生活方式是一定历史时空背景下的生活方式，这种生活方式，是受一定观念支配的活动方式。价值观可以说是社会的生产方式在主体思想上的反映，反过来又调节着主体的日常活动，规定着主体对生活方式的选择。在当代中国，引领、调节人们生活方式的，主要是社会主义核心价值观。在社会主义核心价值观的引领下，人们会自觉或不自觉地调整自己的生活追求、生活态度和生活信念。在认同的基础上，人们能够通过个体的实践活动，自觉将社会主义核心价值观所倡导的价值理念转化成科学、文明的生活方式。例如，人们对和谐价值观的认同，特别是对人和自然关系的理性认识，使得人和自然和谐共存、求发展的理念深入人心，环保、绿色、健康的生活方式成为社会风尚。人们的生活方式由此发生重大变化：参加环保志愿者活动的越来越多，且有越来越年轻化趋势；垃圾分类投放处理的地区越来越多；节约能源、绿色出行更是成为生活时尚。

二、当代大学生核心价值观生成的日常生活困境

推进当代大学生价值观教育，就是要以社会主义核心价值观引领与培育当代大学生。社会主义核心价值观具有理论的超越性、抽象性、普遍性等特点，而大学生的日常生活是鲜活的，具有现实性、具体性和特殊性等特点。推进大学生社会主义核心价值观教育，必然会遇到社会主义核心价值观的超越性与大学生日常生活的现实性之间、社会主义核心价值观的抽象性与大学生日常生活的具体性之间、社会主义核心价值观的普遍性与大学生日常生活的特殊性之间的冲突，这些现实生活困境，应当引起我们的足够重视，并努力解决。

（一）社会主义核心价值观的超越性与大学生日常生活的现实性

社会主义核心价值观作为一种价值理想，体现着人们对未来美好生活状态的向往和追求，其目标指向具有来源于现实又超越现实的特征。社会主义核心价值观指向未来，能在多大程度上得到实现，关键取决于人民群众的认同与践行。人们所关注的一切，都与自己的利益密切相关。在现实生活中，人们衡量事物的价值，包括衡量理论和意识形态论述的价值，常用的标准就是对己而言，这一事物（理论、意识形态）是否有用、是否实用、能否解决问题。大学生也不例外，他们在日常生活中遇到困难，寻求解决之策时，社会主义核心价值观能否不断“出场”，并时常“在场”，帮助大学生作出理性的、有意义的价

值选择，实现对大学生的价值引领，就显得特别重要。

实际上，社会主义核心价值观的超越性与大学生日常生活的现实性之间，冲突是客观存在的。大学生虽然思维活跃，但自身社会实践阅历比较简单，思考问题也比较简单。有些大学生受西方个人主义价值观影响，面临生活中的问题需要作出价值选择时，往往会趋利避害。有时现实中于自身而言是有利的选择，不一定符合社会主义核心价值观的价值理想、价值追求。大学生是祖国的未来、民族的希望。如何有效消解社会主义核心价值观的超越性与大学生日常生活的现实性之间的冲突，是大学生价值观教育不可回避、亟需解决的课题。

（二）社会主义核心价值观的抽象性与大学生日常生活的具体性

作为对社会主义核心价值体系凝练与概括，社会主义核心价值观的内容表述为“三个倡导”。“三个倡导”，包括国家、社会、个人三个层面的价值追求，再深入思考，每个层面又包含多个方面的理想追求。如国家层面的价值追求，涵盖了经济、政治、文化等多个方面。社会主义核心价值观可以说是政治、经济、社会等多方面价值理想的多层聚合，是对国家、社会、个人三个层面具体要求的高度凝炼与概括表达。社会主义核心价值观短短 12 个词语、24 个字，意义却是丰富而深远的，其理论的高度凝炼性、抽象性毋庸置疑。

然而，大学生在日常生活实践中，面对的是一个又一个具体的问题，需要不停地作出判断与选择。这些判断与选择，折射的是大学生日积月累的生活经验。更具体地看，大学生面临日常生活中的问题时，一般以经验性感知作为认知图式，以模仿类比作为行为图式，以既定规范作为实践准绳，一般不愿、也不会再对抽象的、高度凝炼的价值观理论内容进行思考、揣摩与追问。在日常生活领域，大学生乐于使用的，也是简单、通俗、易懂、易记的“接地气”的生动具体的话语和图式。缓解社会主义核心价值观的抽象性与大学生日常生活的具体性之间的冲突，使社会主义核心价值观与大学生日常生活深度融合，是消解社会主义核心价值观生活化困境的现实问题。

（三）社会主义核心价值观的普遍性与大学生日常生活的特殊性

社会主义核心价值观是马克思主义价值观中国化的重要成果，是中国传统社会优秀价值观的传承与发展，是人类文明所创造的中外优秀社会核心价值观的凝练，既适合中国特色社会主义的现实需要，又具有普遍意义，具有穿越时空的宽广的适用性。社会主义核心价值观既包含宏观层面国家、社会的价值引领，又包含对每个社会成员的价值引领，辐射社会生活的方方面面，具有理论的普遍性。

然而，大学生的日常生活不仅是具体的，而且也是特殊的。每位大学生的日常生活实践都有不同于其他个体的内容，琐碎而具体，平淡而独特，在生活中，每个人的日常语言、生活习惯、遵循的规则等，都与自己具体的生活实践密切相关。个体独具特色的日常生活存在，有的与社会主义核心价值观有着密切的联系，可以直接为社会主义核心价值观所引导；有的联系没那么紧密，或者上升不到社会主义核心价值观的层次，但仍然使个体面临着伦理困境或价值抉择。社会主义核心价值观具有理论的普遍性，大学生的日常生活是琐碎、具体的，普适性与具体性之间的矛盾，如何有效消除？这也是推动社会主义核心价值观成为大学生个体价值观亟需解决的问题。

除了上述矛盾与冲突，在大学生价值观教育实践中，不仅理论化的社会主义核心价值体系、概念化的社会主义核心价值观与大学生的生活世界存在一定程度的脱节，高校思想政治教育者的教学理念、讲授方法、内容设计等也大多未能实现与大学生生活世界的无缝对接，以致社会主义核心价值观教育难以达到预期效果。

三、当代大学生核心价值观生成的日常生活基础的优化

面对当代大学生价值观教育的日常生活困境，要想引领与培育大学生自觉成为社会主义核心价值观的认同者、践行者与传播者，高校思想政治工作者需要确立合理的目标，把握正确的原则，运用科学的对策，有意识地把社会主义核心价值观融入大学生日常生活，推进当代大学生核心价值观生成的日常生活基础的优化。

（一）当代大学生核心价值观生成的日常生活基础优化的目标

优化当代大学生价值观教育的日常生活基础，应确立合理的目标。这个目标首先要服从于党和国家培育社会主义核心价值观的总体目标。一是在日常生活中引导大学生致力于建设“富强、民主、文明、和谐”的现代国家和“自由、平等、公正、法治”的现代社会，成为中国特色社会主义事业的合格建设

者和接班人；二是在日常生活中引导大学生树立正确的学习理念、生活理念与职业理念，成为“爱国、敬业、诚信、友善”的高尚人才。具体实践中，要通过大学生日常生活基础的优化，让社会主义核心价值观真正为大学生所懂、所信、所需，推动社会主义核心价值观向大学生个体价值观的转化。

通过大学生日常生活基础的优化，让社会主义核心价值观真正为大学生所懂。理解是认同的基础，也是践行的前提。对某种思想观念最深刻的理解，往往是在生活实践中逐步达成的。社会主义核心价值观相较于社会主义核心价值体系，虽然已经不是那么纯粹的抽象理论，但与大学生的日常生活仍然有一定的距离。要想让社会主义核心价值观真正为大学生所懂，需要将社会主义核心价值观嵌入大学生的日常生活认知图式，将抽象的文本语言转换为贴近大学生日常生活的话语体系。实现社会主义核心价值观与大学生日常生活的深度融合，以适合大学生心理特点的话语体系对社会主义核心价值观进行阐释，大学生才能更深刻地把握社会主义核心价值观的基本内涵。

通过大学生日常生活基础的优化，让社会主义核心价值观真正为大学生所信。信任是人的一种高级情感，激发大学生对社会主义核心价值观的信任，关键在于生活实践。要从班级管理、社会实践等与大学生日常生活密切相关的环节做起，强化大学生对社会主义核心价值观的情感认同。比如，通过组织班级民主选举活动，让大学生切身体会平等、民主等价值理念，在班级管理中增强对国家、社会层面的社会主义核心价值观的信任。通过各类社会实践活动，让大学生亲眼目睹各行各业的人们普遍“爱国”“友善”“爱岗敬业”“诚实守信”，增强他们对个体层面的社会主义核心价值观的信任。总之，要贴近大学生日常生活，优化社会主义核心价值观教育的情感基础，赢得大学生的情感认同，增强大学生对社会主义核心价值观的信任。

通过大学生日常生活基础的优化，让社会主义核心价值观真正为大学生所需。社会主义核心价值观凝结各阶层民众的价值追求，是对现阶段各阶层民众根本需求的有力回应。但是大学生的日常生活又是特殊的、具体的，有其特殊的生活诉求。在价值观教育中，如果不能及时回应大学生合理的生活诉求，就难以激发大学生对社会主义核心价值观的认同。因此，开展大学生价值观教育，应密切关注大学生成长中遇到的问题，并及时作出回应。关注大学生遇到的问题，不是事无巨细、真假问题一把抓，而是要在深入研究大学生思想特点、成长规律的基础上，分析其根本诉求，针对大学生关注的现实热点问题，如公平正义问题、就业创业问题等等，阐释清楚社会主义核心价值观在解决问题中的意义与价值。只有阐释清楚社会主义核心价值观在引领社会进步、个人成才中的重要作用，引起大学生心理共鸣，让大学生感觉真正需要，大学生们才会将其内化于心，外化于行。

（二）当代大学生核心价值观生成的日常生活基础优化的原则

优化当代大学生价值观教育的日常生活基础，推进社会主义核心价值观融入大学生日常生活，需要遵循正确的原则，具体如下：

遵循客观规律。规律是事物内在的、必然的、本质的联系。把握了事物发展的客观规律，也就找到了做好相关工作的钥匙。推进社会主义核心价值观融入大学生的日常生活世界，也同样需要把握社会主义核心价值观生活化的基本规律，比如，教育者的施教规律，大学生作为受教育者的学习（认知）规律、接受价值理念的规律、价值观生成的客观规律，等等，研究并把握这些客观规律，才能找到大学生价值观教育的钥匙，夯实当代大学生价值观教育的日常生活基础。

坚持以人为本。为人民服务是中国共产党的根本宗旨，人民对美好生活的向往和追求是我们党始终不渝的奋斗目标。就高校而言，坚持党的根本宗旨，就是要努力满足大学生对美好生活的向往和追求。因此，优化大学生价值观教育的日常生活基础，必须深入贯彻以人为本的原则，主动与大学生真情沟通，及时回应大学生在日常学习、生活中的合理诉求，做大学生的“知心人”、“暖心人”，让大学生沐浴在真心关爱的温暖环境中，激发他们对社会主义核心价值观的情感认同，真正成为社会主义核心价值观的践行者、传播者。

回归生活实践。人的思想意识不是自然生发的，而是从实践中产生，并在实践中得到发展。一种思想观念要为人们理解并接受，必须在实践中才能彻底完成。人们只有在实践中检验理论、加深对理论的理解和认同后，才会将其纳入个体既有的观念体系。社会主义核心价值观作为一种思想意识，源于中国特色社会主义的伟大实践。在大学生中培育社会主义核心价值观，也应该贯彻实践性原则，在日常生活实践中增强大学生对社会主义核心价值观的体验与理解，做社会主义核心价值观的真心认同者、忠实践行者与积极传播者。

注重提升实效。价值观教育不是单纯的知识性传授，考察大学生价值观教育的成效，关键是看大学生的思想政治素质和价值观念是否得到了真正提升，看大学生是否内心认同并在日常生活中自觉践行社会主义核心价值观。这就需要积极推进价值观教育与大学生日常生活的深度融合，在回应并解决大学生日常生活难题中实现价值观教育的目标。在这里，解决问题是显性的，价值观教育是隐性的，促进显性教育与隐性教育的融合，大学生价值观教育就能在润物细无声中取得事半功倍的效果。当然，还要充分发挥多种渠道的作用，通过立体交互式教育，提升大学生社会主义核心价值观教育的实效。

（三）当代大学生核心价值观生成的日常生活基础优化的路径

大学生价值观教育是项系统工程，涉及内容、方法、载体等层面。优化当代大学生价值观教育的日常生活基础，关键是贴近大学生日常生活，进一步提炼教育内容，优化教育方法，创新教育载体。

贴近大学生日常生活，促进大学生社会主义核心价值观教育内容的直接现实化。大学生价值观教育的基础内容应该与社会主义核心价值体系与社会主义核心价值观的内容相辅相成。在高校，思想政治理论课的开设，为大学生从理论上认知、理解社会主义核心价值体系和社会主义核心价值观奠定了基础。但这些核心价值观要真正内化为大学生的信念，外化为大学生的行为，还需要进一步与大学生的生活实践相结合，实现价值观的“直接现实化”。比如，结合大学生在校期间的形势与政策，把民族精神教育的内容具体化，积极培育大学生理性平和、稳健务实的爱国心态；结合大学生的日常学习与社会实践，把时代精神教育的内容具体化，积极培育大学生踏实学习科学文化知识、为创新创业奠定专业基础的敬业意识；结合大学生的课堂纪律、作息制度、考试纪律、经济生活等等，把诚信教育的内容具体化，培养大学生的诚信道德观；结合大学生的日常交往，把友善教育的内容具体化，引导大学生学会关心、学会共处、学会分享、学会合作；结合大学生的班级、学生会、社团组织选举等校园政治生活，把民主教育的内容具体化，培养学生的政治参与意识和民主素养。

贴近大学生日常生活，优化大学生价值观教育的引领方法。在我国，新中国成立后的学校价值观教育主要是显性教育。但新形势下，随着社会环境越来越复杂，大学生信息来源越来越丰富、思维的独立性越来越突出，隐性价值观教育显得越来越需要。高校开展隐性价值观教育，一是要把价值观教育的内容融入所有课程，以教师的言传身教引领大学生，实现教书育人；二是要把价值观教育的内容融入校园文化活动，以优秀的校园文化滋养大学生，实现以文化人；三是要把价值观教育的内容融入大学生专业实践与社会实践，以感性的实践活动锻炼大学生，实现实践育人；四是要把价值观教育的内容融入高校行政管理与后期服务的每一个环节，以周到的管理与服务温暖大学生，实现管理服务育人；五是要把把价值观教育的内容融入典型案例，用发生在大学生身边的先进典型激发他们认同与践行社会主义核心价值观。总之，要坚持显性教育与隐性教育相结合，把社会主义核心价值观融入大学生日常学习、生活、实践的全过程，更加注重隐性教育，更加注重激发大学生对优秀价值观的主体需求，在大学生自我思考、自我追求的基础上，在日常生活氛围的潜移默化中推动社会主义核心价值观内化于大学生之心、外化于大学生之行。

贴近大学生日常生活，拓展大学生价值观教育的载体。推进大学生价值观教育生活化，在充分发挥课堂、校园广播电台、宣传橱窗、图书馆、校报等传统载体的育人功能的基础上，要高度重视各种活动载体和新媒体的开发与运用。在活动载体上，可以通过专题讲座、演讲比赛、辩论赛、先锋模范报告会、社团活动、微电影等方式，激发大学生的兴趣，让大学生在自然轻松的氛围中接受熏陶，提高价值观教育的效果。与此同时，要高度重视新媒体在大学生价值观教育中的作用，积极研究 QQ、微信、微博等新媒体的信息传播规律及其对大学生思想的影响规律，掌握网络情境下的价值观教育方法，树立互联网时代的“融媒体”观念，以大学生以习为常的网络途径全景式、多角度呈现社会主义核心价值观，实现对大学生思想观念的引领。总之，要通过载体创新，让社会主义核心价值观从高高在上的理论王国走入大学生的寻常生活，让大学生随时随地都能受到社会主义核心价值观的滋养，从而在润物无声中认同并践行社会主义核心价值观。

综上所述，在大学生中培育社会主义核心价值观，离不开对价值观生成的生活基础的优化。要将社会主义核心价值观的内容用接地气的语言表达出来，嵌入大学生的日常生活图式。要积极回应大学生的日常生活诉求，使其感受到社会主义核心价值观的关怀与“温度”，实现从“要我学”“要我信”到“我要学”“我要信”的转变。

第八章　引领与培育
当代大学生核心价值观的心理基础

马克思主义认为，事物发展的根本动力在于事物内部的矛盾运动。当代大学生核心价值观的形成和发展不仅深受外部环境发展变化的影响，而且也深受大学生自身心理因素的影响。心理现象和心理活动贯穿于大学生价值观形成和发展的始终，引领与培育当代大学生核心价值观，要深入了解和研究当代大学生的心理发展规律和大学生群体的心理特征，从价值观形成的心理机制入手，深入探讨大学生的心理状态对核心价值观培育活动的影响，进而通过教育者的人文关怀和心理疏导，使大学生始终保持心理健康、始终保持对核心价值观培育工作的积极适应，形成对社会主义核心价值观的心理认同。

一、当代大学生群体的心理特征分析

目前在校大学生主要是“95后”，2000年后出生的青年学生也逐步跨入大学校门。这代年轻人所处的时代是中国发展最快、变化最大的时代。计划生育政策使他们从小就是家人关注的焦点，社会主义市场经济的建立和发展使得他们从一出生就过上了衣食无忧的生活，互联网的普及使他们一出生就成为“网络原住民”，他们的生活呈现出“网络化生存”的特征。这样的人生经历，使他们的心理发展过程与前代大学生相比呈现出了诸多不同的特点，分析研究这些特点能够帮助我们把握大学生的心理发展规律和价值观生成规律，进而“因材施教”“因地制宜”，用最恰当的方法培育当代大学生的核心价值观。

（一）当代大学生的一般心理特点

从行为上看，当代大学生在父母面前表现出行为的高度自主性，但这种自主性并非完全的自主。一方面，物质生活水平的改善，使当代大学生较早地出现了生理上的成熟。他们渴望独立，渴望脱离父母的庇护自己做主，认为父母的一些行为严重束缚了他们的个性和自由，因此经常表现出叛逆情绪。但是另一方面，由于生活阅历不足，他们又没有足够的生存能力，不能独立地处理好生活中遇到的困境，因此又离不开父母的呵护，心理承受力和抗压能力弱。所以当代大学生在父母面前表现出的行为自主性实际上是一种矛盾性和不成熟的表现。此外，当代大学生还会在同龄人面前表现出行为的求异性，他们特立独行，渴望从群体中脱颖而出，他们拒绝从众，喜欢攀比，追求个性，敢于质疑权威、突破陈规旧制，有很强的创新意识。

从情感上看，当代大学生情感丰富，善于表达，希望得到同学和长辈的认可。他们在行为上表现出的自主性和独立性反映在情感上，实际上就是想要引起外界的注意，得到外界的称赞，从而获得情感上和心理上的满足感。但是由于他们大都涉世未深，社会经历和经验不足，情感深度不够，在表达情感时容易走极端，情绪化严重，虚荣心强。他们对自己的成就沾沾自喜，在他人面前极力表现自己，希望得到赞扬，当看到别人成功时，他们会产生羡慕甚至嫉妒情绪，但是，他们又会极力地掩饰这种情绪。当他们经历失败时，很难承受他人的非议和责难，是典型的“玻璃心”，心理承受力和抗挫折能力很差。在与他人交往时，他们会直接表达出自己的情感，爱憎分明，不加掩饰。对和自己志趣相投，能够理解自己和欣赏自己的人，他们表现得十分友好和热情，而对自己不信任或不欣赏的人则会表现出高傲、难以相处的感觉。他们喜欢把情绪表现在脸上，感情隐蔽性差。

从思维方式上看，当代大学生思维活跃，思想多样化特征明显。当代大学生是在改革开放和信息化时代成长起来的，在经济高速发展、信息海量涌现的社会环境中，他们每天可以通过各种新媒体接触各种思想，掌握大量信息。这些思想和信息鱼龙混杂，有积极向上的主流价值观，也有消极腐坏的资本主义错误价值观。大学生群体中的先进分子能够自觉规避无用和有害信息，运用新媒体来学习新知识、分析新问题，养成批判性思维的好习惯。而对于大部分普通学生和极少部分落后分子而言，这些信息使他们过早地接受了社会的阴暗面，懂得了所谓的“人情世故”，这对他们的思维方式和价值观念冲击极大，他们可能会迫使自己用成年人的思维考虑问题，做出一些“超常”的举动。随着年龄和阅历的增长，当他们发现理想和现实脱节时，他们就开始逃避现实、抱怨社会，甚至对社会失去信心。

（二）当代大学生的学习心理特点

当代大学生进入高校后，其学习心理一般会经历这样几个变化过程：前期是迷茫和适应阶段，中期是波浪式前进阶段，后期则是相对成熟阶段。在这三个阶段中又包含了两个过渡阶段，第一阶段是从高中学习到大学学习的过渡阶段，第二阶段是从大学毕业走向社会和工作岗位、从人生的系统学习阶段走向具体实践的过渡阶段。大学阶段是大学生思想心理变化和价值观定型的关键阶段，必须高度重视、正确引导，以防止他们发生心理疾病，形成错误的价值观。

大一新生处于迷茫和适应阶段。初入高校的大学生进入到一个完全陌生的新环境，有的会感到诸多不适应。这些不适应主要来自于生活上和学习上。从生活上来看，刚进入大学，老同学、老朋友不在身边，父母也可能离自己很远，这时的大学生可能会感到孤独、寂寞，甚至对大学生活产生厌恶情绪。从学习上看，首先，高中虽然课业繁重，但知识难度小、跨度也小，而大学课程多，知识难度和跨度都有了大幅度提升，所以在刚开始学习时有相当数量的大学生会觉得吃力。其次，高中生学习动机很单纯，目标只有一个，就是参加高考，考上好大学读到好专业；而进入大学后，很多大学生因为还没有明确的职业目标，会陷入迷茫，学习上缺乏动力。最后，有些同学高中时受到误导，误认为大学课业轻松、可以尽情享受自由时光、毕业就能找到好工作，可是真到大学后，却发现大学比高中更辛苦，如果不好好学习提高自己的专业水平，可能毕业后就意味着失业，这种理想与现实之间的巨大反差带给大学新生的心理落差也是巨大的。这些情况，从高中阶段向大学阶段过渡的大一新生基本都会经历，这时如果不及时疏导，加强引导，有的同学就可能一蹶不振，消沉下去。

大二、大三是大学生心理波浪式前进阶段。这时大部分同学已经适应了大学生活，也有了相对稳定的朋友圈，能够和老师同学和谐相处。在学习方面，多数大学生熟悉了大学教学模式之后，自主学习和自我教育能力有了明显的提高。经过大一的适应、调整和专业学习，到了大二，很多同学找到了兴趣点，抵消了大一的焦虑和迷茫。他们开始围绕着自己的兴趣点拓展知识面，参与课外实践活动，在理论与实践的基础上不断提高专业水准，部分同学已经有了初步的职业规划。到了大三，整个大学本科阶段已经过去了一大半，目睹大四学长学姐为了就业而忙碌奔波，许多同学也开始为就业制定详细的职业规划。这时候多数同学受到目标职业的影响，为使自己能够在毕业后尽快适应工作岗位，学习表现出明显的倾向性。但是，也有很多同学在相对宽松的大学管理环境中迷失了自我，无法做到严于律己，生活上自我要求不高，学习上以不挂科为最高追求，没有明确的专业兴趣和职业规划，这样的同学就需要在老师的帮助下，树立积极向上的价值观，找到自身的兴趣所在，明确职业规划，为就业做好准备。

大四是大学生心理相对成熟阶段，也是大学生活的最后一年。这时大学生结束了三年的理论学习，进入毕业实习和正式求职就业阶段。由于每位同学对希望从事的行业、工作性质、工作环境的理解和设想各有不同，他们在学习态度上差异更大，倾向性也更加明显。希望成为公务员和拥有事业单位编制的同学，会积极准备参加国家和各省的公务员、事业编考试；喜欢从事老师工作的同学也开始忙碌着考取教师资格证，奔波于各地区的教师招考考场；而准备继续学习深造的同学，则开始了紧张的研究生备考之路；当然也有同学会选择自主创业或做一个自由职业者。大四阶段，多数大学生在完成毕业论文、毕业设计、毕业实习的过程中，接受了系统的科研和职业训练，专业素养和心理素质得到了综合锻炼和提高。当然，也有个别大学生训练不足，心理素质、专业水平仍然不成熟，毕业后可能会因找不到工作而再次陷入迷茫和失落。这就需要高校教师在学生从大学学习阶段向求职就业阶段过渡的特殊时期，关注学生的思想与心理，引导他们做出正确的价值判断和价值选择，形成科学合理的择业、就业观。

（三）当代大学生心理发展的影响因素

马克思指出，“人的本质在其现实性上是一切社会关系的总和”。个体的人不可能脱离特定的时间、空间与社会关系孤立地存在和发展，个体的心理发展也必然要受到时空环境以及个体与他人交往关系的影响。而对于大学生来讲，对其心理发展影响最大的环境就是家庭环境和学校环境，而对其心理发展影响最大的交往关系就是家庭关系、师生关系以及同学关系。从家庭和学校两个重要环境和相应的交往关系入手，分析当代大学生心理发展的影响因素，对于认识和把握当代大学生社会主义核心价值观生成的心理机制是十分必要的。

首先是家庭因素。家庭是孩子的第一学堂，父母是孩子的第一任老师，家庭环境和家庭关系是影响当代大学生心理发展的重要因素。一是父母自身素质在当代大学生心理发展和价值观形成过程中发挥着重要作用。初生婴幼儿如一张白纸，并没有明确的是非观念和价值观念，相关观念主要是在父母言行举止影响下逐渐形成的，而这种影响可能持续一生。如果父母自身素质较高，有良好的生活习惯，能够保持积极乐观的生活态度，那么他们的态度和行为就会潜移默化地为孩子所接受，使孩子从小养成良好的生活习惯，保持积极向上的心态，树立正确的价值观念。如果父母自身素质不高的话，那么他们会无意地将不良习惯、行为甚至错误观念传递给孩子。例如，父母当着孩子的面说脏话、随地吐痰、随地乱扔垃圾，或者当众顶撞老人等行为，都会对孩子心理健康发展和正确价值观的形成产生消极影响。二是父母的家庭教育观念、教育方式深刻影响子女的心理发展和价值观生成。如果父母采用民主的教育方式，孩子会比较早地形成独立、自由、平等、民主等价值观念，并将其作为自身待人接物的价值准则。如果父母采用专制的教育方式，虽然可能会树立了父母的权威，但也可能会冲击孩子的心理健康与价值观念，导致他们小时候性格孤僻、自卑、没有主见，长大后自私自利但难以自理自立。三是家庭氛围会深刻影响孩子的心理健康和价值取向。个体从小生活在和谐、温馨的家庭环境中，更有可能养成阳光、宽厚、友爱的心理品格；从小生活在冷战、热战的家庭氛围中，则更有可能产生冷漠、无情的心理品格。

其次是学校和社会环境。从一定意义上讲，学校教育环境和社会成长环境是影响当代大学生心理发展和价值观生成的决定性因素。虽然在早期发展中父母的影响巨大，但是个体心理和价值观的成熟实际上是在六岁到二十五岁之间完成的，而这个年龄段正好是个体在学校学习和初步接触社会阶段，他们在老师的教育下，在与同学朋友的交往中，逐渐形成稳定的心理特征和价值观。这时周围老师、同学、朋友的心理状态和价值观念，会对个体的心理和价值观产生极大的影响。人以群分，物以类聚，如果能够在学校学习期间结交到积极上进、认真好学、目标远大的同学和朋友，当代大学生就会不自觉地受到这种良好氛围的影响，进而积极融入其中。反之，如果交友不慎，整天和那些品行不端、“三观”不正、胸无大志的同学待在一起，他们就有可能会“久而不闻其臭”，甚至最后同流合污。老师在当代大学生的成长过程中起着关键作用，真正的伯乐不仅能够识得千里马，还会在适当时候给予它适当的引导和鞭策。大学生在心理发展和价值观形成过程中，如果能遇到德高望重的老师在适当的时间给予其正确的引导和指点，这将极大地促进学生心理健康发展，也会使其常怀爱心和感恩之心，自觉追求高尚的人生境界，努力实现自身的人生价值。

二、心理状态对当代大学生核心价值观生成的影响

大学生价值观的形成和发展过程实际上就是大学生主体的心理活动过程，由初步感知、情感认知、心理认同、吸收内化、外化践行等五个阶段构成，层层递进、缺一不可。大学生心理活动中的心理状态和心理素质对其价值观的培育效果具有重大影响。

（一）心理健康状况是核心价值观生成的前提条件

当代大学生社会主义核心价值观的生成效能与其心理健康状况呈正相关关系。当代大学生个体的心理健康状况越好，其形成社会主义核心价值观的过程就会越顺利，对其进行价值观教育的效能就越高，所以心理健康是大学生社会主义核心价值观生成的前提条件。从现实情况看，心理健康状况良好的大学生总是能够以积极的心态面对学习、生活，在与他人的交往中，与人为善，乐于助人，他们对自己充满信心，对未来充满期待。他们有远大的理想，有明确的学业和职业规划，并且能够为了实现自己的理想和规划而坚持不懈，努力奋斗。他们不怕失败，即使身处逆境也能够及时调整自己的心理状态保持乐观，对这部分大学生进行社会主义核心价值观教育，常常可以事半功倍。心理不健康的大学生恰恰相反，他们由于各种原因心理上受到了伤害，认为学习是一种负担，对生活保持消极悲观的态度，在与他人相处时容易产生自卑情绪，这样的心理健康状况和负面情绪不利于其崇高价值观的生成，对其进行价值观教育，效果也会大打折扣。

过硬的心理素质、相对稳定的情绪状态、良好的自我调控能力和坚韧不拔的的意志品质等，是大学生形成社会主义核心价值观的必要条件。大学生只有拥有了这些心理素质和意志品质，在接受社会主义核心价值观引领和培育的过程中，才能充分协调初步感知、情感认知、心理认同、吸收内化、外化践行这五方面心理因素的相互关系，使它们均衡、健康发展。相反，如果大学生存在许多心理问题和负面情绪，那么这些不健康的心理状态就会对这五个心理因素的均衡、协调发展产生消极影响，并最终导致当代大学生对社会主义核心价值

观由初步感知到外化践行的过程中，事倍功半甚至劳而无功。

当然，维护大学生心理健康也是价值观教育的目的之一。大学生面对多样化社会思潮和价值体系，一般会选择既符合自身实际又符合时代发展要求的价值观念。在选择过程中，大学生的认知水平、情感倾向、心理状态和价值模式会逐渐趋于稳定，并在此基础上形成相对稳定的价值观念和行为标准。在这个意义上，社会主义核心价值观能够引导当代大学生保持积极健康心理的心理状态。大学生这个年龄段，认知能力不断发展、自我意识显著增强，但心理状态稳定性差、情绪波动大。有的面对理想与现实的严重脱节，容易产生迷惘和困惑心理；有的面对竞争与就业压力，容易萌生焦虑不安心理；有的个人主义思想与集体主义价值观产生矛盾时，会产生消极心理等。这些心理问题，都需要在社会主义核心价值观的引导和疏通下消除和解决。

综上所述，大学生价值观教育离不开健康的心理状态。“只有具备健全心理品格的当代大学生，才能对社会主义核心价值观产生积极的认知和认同需求，才能在最短时间内吸收、内化、践行社会主义核心价值观。”① 同时，也只有社会主义核心价值观这种正确的、符合大学生自身发展需要的价值观，才能让当代大学生在面对各种消极情绪和心理问题时，有强大的理论自信去解决问题，保持心理健康。

（二）心理认同程度是核心价值观生成的关键要素

当代大学生对社会主义核心价值观的心理认同，是指经历了初步感知、情感认知之后，经长期理性思考而在内心深处产生的信仰。心理认同建立在初步感知与情感认知基础上，属于更高层次的心理感受，是大学生在心理层面对社会主义核心价值观的赞同和接受。

心理认同程度的高低直接决定着大学生价值观教育过程是否顺利、效能是否显著、目标能否实现。心理认同程度越高，当代大学生学习、认识、把握社会主义核心价值观的积极性、主动性、自觉性就会越高；而积极性、主动性和自觉性的提高，又会转化为强大动力，反过来提高他们对社会主义核心价值观的心理认同程度。

当代大学生多数在心理上高度认同社会主义核心价值观，但也有个别大学

---

① 刘文佳 . 论心理效应与大学生社会主义核心价值观教育 . 教育评论，2015(3):62–63.

生受纷繁芜杂的社会思潮尤其是西方腐朽价值观的冲击，迷失了自我，出现了认识障碍，对社会主义核心价值观产生了误读、曲解甚至质疑。比如，有的认为培育社会主义核心价值观应该重点针对国家和社会制度层面，面向党政军及相关国家机构的工作人员，而不不必对公民个人提出要求；有的不赞同社会主义核心价值观的表述方式与基本要求。这样的心理认同，自然会阻碍他们对社会主义核心价值观的践行，需要引起高校思想政治工作者的高度重视。

（三）心理适应程度是核心价值观生成的重要影响因素

在心理学中，主体对于同一现象或事物的不同心理适应状态可以分为消极适应和积极适应。“积极适应是一种健康的适应状态，它有两种含义：一是主体改变自己以顺应环境或顺应环境中的某些变革；二是不断地抗争和选择，从一个目标走向另一个目标，这是发展性适应。消极适应是一种不健康的适应，它以牺牲个体的发展为代价。甚至会导致某些不同程度的心理问题或疾病。”① 具体到当代大学生价值观教育过程，大部分同学志向远大，敬重崇高，心理上认同科学的、进步的观念，抵制落后的、腐朽的思想，始终以高标准要求自己，不断提高自身的科学文化素质和思想道德素质。这是典型的积极适应状态，有利于推动当代大学生接受社会主义核心价值观的进程。但也有个别大学生受个人主义、拜金主义、享乐主义等腐朽思想、消极思想的影响，迷失了自我，降低了对自己的要求，越是面对积极的、崇高的价值观，越显现出消极适应的心理状态。这种消极适应的心理状态，自然不利于当代大学生认同与践行社会主义核心价值观。

三、当代大学生核心价值观生成的心理机制

任何事物发展的根本原因都在于其内部诸要素之间的矛盾运动。大学生价值观的形成和发展固然离不开物质基础、生活基础和文化基础等外部因素的影响，但归根结底是要通过大学生内心的思想矛盾运动来实现的。这一思想矛盾运动，不论是对社会主义核心价值观的内化还是外化，都需要经历初步感知、情感认知、心理认同、内化吸收、外化践行等心理过程，这五个心理要素层层

① 张佩等．南疆农村中小学教师心理健康状况调查分析．新疆教育学院学报，2015(4):45.

递进，相互影响，有机统一于当代大学生社会主义核心价值观的形成和发展过程中。

（一）当代大学生对社会主义核心价值观的内化认同环节

当代大学生价值观教育的基本问题是怎样将社会主义核心价值观由理论上自在的思想意识内化为当代大学生个体的价值目标和价值追求，进而在内化的基础上如何转化为主体外在行为的问题。所以，当代大学生在价值观形成过程中，需要经过初步感知、情感认知、理性认同、吸收内化等过程，将社会主义核心价值观所倡导的价值理念内化为大学生个体内在的价值判断和价值选择标准。

初步感知是大学生对社会主义核心价值观的初步理解和领悟，是大学生价值观形成过程的发端。这是因为，初步感知是情感认知、理性认同、吸收内化的依据，是当代大学生将社会主义核心价值观转化为自身价值追求和行动指南的心理基础。当代大学生对社会主义核心价值观的初步感知，主要包括对十八大报告关于社会主义核心价值观的“三个倡导”内容的理解、对社会主义核心价值观凝练历程及其与社会主义核心价值体系关系的把握、对培育和践行社会主义核心价值观重大意义的认识。当代大学生如果对这些问题没有必要的初步感知，认同与践行社会主义核心价值观就无从谈起。

情感认知是当代大学生社会主义核心价值观形成过程中的催化剂。情感认知是指当代大学生在按照社会主义核心价值观的要求和规范去理解、认识、评价自身所处环境中的人和事时，所产生的具有较强主观色彩的情绪体验。人类是重情感的高级动物，追求情感上的认可和满足是个体从事一项活动的重要动机，如果当代大学生在运用社会主义核心价值观的基本准则和基本要求审视和评价他人和他物的过程中，能够获得积极的情感反馈，如他人的肯定、赞扬和鼓励，使其情感需求得到满足，这将会极大地促进当代大学生自觉向社会主义核心价值观靠拢，认同社会主义核心价值观。当代大学生对社会主义核心价值观的情感倾向对其价值观的形成和发展会起到催化和强化作用，这是因为情感认知是深化理解和领悟、增强心理认同，促进当代大学生对社会主义核心价值观自觉吸收内化的催化剂，也是促使他们将社会主义核心价值观外化为现实行为的强大推动力。

心理认同是指当代大学生在经历了对社会主义核心价值观的初步感知、情感认知过程之后，经过长期的理性思考而对社会主义核心价值观产生的内心信仰。心理认同不同于初步认知和情感认知，是主体相对稳定的信念和内心信仰，从时间上来看，进行初步感知和情感认知所需的时间较短，而要达到心理认同，必须经历长时间的思想斗争过程和理性思考过程才能形成。从性质上看，不论是初步感知还是情感认知都属于感性认识的范畴，而经过心理认同过程所产生的信念和内心信仰则是属于理性认识范畴。这种理性认识会保持长时间的相对稳定性，它是当代大学生社会主义核心价值观形成和发展过程中的关键要素，这主要是因为它体现了当代大学生对社会主义核心价值观初步感知过程、情感认知过程和内化吸收过程的有机统一，同时也是当代大学生自觉践行社会主义核心价值观的强大动力和精神支柱。

吸收内化过程是当代大学生内化认同社会主义核心价值观环节的最后阶段，也是最高级阶段。在心理认同阶段，当代大学生对社会主义价值观的认识开始由感性认识阶段转变到理性认同阶段，当代大学生开始从情感、态度方面主动接受和学习社会主义核心价值观，并将其上升为自己的理想和信念。而到了内化认同阶段，这种信念和信仰又进一步深化，上升为意志品质，这种意志品质主要是指当代大学生在履行社会主义核心价值观所提倡的基本准则和基本要求的过程中表现出的一种积极克服困难、战胜挫折的毅力。当代大学生是整个社会中的高素质群体，他们有很强的学习主动性和积极性，但在履行社会主义核心价值观所倡导的基本准则和基本要求时也不可能一帆风顺，有时会遇到周围一些人的不理解甚至讽刺和挖苦，有时会被他人视作故作清高，这时就需要有克服困难、勇往直前的勇气和坚定的价值观自信来支撑自己继续前进。虽然思想是行为的先导，深刻的思想认识有利于推进当代大学生践行社会主义核心价值观，但是如果只有思想认识，而没有坚定的信念和意志品质，他们在践行过程中遇到困难时就容易退缩，从而导致理想的价值追求变成空想。

（二）当代大学生对社会主义核心价值观的外化践行环节

外化践行过程是指当代大学生经过初步感知、情感认知、理性认同、吸收内化等过程后，自觉履行社会主义核心价值观的行动。理论只有回到实践中才能变成巨大的物质力量。自觉践行是当代大学生形成社会主义核心价值观的外在表现和根本标志，也是高校以社会主义核心价值观引领与培育当代大学生的最终目的。“哲学家们只是用不同的方式解释世界，而问题在于改变世界”。[①]当代大学生只有将对社主义核心价值观的认识、情感、信念、毅力和勇气付诸行动，并在社会生活中有意识地将社会主义核心价值观的目标、准则和要求转化为自身的行为习惯，才代表着他们真正形成了社会主义核心价值观。鉴于本章的主题与重点是研究当代大学生核心价值观生成的内在心理基础，在此对相关的外化与践行环节不再展开讨论。

综上所述，当代大学生社会主义核心价值观的形成和发展是一个包含两个大环节（内化认同环节和外化践行环节的），需要诸多心理因素共同参与（初步感知、情感认知、心理认同、内化吸收、外化践行）的完整的心理认知和活动过程。在这两个大环节中，内化认同环节是外化实践环节的基础和前提。在初步感知、情感认知、心理认同、内化吸收、外化践行这五个心理要素中，初步感知是外化践行的必要前提条件，情感认知、心理认同、吸收内化是由初步感知向外化践行转化的催化剂和调节器。这五个心理要素前后衔接，缺一不可，共同构成了当代大学生社会主义核心价值观生成的心理机制。

四、以人文关怀与心理疏导优化当代大学生核心价值观生成的心理基础

在大学生价值观教育中，教师主要承担传播、讲授、引领和示范的职责，大学生则要在教师的引领与培育下，自觉学习、理解、认同与践行社会主义核心价值观。在这一过程中，教师和广大学生的沟通尤为重要。只有两者保持密切的联系和互动，教师才能不断从学生身上获得反馈，进而调整教育方法，适应新情况，解决新问题。大学生也只有与教师保持互动，不断接受正能量的熏陶，才能时刻保持积极向上的人生态度和健康的心理状态。为了更好实现师生互动，教师必须给予学生必要的人文关怀和心理疏导，关怀他们的日常生活和学习，疏导他们的心理障碍，夯实他们价值观生成的心理基础。

（一）人文关怀和心理疏导对大学生价值观教育的重要性

价值观不是单纯的政治思想问题，在大学生价值观教育中，既要重视以社

---

① 马克思恩格斯选集（第 1 卷）. 人民出版社，2012:136.

会主义核心价值观培育当代大学生，还要注重人文关怀与心理疏导，关照大学生的心灵世界，及时疏导、解决大学生的心理问题。“人文关怀是对人的生存状况的关怀，是对人的尊严与符合人性的生活条件的肯定，要求关注人的生存与发展，关心人、爱护人、尊重人。心理疏导是通过解释、说明、支持、同情以及理解，运用语言和非语言的交流方式，影响对方的心理状态，改变对方的认知、信念、情感、态度和行为等，从而达到降低心理压力，促进人格健康、协调发展的过程。”① 要夯实大学生核心价值观生成的心理基础，就要更新观念，注重“在人文关怀与心理疏导中增强价值观培育的针对性、实效性，引导当代大学生在感动与共鸣中形成社会主义核心价值观”。②

首先，人文关怀和心理疏导是价值观教育的应有之义。价值观教育的对象是人，教育内容不仅涉及人的思想观念及其生成的社会环境，更涉及人的生理、情感、兴趣、爱好以及家庭环境等各个方面。只有尊重大学生的思想和心理，激发他们的主体能动性，经过他们的领会和内化，才能让价值观教育的内容最终转变化为他们内在的本质力量，落到实处、取得实效。从生理、心理状况看，大学生心智尚未成熟，又强烈追求自由、自主，这时候适度给予人文关怀与心理疏导，可以启动他们对人生的思考，帮助他们找准人生定位。从师生沟通效果看，教师怀着情感关怀大学生生活、疏导大学生心理困惑，才能够走入大学生内心深处，晓之以理、动之以情，实现价值观教育的目标。长期以来，一些高校忽视对大学生思想困惑与心理问题的疏导，价值观教育的效果受到较大影响。当前，亟待落实以人为本的理念，坚持关心人、激励人、提升人的宗旨，关注大学生日常生活，贴近大学生思想实际，把握大学生思想脉搏，剖析大学生思想变化，疏导大学生心理问题，引导大学生转变消极的价值观念，建立高尚的价值观。

其次，社会的发展变化呼唤对大学生的人文关怀和心理疏导。改革开放以来，社会物质财富迅速增长，大学生生活水平不断提高，但在激烈的竞争面前，学习（工作）压力与日俱增，心理问题和精神疾病大幅增加，个别大学生因此发生价值观扭曲。有的大学生两耳不闻窗外事，缺少社会经验，是非观念模糊，抗挫折能力较差；有的听不进正确意见，心高气傲，我行我素，独断专

---

① 李纪岩 . 当代大学生社会主义核心价值观培育研究 . 山东人民出版，2013:164.
② 李纪岩 . 当代大学生社会主义核心价值观培育研究 . 山东人民出版，2013:165.

行，行为过激。面对社会形势的发展变迁，面对当代大学生的思想、心理特点，只有加强人文关怀和心理疏导，才能帮助他们树立社会主义核心价值观。

最后，人文关怀和心理疏导攸关有助于增强大学生价值观教育的针对性、情感性、前瞻性、系统性，从而直接提高其实效性。针对性要求充分考虑大学生的心理状态和思想变化，对症下药、有的放矢，因材施教、因地制宜，把大学生关心的热点问题作为价值观教育的切入点和着力点，做好得其心、暖其心、稳其心的工作。情感性要求注重人文关怀，以情感人、以情动人、以情育人，增强价值观教育的“人情味”。教师在生活中以朋友的心态与学生交往，尊重学生、关爱学生，以人格魅力和真情实意弥补理论教育的缺陷，学生在感情上得到满足的同时，在思想上也得到教诲。前瞻性要求把握大学生思想、心理变化的趋向，在问题形成前予以疏导，而不是等到问题发生甚至严重后做弥补工作。系统性要求以系统工程的思维，多角度、多层面解决大学生的思想心理问题。总之，注重人文关怀与心理疏导，增强针对性、情感性、前瞻性、系统性，大学生价值观教育才能取得实效。

（二）人文关怀与心理疏导融入大学生价值观教育的方法与机制[①]

首先，要关注大学生心理动态，满足大学生正当的心理需求。大学生的心理需求包括多个层面，在价值观教育中需要特别关注的是大学生的成就感、满足感、自豪感、被尊重感等。要关注大学生的情感，疏导大学生的心理困惑，消除大学生的心理失衡、失调，促进大学生的心理健康，引导大学生把个人发展融入国家、民族的发展，在奉献社会的过程中实现自身价值，增强成才感、成就感。要对学生充满深厚感情，避免因为居高临下的姿态，使师生之间产生距离和隔阂。这就需要高校思想政治工作者提高素养，换位思考，以民主、平等、团结、友爱的方式与学生交流。实践证明，在大学生价值观教育中，磨破嘴皮讲道理，不如扎扎实实为学生干一件实事。帮扶困难学生、家访问题学生、探视生病学生等人文关怀活动，都会拉近师生距离，使学生感受到浓厚的人情味，从而增强价值观教育的实效性。

其次，要积极开展心理健康教育和心理咨询工作，引导大学生促进自我身心和谐以及与他人、与社会的和谐。心理健康教育是心理疏导的常规实施方

---

① 李纪岩 . 当代大学生社会主义核心价值观培育研究 . 山东人民出版，2013: 166–167.

式，心理咨询是心理疏导的个别实施方式，两者都有助于大学生缓解压力、平衡心态、提升心理适应能力。目前，高校越来越重视心理健康教育与心理咨询，普遍开设了心理健康课。从价值观教育的角度看，开展心理健康教育与心理咨询工作，应致力于大学生心灵和谐，培养大学生乐观、豁达、宽容的精神和自尊自信、理性平和、健康向上的心态，引导大学生以积极的心境和开阔的心胸看待人生的生老病死、福祸悲喜等各种际遇。同时，要以理服人、以情感人、以教诲人、以诚动人，给大学生心灵充电，对心理障碍大学生进行积极治疗，解决他们的思想困惑和心理烦恼，缓解他们的情绪，引领他们走出心理“亚健康”，达到疏通心绪、心灵和谐的效果。

最后，要建立人文关怀与心理疏导融入大学生价值观教育的长效机制。一是要高度重视人文关怀与心理疏导在大学生价值观教育中的重要意义，建立健全对大学生的人文关怀与心理疏导机制，促进师生之间、学生之间的交流沟通，及时帮助大学生解决思想、情绪和心理健康方面的问题。要提高思想政治理论课教师、辅导员与学生工作者的人文关怀和心理疏导意识，提升他们的人文关怀和心理疏导能力，把人文关怀与心理疏导融入大学生价值观教育的全过程，夯实大学生价值观生成的心理基础。二是要加大硬件投入，健全心理咨询网络，把人文关怀和心理疏导融入高校育人的各个环节。要加强心理监测、评估和预警机制建设，开设大学生心理健康教育课，设立大学生心理咨询室，制定科学的考核目标和考核标准。三是要积极组织丰富多彩的校园文化活动，陶冶大学生情操，愉悦大学生身心，调节大学生的情感和心理，消除他们的不良情绪。要引导大学生将爱国情、报国志转化为爱岗敬业、勤奋学习的实际行动，遇事冷静思考，合法表达诉求，多做维护国家利益、社会稳定、民族团结的事。四是要把重点放在大学生情绪管理上，通过对大学生认知、情感、动机、态度等环节的心理调节，提高他们的心理承受能力，促进他们的心理和谐。

第九章　引领与培育
当代大学生核心价值观的文化基础

文化是价值观生成的土壤。全球化时代，国内外各种文化相互激荡、相互交融，开阔了大学生的视野，也给价值观教育带来了一系列挑战。在文化多样化的背景下，如何夯实当代大学生社会主义核心价值观生成的文化基础，是意识形态领域的重要课题。

一、文化基础与当代大学生核心价值观的生成

大学生价值观的生成深受其生活于其中的文化环境的影响。引领大学生认同与践行社会主义核心价值观，必须高度重视当代大学生文化环境的培育，夯实当代大学生核心价值观生成的文化基础。

（一）文化是人类社会创造的精神财富

关于文化，不同学科的学者一般有不同的认识，但概括起来，一般认为广义上的文化是指人类创造的全部物质财富与精神财富的总和；而狭义上的文化则主要指人类社会所创造的精神财富，包括理想信念、文化认知、文化观念、文化理论及思想文化体系等。在本课题中，作为社会核心价值观本质体现的文化是狭义上的文化。

文化起源于人类社会，也服务于人类社会。人类创造了文化，又时刻生活在文化中。人类的进步推动了文化的发展，同时，又在文化的影响下，形成了不同的生活方式、思维方式、价值判断和价值选择。文化与人类社会的密切关系，提醒我们做任何事情都不能忽略社会的文化基础。社会的文化基础反映了人类社会的发展状态，同时又深刻影响着人类社会自身的发展。引领与培育大

学生核心价值观，必须高度重视文化对价值观的基础意义，深入把握文化的内涵与特点。

文化的内涵极为丰富。根据文化在社会中所起作用的不同，可以划分为主流文化与非主流文化。其中，主流文化就是在一定社会、一定时期，能够对其他文化起到引领作用，对人们的思想观念产生主要影响的文化。主流文化之所以成为主流文化，就是因为它具有很强的导向性。主流文化承载着社会核心价值观，是人们价值选择的“指路明灯”，能够引领人们在多元文化环境中选择代表了社会前进方向的价值观。与主流文化相对应的是非主流文化，即在社会发展中总体上起到次要影响作用的文化。非主流文化有积极文化和消极文化之分，所以对于不同的非主流文化，要采取科学的态度区别对待。

（二）文化在当代大学生核心价值观生成中具有基础性意义

大学生走出校门后是社会发展的中坚力量，是未来社会发展的活力源泉，其价值观理应与社会核心价值观相一致；同时，大学生的价值观也会引领社会大众价值观的走向。当代大学生处在开放时代的复杂文化氛围中，他们的价值选择与文化环境有着密切的联系。如果说在哲学意义上，经济基础“归根结底决定”着社会核心价值观的性质，那么，在现实生活中，建立在一定经济基础之上的社会文化环境，则会相对“直接地决定”大学生的价值观认同与价值选择。

当代大学生在文化的滋养下一路走来，到大学时代更是每天生活在高校浓厚的文化氛围中，无时不刻不受到校内外文化环境的深刻影响。当代大学生面对各种文化时，一般会利用已经具有的知识与价值观，对环境提供的各种信息进行筛选、消化与整合。这时，“文化”就是大学生价值选择的度量衡，大学生根据自身的文化条件与基础，形成符合自身价值标准的思维方式和行为方式。但由于特定年龄段思想与心理上的开放性、发展性等特点，同时又由于缺乏实践，大学生也容易被各种文化所影响。对某种文化思想上认同，便会形成与之相应的价值观，这正是文化对大学生价值观生成的基础性意义。

21 世纪是信息时代，互联网的普及使文化传播呈现出新的特点。全世界每一个组织都可以在互联网上表达自己的观点、理论和思想，彻底打破了舆论的统一性。个体只要能够操作电脑，便可以在一定的范围内自由地表达自己的观点、思想和理论。传播渠道的方便和快捷，使各种文化思潮都有可能扩大自己的影响，有可能影响当代大学生的价值观。这警示我们，在互联网普及的信息时代，更要积极培育健康向上的文化环境，帮助大学生对各种文化思潮进行甄别，以社会主义先进文化引领当代大学生认同与践行社会主义核心价值。

（三）多元文化环境下当代大学生价值观的多样性

全球化、信息化时代，文化交流与碰撞更加频繁，在多样化的文化环境下，当代大学生的价值观也呈现出多样化特点。

总体看，大学生普遍认同社会主义核心价值观，具有崇高的价值目标和理想追求。当前，我国即将在建成全面小康社会的基础上，进入建设富强民主文明和谐美丽的社会主义现代化强国、实现中华民族伟大复兴“中国梦”的新时代。在习近平新时代中国特色社会主义思想引领下，社会文化氛围积极向上，当代大学生普遍具有中国特色社会主义道路自信、理论自信、制度自信、文化自信，普遍认同社会主义核心价值观，具有崇高的价值目标和理想追求，注重把个人理想融入到中国特色社会主义建设，在实现社会价值的过程中实现个人理想。同时，当代大学生的思想更具有多样性、批判性和跳跃性等特点，更愿意独立对事物做出价值判断。他们在承担责任和义务的同时，更注重自身价值和社会价值的共同实现，而不是只偏执于其中之一。

与此同时，一些大学生在多元文化的冲击下，思想或行为逐渐偏离了社会主义核心价值观的方向。有的形成了利己主义价值观，把个人利益置于他人利益、集体利益之上，甚至为了个人利益不惜损害他人利益或集体利益。有的形成了享乐主义价值观，为了感官的快乐放弃了高尚的情操，为了眼前的快乐放弃了理想与追求，为了个人的快乐不顾他人的感受。有的形成了拜金主义的价值观，崇尚金钱万能论，为了获得金钱不择手段，有了金钱为所欲为。有的陷入历史虚无主义，扭曲历史事实，消解英雄主义。有的盲目地信奉西方的经济制度、政治制度、法治制度等社会制度，向往西方的生活方式。有的虽然在党和国家的教育引导下认同了社会主义核心价值观，但知行不一，日常生活实践中一旦遇到挫折或诱惑，常常会偏离社会主义核心价值观。

多元是现代社会的主要特征之一，文化的多元是现代社会多元化的主要表现。在多元文化的影响下，当代大学生进行价值选择时，常常会陷入“不知庐山真面目，只缘身在此山中”的误区。这时，只有进行正确的引导，才有可能使他们走出误区，重新做出正确的价值选择。由此可见，越是在文化多元化时代，越需要加强大学生价值观教育，越需要以社会主义核心价值观引领与培育当代大学生。

二、多元文化对当代大学生核心价值观生成的影响

当代大学生处在多元文化环境中，各种文化思潮从不同的方面影响着大学生价值观的形成。当前，对当代大学生价值观产生重要影响的主要有社会主义主流文化、中国优秀传统文化、当代西方文化思潮和当代中国流行文化。这些影响有好有坏，需要辩证看待。

（一）社会主义主流文化对当代大学生核心价值观的引领

以马克思主义为指导的中国特色社会主义文化是当代中国的主流文化，这是由我国的社会性质和基本国情决定的。作为主流文化的中国特色社会主义文化，是马克思主义与中国文化的融合与创新，是中华优秀传统文化的传承与发展，具有真理性、科学性、先进性、传承性等特点，具有整合社会不同文化理念、形成社会共识的功能，是引领当代中国社会发展的最重要文化。当前，正是在中国特色社会主义主流文化的引领下，党的领导及其所确立的中国特色社会主义制度才为广大人民群众认同和接受，中国特色社会主义建设事业才得以获得广泛支持并取得举世瞩目的巨大成就。中国特色社会主义主流文化构成当代中国培育和践行社会主义核心价值观最重要的文化基础，当代大学生价值观教育离不开中国特色社会主义主流文化的引领。中国特色社会主义主流文化可以引导当代大学生在纷繁复杂的文化环境中做出正确的价值选择，对不同的文化思潮进行理性辨析，自觉抵制不良观念的侵蚀。中国特色社会主义主流文化的作用能否得到较好的发挥，将决定当代大学生能否树立与践行正确的价值观。

高等教育的中心工作是立德树人，德育的重要途径是以文化人。近年来，高校大多具有强烈的德育意识，积极营造良好的文化环境，以社会主义核心价值观引领与培育当代大学生。但也有的高校文化环境不健康，大学生价值观教育效果不佳。原因是多方面的。从高校管理的角度看，有的高校党委领导弱化，德育意识不到位，不积极营造立德树人的文化氛围，学校功利主义思想浓厚，一定程度上纵容了部分教师重教学轻德育、重知识传授轻价值观培育的倾

向，诱发或者强化了学生不良思想观念。从教师的角度看，一些学科发源于西方，教师深受西方学术思想、政治法律经济思想和价值观念影响，自身思想脱离中国的国情，又施教于当代中国大学生，造成了恶劣的影响。在特定学科领域，如政治学、法学、经济学等领域，有的教师不但做不到以社会主义核心价值观教育、引导大学生，甚至反其道而行之，大肆宣扬西方价值观，导致了大学生价值观的混乱。从大学生的角度看，在学校立德树人贯彻不到位、部分教师宣扬西方价值观的背景下，有的大学生受社会上、网络上流传的甚至个别教师在课堂上传播的各种消极现象或文化思潮的影响，世界观、人生观、价值观发生扭曲，背离了社会主义核心价值观的正确方向。这些现象，都从反面体现了高校营造良好的文化氛围，以社会主义核心价值观育人的重要性。

文化传承是高校的基本职能之一。中国高校是中国特色的社会主义大学，承担着为中国特色社会主义崇高事业培养合格建设和接班人的重任，文化传承的首要任务就是传承中国特色社会主义主流文化，以社会主义核心价值观引领和培育当代大学生。高校必须高度重视以社会主义主流文化育人的重要意义和社会主义主流文化缺失的严重后果，加强党在高校的政治领导、组织领导、思想领导和文化领导，加强教师队伍思想政治建设，针对大学生价值观教育中出现的问题，着力培育健康向上的文化环境，促进立德树人、以文化人工作。

（二）中国优秀传统文化对当代大学生核心价值观的滋养

在中华民族悠久的历史长河中，历代先贤深思人生、社会、自然，逐步积淀形成了丰富多彩的中华优秀传统文化。中华优秀传统文化的内核是中华传统社会核心价值观。中华传统社会核心价值观富有鲜明的家国情怀，不仅是普通百姓治家传家的价值观念，也是历朝历代统治者治国理政的根本遵循。正是因为有不断丰富与发展的中华优秀传统文化的滋养和中华优秀传统社会核心价值观的引领，才有了中国社会的进步与发展，催生了中国历史上的几次“盛世”。中华优秀文化是各种思想文化的百花园，其中儒家思想经过历史的激荡与沉淀，逐渐成为了封建时期的主流文化。儒家的“仁”与“义”为封建王朝的政治与思想指明了方向，使诸多王朝能够建立并长期存在。而包括儒家思想在内的中华传统文化所崇尚的“仁义礼智信”“中庸”“和谐”“天人合一”“大同世界”等思想观念，不仅在封建时代具有强大的价值引领、思想凝聚功能，而且也深刻反映了人类社会穿越时空的普遍价值追求，在当代世界仍然具有普遍的价值引领意义。

中国优秀传统文化深深地印刻在中华民族心理中，是社会主义核心价值观的民族文化渊源。社会主义核心价值观在指导思想上是马克思主义，在现实土壤上则是当代中国文化，而当代中国文化正是中华优秀传统文化的传承与发展。正是在这意义上，习近平特别强调，要以中华优秀传统文化滋养社会主义核心价值观。从大学生价值观教育的角度看，以中华优秀传统文化滋养社会主义核心价值观，就是要充分发挥中华优秀传统文化的育人功能，承载对大学生的社会主义核心价值观教育。价值观教育重在“以文化人”，中华优秀传统文化为大学生价值观教育提供了生动丰富、情理交融的民族文化沃土，让大学生的价值观有根可找、有源可寻、有榜样示范、有文化滋养。中华优秀传统文化是中国历代先贤的思想结晶，是中华民族的集体智慧，是社会主义核心价值观的民族基因，以中国优秀传统文化滋养当代大学生，能够从文化来源上帮助大学生理解、认同社会主义核心价值观，并以此为基础构建自己的价值观。事实上，数千年来，中国优秀传统文化早已成为中华民族“生生不息流淌的血液”，深深影响了中国人的思维方式和行为方式。当代大学生也不例外，事实上也从小就受到了中华优秀传统文化的滋养，在面临生活中的实际问题时，总是会不由自主地按照中国社会核心价值观的准则做出选择。比如在马路边看到摔倒的老人，是否应该把老人扶起来？多数大学生不会顾及是否会被“冤枉”或“敲诈”，他们会遵从内心认同的中华传统美德把老人扶起来。这里的中华传统美德，其实就是中国优秀传统文化。

（三）西方文化思潮对当代大学生核心价值观的冲击

改革开放以来，西方文化思潮伴随着全球化、信息化的浪潮蜂拥而入我国，对我国主流意识形态构成一定的冲击与挑战，高校首当其冲。当代大学生在打开视野面向世界的同时，价值观念也不可避免地遭受到西方文化思潮的影响，主要体现在以下几个方面。

新自由主义对马克思主义意识形态的冲击。就其本质而言，新自由主义是一套“适应国家垄断资本主义向国际垄断资本主义转变的理论思潮、思想体系和政策主张”。[①] 尽管其理论学派林立，思想、理论体系庞杂，但它们在否定

① 张才国．新自由主义在中国的影响及其归因分析．探索，2006（3）：187.

公有制、否定社会主义以及鼓吹全球资本主义化等方面是一致的；它们一方面鼓吹意识形态终结论，另一方面随着“华盛顿共识”的形成与推行，越来越成为西方国家“诱导社会主义国家和平演变的理论武器”和“对发展中国家推行新殖民主义的理论武器”[①]，变成资本主义的主流意识形态。由于新自由主义以“意识形态中立”的欺骗性宣传掩盖了对马克思主义基本原则的根本否定，故构成了思想文化领域中对马克思主义的主要挑战。经过精心包装后，新自由主义在中国意识形态领域贻害无穷，在各个学科影响了一批知识分子，对大学生更具有迷惑性。

后现代主义对马克思主义意识形态的“解构”。20世纪60年代以来，西方出现了反近现代哲学倾向的社会思潮，这就是后现代主义。后现代主义否定真理、进步等价值，引发了怀疑主义、价值相对主义和虚无主义，导致了人们价值观的相对性和多元性。后现代主义对马克思主义的“解构”主要表现在以下几个方面：第一，后现代主义反对任何“中心”和“边缘”二元划分，也就是否定阶级政党与一些边缘群体——学生、妇女等社会团体——之二元划分，进而否定阶级政党在阶级斗争中的领导核心地位，由此颠覆了作为马克思主义重要组成部分的政党学说。第二，后现代主义不承认世界的统一性、整体性和同一性，这就否认了历史唯物主义所揭示的社会历史发展的规律性，否定了共产主义取代资本主义的历史必然性，由此削弱了人们对共产主义的信仰。第三，后现代主义拒斥现代性理论，解构和摧毁了现代性观念。它们不加区分地将马克思主义这一科学意识形态混同于一般的传统意识形态，并解读为一种极端理性主义，进而否定马克思主义。后现代主义这种似是而非的“客观性”，极易迷惑当代大学生。

消费主义对马克思主义意识形态的消解。在资产阶级意识形态体系中，消费主义无疑是最为客观中立的文化思潮，也是到目前为止影响力最为深广的资产阶级意识形态。之所以如此，是因为它不以令人颇有戒心的政治主张的面貌出现，而是呈现为一种以消费为目的的生活方式，认为当前“地球上已经没有任何一个地方能够逃脱我们的良好生活愿望的魔法”。[②]消费主义通过对人们日常生活方式的影响，不仅造成资源浪费和生态环境破坏，而且还使得其拥护者

① 王永贵.影响我国主流意识形态建设的西方主要意识形态透视.社会科学研究，2007(1)：61.

② [美]比尔·麦克基本.自然的终结.长春：吉林人民出版社，2000:15.

陷入拜金主义、享乐主义、极端个人主义的泥潭不能自拔。泛滥的消费帝国主义几乎无处不在，从而消解了人们对马克思主义意识形态的信仰，“过把瘾就死”的极端消费主义像幽灵般在一些大学生思想中显现。

历史虚无主义对马克思主义意识形态的虚无化。根据历史唯物主义，任何社会都不是凭空产生的，而是在之前社会发展的基础上、基于生产力发展状况而形成的。毛泽东指出：“今天的中国是历史的中国的一个发展；我们是马克思主义的历史主义者，我们不应当割断历史。从孔夫子到孙中山，我们应当给以总结，承继这一份珍贵的遗产。这对于指导当前的伟大的运动，是有重要的帮助的。”[①] 然而，这一历史观正经受着历史虚无主义的冲击和挑战。历史虚无主义肇始于 20 世纪 30 年代“全盘西化”思潮，目前在中国正日趋泛滥。历史虚无主义以“学术研究”的面目出现，有明确的政治诉求，集中表现为“告别革命论”。历史虚无主义不仅与历史研究所应秉持的客观全面原则相违背，而且还放弃了马克思主义一贯坚持的阶级分析的科学方法。历史虚无主义主观地隔断历史并将之虚无化，严重搅乱了人们的思想意识，削弱了广大民众对社会主义主流意识形态的信仰和认同，具有极其严重的社会危害性。就此而论，在对历史虚无主义进行揭批的基础上加强科学历史观教育，是高校意识形态教育的题中之意。

综观各种西方文化思潮，虽然在一定程度上满足了大学生对西方文化的好奇心，扩展了他们的视野，丰富了他们的知识储备，提高了他们对于西方社会的认识，但是由于有些西方文化思潮蕴含着消极的价值观念，也给当代大学生价值观教育带来了负面冲击。

（四）当代中国流行文化对当代大学生核心价值观的影响

流行文化是特定时期人们普遍接受并主动追求的文化潮流或生活方式。与主流文化相比，流行文化不具有长期的引导性，而是从主流文化中分离出来，在一定时期内为社会大众所接受和追捧的大众文化，具有短周期性、娱乐性。同时，由于流行文化是从主流文化中分离出来的，所以从流行文化中也可以找到社会价值观的发展走向。把握流行文化对大学生价值观影响的具体节点，对流行文化进行更加合理的利用，就可以巧妙地把社会主义核心价值观教育融入

① 毛泽东选集（第 2 卷）. 北京：人民出版社，1991:534.

流行文化中，引领与培育当代大学生认同与践行社会主义核心价值观。基于这种考虑，课题组组织了“流行文化对大学生价值观影响”的问卷调查。

流行文化内容纷繁复杂。那么，在当代大学生看来，什么可以代表流行文化呢？调查显示（图 1），59.43% 的大学生认为流行音乐能够代表流行文化，50.08% 的大学生认为流行语能够代表流行文化，47.75% 的大学生认为流行服饰能够代表流行文化。由此可见，当代大学生心目中的流行文化代表主要就是这三种。此外，认为微博、博客等新媒体代表了流行文化的大学生也高达 37.23%，互联网时代，微博、博客、微信、QQ 等承载的网络文化已成为大学生心目中的主要流行文化。调查还显示，韩剧、网络游戏和网购所占比重很少，说明相关生活方式只是受到部分同学追捧，在流行文化中并不占主导。

选项	比例
流行服饰	47.75%
流行音乐	59.43%
流行语	50.08%
韩剧	8.01%
流行美食	16.53%
微博、博客等新媒体	37.23%
网络游戏	7.01%
网购	12.02%
明星新闻	7.35%

图 1　您认为什么可以代表流行文化？（多选题）

那么，当代大学生主要通过哪些途径了解流行文化呢？调查显示（图 2），当代大学生了解流行文化的途径中，手机和电脑上网所占比例最高，分别达到 60.6%、23.04%。这说明，在信息化时代，当代大学生获得流行文化的途径已经转向互联网。互联网上的内容传播什么样的价值观将会对大学生产生广泛而深刻的影响。传统途径比如电视广播、报纸、街头广告以及朋友之间的交流等，虽然依旧发挥着传播流行文化的作用，但相比于新媒体来说，影响力已经较弱。

选项	比例
电视广播	9.52%
电脑	23.04%
报纸	1.34%
街头广告	1%
手机上网	60.6%
朋友交流	4.51%

图 2　您平常都是通过什么途径来了解流行文化？（单选题）

更深入的调查也确证（图 3），比较不同流行文化，对大学生影响最大的也是网络文化，比例达到了 83.81%。排在第二位的是影视文化，比例达 44.41%。这说明网络文化和影视文化（两者有时融为一体）对于当代大学生具有巨大的吸引力。尤其是网络文化，包括以网络为载体传播的各种文化和人们在互联网上进行交往时所形成的网络言行文化，已成为深刻影响当代大学生思想观念的重要文化现象。相比而言，韩流文化、选秀文化、嘻哈文化对于大学生的影响力已经降低。但韩流文化的影响仍然达到 24.71%，还是应当引起关注。

选项	比例
网络文化	83.81%
选秀文化	12.02%
韩流文化	24.71%
影视文化	44.41%
嘻哈文化（街舞等）	3.01%

图 3　您认为下列哪种文化对大学生的影响比较大？（多选题）

进一步的调查显示（图 4），每天上网时间在 1—3 个小时的大学生占 29.88%，每天上网时间达 3—5 个小时的大学生占 33.72%，每天上网时间达 5—7 个小时的大学生占 14.19%，每天上网 7 个小时以上的也高达 12.19%，而能够把每天上网时间控制在 1 个小时以内的大学生只有 10.02%。每天上网时间高于 3 个小时以上的大学生合计比例高达 60.1%，可见，互联网已经深深地融入了大学生的日常生活。

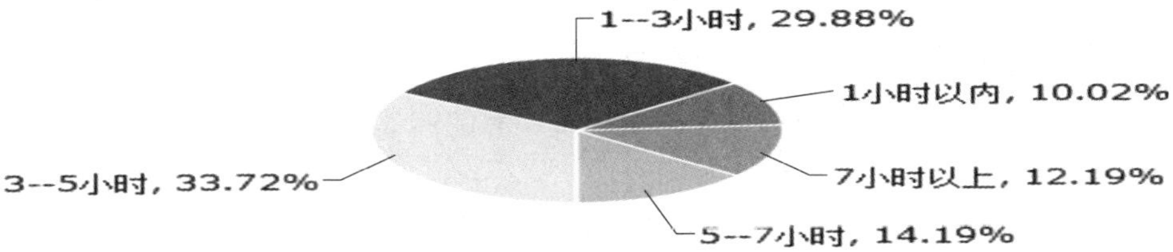

图 4　您平常一天上网的时间是多少？（单选题）

对大学生网络文化行为进行更深入的调查，结果显示（图 5），当代大学生上网的主要目的是观看电视剧、电影，比例高达 74.62%，这说明互联网首先是大学生进行影视文化欣赏活动的重要载体；大学生通过互联网浏览新闻的比例为 54.26%，这说明互联网已经成为当代大学生获得国内外形势与政策的重要渠道；此外，还分别有 40.57%、26.04%、18.36% 的大学生通过互联网来浏览一些娱乐节目、搞笑视频、明星八卦，有 25.88% 的大学生通过互联网在线阅读小说，这显示互联网在当代大学生的休闲、娱乐、消遣、阅读中发挥着重要的作用；值得注意的是，通过互联网进行淘宝类购物的大学生比例已经达到 33.06%，显示当代大学生始终站在流行与时尚消费的前沿，网上购物等消费方式已经成为当代大学生的重要选择，相信随着电子商务的风起云涌，当代大学生通过互联网购物的比例还会迅速扩大。

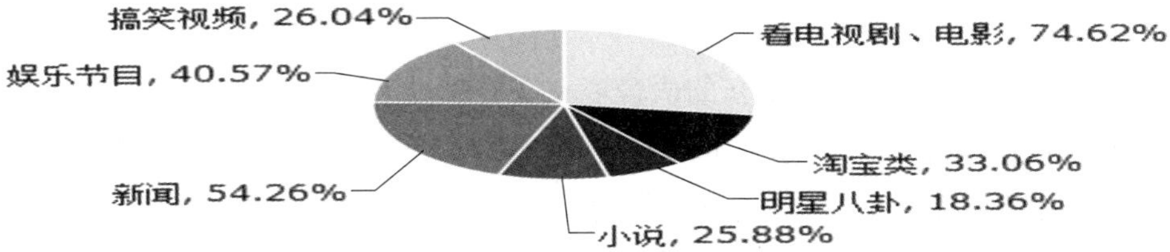

图 5　您平常上网的主要浏览对象是什么？（多选题）

互联网时代，电脑、手机成为大学生的日常装备，网络游戏也成为部分大学生网络文化生活的一部分。对一些大学生而言，玩游戏不仅是娱乐、消遣的重要方式，也是逃避现实、摆脱烦恼、消磨时间的“不二之选”。为此，课题组对大学生玩网络游戏的现状进行了专门的调查。调查显示（图 6），不喜欢玩游戏的同学仅为 23.21%。玩英雄联盟、穿越火线、QQ 及其他休闲类游戏的占据大半，分别高达 58.76%、34.22% 和 41.07%；玩剑灵的有 9.85%，玩魔兽世界、争霸的有 9.85%，玩逆战的有 5.84%。这表明网络游戏已经占据了大多数同学的空闲时间。访谈中很多大学生反映，有的同学钻进网吧就一夜不出来；有的同学白天睡觉，晚上玩游戏到深夜，不仅影响到自身，也严重影响了其他同学的休息；有的同学因为玩网络游戏需要现金充值，借钱欠下了高额债务。由此可见，网络游戏已经广泛深入了大学生的日常文化生活，并且产生了巨大的负面影响，应引起高度重视。

选项	比例
英雄联盟	58.76%
剑灵	9.85%
穿越火线	34.22%
QQ 及其他休闲游戏	41.07%
魔兽世界、争霸	9.85%
御龙在天	1.17%
逆战	5.84%
不喜欢玩游戏	23.21%

图 6　您或您身边的同学都喜欢玩什么游戏？（多选题）

互联网时代，还催生了新的语言现象。调查显示（图 7），有 93.16% 大学生使用过网络流行语，这说明网络流行语在大学生中有着极高的使用率。关于网络流行语对大学生的影响，有研究显示：66.2% 的同学认为有一定的影响，14.73% 的同学认为影响。有些网络流行语渗透着低级趣味，对大学生有着消极的影响，需要引起注意。

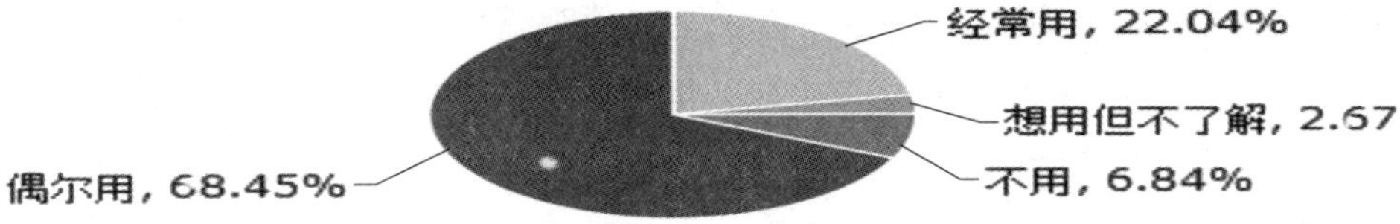

图 7　网络聊天、论坛留言以及日常生活中你用流行语吗？（单选题）

随着流行文化在大学生群体中的传播，大学生的消费观念也产生了变化。以过生日为例，调查显示（图 8），过生日时请客三次以上的高达 53.26%，有过两次请客的占 26.21%，有过一次请客的占 14.02%，没有请过客的同学仅占 6.51%，也就是说，绝大多数大学生在过生日的时候都有过请客现象。访谈显示，请客的方式主要有吃饭、唱歌、去网吧通宵、生日购物等，显示大学生的消费观念也发生了改变。

选项	比例
有过一次	14.02%
有过两次	26.21%
有过三次及以上	53.26%
没有过	6.51%

图 8　您或您身边的同学过生日请客现象多吗？（单选题）

流行文化在不同时期有不同的表现形式，内涵也随着时代的变化而变化。流行文化中蕴含着人们的价值观念，流行文化的积极方面和消极方面都在一定程度上影响着当代大学生的价值选择。上述调查结果，也从不同角度显示出，作为价值观的外在表现，当代大学生的消费方式、生活方式和娱乐方式都已受到了流行文化的广泛影响。

三、当代大学生核心价值观生成的文化基础的优化

核心价值观转化为青年学生的价值信念，需要经过长期培育。在当下的文化背景下，推进大学生核心价值观培育工作，需要正视多元文化带来的影响，

采取科学的对策。要优化当代大学生核心价值观培育的文化路径，弘扬社会主义主流文化，传承中华民族优秀文化，批判地借鉴西方文化，合理利用流行文化，引领当代大学生树立与社会主义核心价值观相衔接、大学生自身所需要的价值观。

（一）弘扬主流文化，引领大学生核心价值观教育的方向

当代中国主流文化以马克思主义为指导，以社会主义核心价值体系为灵魂，以社会主义先进文化为主要形态。引领和培育当代大学生核心价值观，要充分发挥当代中国主流文化的主导优势。

首先，坚持马克思主义指导地位不动摇。马克思主义是党的指导思想，是合乎理论逻辑、历史逻辑并被实践证明了的科学理论，是社会主义核心价值体系的灵魂，是辨识各种社会思潮的世界观和方法论。为了引领当代大学生认清各种社会思潮的本质，必须始终坚持马克思主义在文化领域的指导地位，以马克思主义指导当代中国特色社会主义文化建设，以马克思主义的科学理论武装青年学生。缺少了马克思主义的灵魂，社会文化环境就会变得混乱而得不到正常健康的发展；缺少了马克思主义科学世界观和方法论，大学生面对纷繁芜杂、良莠不齐的社会思潮，就有可能迷失方向。与时俱进、因地制宜是马克思主义最为宝贵的思维品质，马克思主义与中国实际相结合，与时代相结合，先后形成了毛泽东思想、邓小平理论、三个代表重要思想、科学发展观、习近平新时代中国特色社会主义思想。在当代中国，坚持以习近平新时代中国特色社会主义思想教育指导文化建设，教育、引导大学生，就是坚持了马克思主义的指导地位。

其次，建设社会主义核心价值体系，培育社会主义核心价值观。在新时代的中国，社会主义意识形态建设的重点与关键是建设社会主义核心价值体系，凸显社会主义文化的本质和灵魂。维护国家意识形态安全，就要以社会主义价值体系引导当代大学生正确认识和把握各种社会思潮，形成正确的价值观念。高校社会主义核心价值体系建设的任务，就是要以马克思主义价值观匡正各种社会思潮内涵着的多样化的价值观，引领当代大学生认同社会主义核心价值观，将之内化于心、外化于行。同时，还要保持社会主义核心价值体系的开放性。中华民族的传统精神、党的优良传统、马克思主义在中国的创新发展、世界文明史上的优秀成果都为社会主义核心价值体系增添了丰富的内涵，促进了

它的发展和成熟。社会主义核心价值体系的开放性赋予其包容性，决定了它能够引领而不是简单地排斥各种社会思潮。

最后，弘扬社会主义先进文化。社会主义先进文化是当代中国的主流文化，具有深厚的渊源和丰富的内涵、鲜明的特征。从历史渊源看，社会主义先进文化植根于中华优秀传统文化，形成于中国共产党领导中国革命的历史时期，发展于建设中国特色社会主义的伟大实践。从内涵、特征看，社会主义先进文化是以马克思主义为指导，以社会主义核心价值观为灵魂，面向现代化、面向世界、面向未来的文化，是民族的、科学的、大众的文化，是一种崭新的文化。在当代中国，弘扬主流文化，其实就是要弘扬社会主义先进文化。正如习近平指出："要弘扬社会主义先进文化，深化文化体制改革，推动社会主义文化大发展大繁荣，增强全民族文化创造活力，推动文化事业全面繁荣、文化产业快速发展，不断丰富人民精神世界、增强人民精神力量，不断增强文化整体实力和竞争力，朝着建设社会主义文化强国的目标不断前进。""我们要始终加强文化建设，满足人民群众不断增长的精神文化需求，推动实现社会主义文化大发展大繁荣。"在新的时代背景下，要坚持以习近平新时代中国特色社会主义思想为指导，净化社会文化空间，培育健康文化环境，引导青年学生认同与践行社会主义核心价值观，增强中国特色社会主义文化自信。

（二）传承中华优秀传统文化，丰富大学生核心价值观教育的营养

中华优秀传统文化是中华民族数千年来积淀下来的伦理道德、文化思想、精神观念形态的总体，是中华民族的根和魂，是中国历史进步的源泉和动力。中华优秀传统文化蕴含的中国传统社会核心价值观，是当代中国特色社会主义核心价值观的民族文化之源。传承中华优秀传统文化，是滋养社会主义核心价值观的重要途径。正如习近平指出："中华文化延续着我们国家和民族的精神血脉，既需要薪火相传、代代守护，也需要与时俱进、推陈出新。要加强对中华优秀传统文化的挖掘和阐发，使中华民族最基本的文化基因同当代中国文化相适应、同现代社会相协调，把跨越时空、超越国界、富有永恒魅力、具有当代价值的文化精神弘扬起来，激活其内在的强大生命力，让中华文化同各国人民创造的多彩文化一道，为人类提提供正确精神指引。"对大学生价值观教育而言，如果说马克思主义理论是指导思想，社会主义核心价值观是主体内容，那么，中华优秀传统文化就是滋养大学生价值观的"营养液"。引领当代大学

生认同与践行社会主义核心价值观，就要积极探索弘扬中华优秀传统文化的方式与方法，增强中华优秀传统文化在当代大学生中的吸引力和影响力。

当代大学生价值观的培育离不开中国优秀传统文化的滋养。高校是传承和弘扬中华优秀传统文化的主阵地，课堂是大学生价值观教育的主渠道。要积极利用课堂向大学生系统传授中华优秀传统文化，引导大学生在学习中华优秀传统文化的过程中，深刻理解中华优秀传统文化、中国传统社会核心价值观与社会主义先进文化、社会主义核心价值观之间一脉相承的内在联系，深刻认识社会主义核心价值观的民族文化渊源，进而自觉地认同社会主义核心价值观。校园环境、校园媒体和校园文化活动是传播中华优秀传统文化在的重要载体，加强中华优秀传统文化的感染力是高校校园文化建设的重要任务。要通过电台广播、校报等定期播送中华优秀传统文化知识；通过设立大学生传统文化社团来培养大学生对中华优秀传统文化的浓厚兴趣；通过开展传统文化讲座，举行成语大赛、象棋大赛、演讲比赛、古诗大赛等各种以传统文化为题材的比赛，切实增强中华优秀传统文化在大学校园的影响力；更加广泛地借助微信、微博等新媒体平台传播中华优秀传统文化，让更多地大学生增深对传统文化的理解。只有植根于中华优秀传统文化的沃土，大学生价值观教育才具有坚实的文化根基，大学生所形成的价值观才真正具有民族性、体现中国特色。

（三）批判借鉴西方文化，开阔大学生核心价值观教育的视野

培养面向现代化、面向世界、面向未来的新时代大学生，需要以开放的胸襟审视当代世界各国的文化与价值观，认清其糟粕，借鉴其长处。当代大学生成长在开放的年代，其价值观形成过程中，不可避免地受到来自于国外的一些文化思潮及其所蕴含的价值观念的影响。尤其是盛行于当代西方主要资本主义国家的以资本主义核心价值观为本质的当代西方文化，更是在当代中国大学生价值观的形成过程中产生了复杂的影响。一方面，西方文化让大学生接触到了迥异于中华传统文化和马克思主义的思维方式，有利于开阔青年学生的视野、培养青年学生的创新精神；另一方面，西方文化中的个人主义、利己主义等价值观念，也误导了一部分当代中国大学生，使其价值观念、认知方式和行为方式出现了偏颇。要纠正这些偏颇，就要对当代大学生加强教育与引导，使其能够做到以马克思主义的科学世界观与方法论辩证地审视、对待西方文化。对于西方文化中正确的、科学的、契合中国实际情况的内容，要积极的借鉴、吸

收，合理的利用；对于其中错误的、荒谬的、背离人类“自由而全面发展”的目标、不适合中国历史与国情的内容，要辨析、批判、剔除，避免其对大学生的误导。

以马克思主义的世界观与方法论对待西方文化，就要坚持尊重差异、包容多样的基本原则。每一种社会思潮的出现，总有其特定的历史背景与现实缘由，西方社会思潮所主张的，在其特定的时空背景下，也并非一无是处。比如福利主义、市场经济、生态文明等思想，就有一定的合理性，是可以辩证地学习与借鉴的。以非此即彼的思维，简单地拒绝来自于西方的各种社会思潮，“一刀切”地切割其蕴含的所有价值理念，既不符合辩证法，也失去了学习借鉴各种社会思潮蕴藏的积极因素的机会。其结果，表面上看可能是主流意识形态占据了主导地位，但也使主流意识形态陷于僵化，无法得到及时的、必要的丰富与创新，从而失去对人们的吸引力，弱化了对人们思想意识的影响。因此，中国共产党对思想文化建设的历史经验进行总结后认为，在用社会主义核心价值体系引领社会思潮的过程中，既要尊重各种社会思潮的差别、包容多样化的价值观念，又要有力抵制各种错误思潮和腐朽价值观念的影响，这标志着中国共产党领导和管理思想文化建设的水平达到了一个新的境界。中国共产党对各种社会思潮的基本态度，也应当成为当代中国大学生价值观教育的基本原则。

当然，当代中国大学生核心价值观的养成必须以中国文化为基础为中心，对待西方文化不能盲目移植。不同的文化有不同的生存空间与土壤，西方的文化并不一定都能适应中国的文化土壤。对于错误思想一定要旗帜鲜明、坚决反对。以尊重差异与包容多样的原则对西方文化，不是无原则、无界限的。尊重不是无底线的示弱、畏惧，包容不是无原则的包庇、纵容，对于各种反马克思主义的社会思潮，企图颠覆中国共产党的领导和社会主义制度、直接威胁我国意识形态安全的西方文化思潮，必须旗帜鲜明地反对、理直气壮地斗争，绝不能视而不见其荒谬，任其动摇主流意识形态，贻害青年学生。对于那些不符合我国主流价值观的思想观念，譬如唯利是图、荣辱不分的腐朽思想等，要从根本上进行批判。尤其是在事关政治方向和根本原则的问题上，一定要旗帜鲜明，理直气壮，毫不含糊。当然，对错误社会思潮、消极价值观念的批评、批判，一定要以辩论、说理的方式进行，切不可居高临下，简单地依靠行政权力或宣传机器。

（四）合理运用流行文化，拓展大学生核心价值观教育的渠道

追逐时尚和潮流是大学生的共同特点，在新兴媒体越来越便捷地传播信息的时代，各种文化现象层出不穷，且一经出现就会以极快的速度扩张，对青年学生形成巨大的冲击力。流行文化的这种冲击力有利也有弊，在大学生价值观教育中，要合理运用、趋利避害。

首先，要高度重视流行文化对大学生价值观的影响，在学校价值观教育中引导大学生正确认识和对待流行文化。“学校价值观教育是学校德育工作的中心环节，是整个价值观培育体系的主体部分，也是价值观教育能否取得实效的关键部分。”[①]流行文化的源头虽然在社会层面，但其影响却深深地波及在校学生，因此，如何引导在校学生正确对待流行文化，就成了学校价值观教育的重要内容。把流行文化纳入大学生价值观教育的视野，要求在内容上，创新高校思想政治理论课教学体系，把流行文化纳入思想政治理论课教学视野；在此基础上，要创新高校通识课程，开设流行文化选修课，以专题教学的形式引导大学生学会对流行文化的欣赏与甄别，形成良好的流行文化洞察力。在方法上，高校可以把关于流行文化的探讨纳入演讲比赛、座谈会、展览会等校园文化活动，吸引大学生参与，切实发挥流行文化的育人效应，让流行文化成为大学生价值观培育的生动载体。

其次，建设文化育人基地，促进流行文化与区域文化的融合。把流行文化的发展纳入区域文化建设的范畴，是发挥流行文化正面引领价值的重要途径，也是提升区域文化影响力的重要手段。一方面，流行文化的区域化发展，可以使流行文化赢得广泛的支持，为流行文化注入创新的动力和活力，彰显流行文化旺盛的生命力。另一方面，区域特色文化搭载流行文化的平台，可以创新区域特色文化的表现形式，提升区域特色文化对青年学生的吸引力，增强区域特色文化的育人效果。不同地区的区域文化各有特色，但大都有鲜明的育人功能。以大学生的视角，将区域特色文化和流行文化相结合，赋之现代化的内涵，融入高校校园文化，将更受大学生欢迎。比如，山东省临沂市是著名的革命老区，这里既有以沂蒙精神为内核的沂蒙红色文化，又有深受儒家熏陶的以书圣王羲之、智圣诸葛亮、孝圣王祥、算圣刘洪等为代表的沂蒙历史文化，还有改革开放以来形成的以开拓奋进、艰苦创业、无私奉献为精神特质的沂蒙商

---

① 李纪岩．当代大学生社会主义核心价值观培育研究．山东人民出版社，2013: 121．

业文化，从而形成了具有丰富育人价值的沂蒙区域特色文化。近年来，地处沂蒙老区的临沂大学把沂蒙红色文化与流行文化相结合，协同临沂市创作了电影《沂蒙六姐妹》、电视剧《沂蒙》、话剧《沂蒙情深》、舞剧《沂蒙印象》和大型民族交响乐《沂蒙畅想》等文艺作品，用流行的、时尚的方法展现区域文化，受到青年学生的广泛欢迎，产生了震撼人心的教育效果。受此启示，高校应积极把区域优秀文化与流行文化相结合，把区域特色文化做成青年学生喜闻乐见的流行文化，增强大学生价值观教育的感染力。

总之，推进大学生价值观教育，决不能忽视流行文化的影响。高校应综合考虑流行文化对大学生价值观的影响，充分运用流行文化的表现形式，坚持正确的文化引领，使流行文化符合社会主旋律的发展方向，为大学生价值观教育营造健康向上的文化氛围。

第十章　引领与培育当代大学生核心价值观的个案剖析

——基于沂蒙精神育人的大学生价值观教育研究与实践

近年来，以社会主义核心价值观引领与培育当代大学生一直是学术界研究的热点，但相关研究大多是理论层面的。这项工作在实践中究竟怎样落到实处、取得实效？为了探寻可资借鉴的实践路径，课题组把研究的视角从一般意义上的社会主义核心价值观转移到与其精神实质内在相通的“沂蒙精神”上，期望通过对基于“沂蒙精神”育人的“大学生价值观教育”个案的剖析，探索具有普遍意义的“以社会主义核心价值观引领与培育当代大学生”的路径、方法与机制。

沂蒙精神是源于沂蒙、润泽齐鲁的山东精神，是中华民族精神的区域体现，其本质、内涵与社会主义核心价值观高度一致。沂蒙精神来源于沂蒙党政军民“水乳交融、生死与共”的实践，具有天然的感染力和润物无声的育人效果。2013 年 11 月，习近平总书记在山东考察时指出：“沂蒙精神与延安精神、井冈山精神、西柏坡精神一样，是党和国家的宝贵精神财富，要不断结合新的时代条件发扬光大”。[①] 深入挖掘沂蒙精神的育人价值，探索沂蒙精神融入大学生价值观教育的路径、方法与机制，具有重要的理论意义和实践意义。近年来，课题组依托临沂大学地处沂蒙革命老区的地理优势，以习近平总书记沂蒙精神重要讲话为指导，紧紧围绕“以社会主义核心价值观引领与培育当代大学生”这一主题，积极推进理论研究与实践探索，取得了丰硕成果。

---

① 新华社济南 11 月 28 日电 . 习近平在山东考察时强调，认真贯彻党的十八届三中全会精神 汇聚起全面深化改革的强大正能量 . 人民日报 .2013-11-29.

一、沂蒙精神：引领与培育当代大学生核心价值观的特色资源

沂蒙精神是中华民族精神的传承和发展，是中华民族精神在沂蒙革命老区的发扬广大。作为融合着历史与现实、传统与现代、革命与建设、改革与开放的区域特色精神，沂蒙精神以其生动的案例和丰富的内容演绎着社会主义核心价值观，显示出特殊的重要性，成为了激励人民不忘初心、砥砺前行的强大精神动力。

（一）沂蒙精神的内涵体系

沂蒙精神的内涵，是沂蒙人民从革命年代到和平时期再到改革开放的新时代，通过实践——认识——再实践——再认识的循环往复过程，不断丰富和发展的。在沂蒙党政军民长期实践的基础上，关于“沂蒙精神”的理论探讨于20世纪80年代末引起人们的关注。“沂蒙精神”的概念，最早出现于1989年12月12日《临沂大众》刊发的《发挥老区优势，弘扬沂蒙精神》一文。“沂蒙精神”内涵的最早出现在1990年，时任山东省委书记姜春云同志在视察临沂时要求全省兴起弘扬“立场坚定、爱党爱军、艰苦创业、无私奉献”的沂蒙精神的高潮。“沂蒙精神”首次引起国家领导人的关注是在1992年，时任中共中央总书记、国家主席江泽民同志视察临沂时写下了“弘扬沂蒙精神，振兴临沂经济”的题词。后来人们普遍引用与宣传的“爱党爱军、开拓奋进、艰苦创业、无私奉献”的“沂蒙精神”的内涵表述出现在1997年，当时在纪念江泽民同志沂蒙精神题词五周年研讨会上，各界对“沂蒙精神”的内涵达成了这一共识。此后，不仅社会各界大力弘扬沂蒙精神，其他党和国家领导人到山东视察时，也高度肯定沂蒙精神的历史地位和时代价值。胡锦涛同志认为：“在长期的革命斗争中，临沂人民为中国革命事业的胜利创立了光辉的业绩，做出了巨大贡献。解放后，临沂人民为改变贫穷落后面貌进行了不懈的努力。改革开放以来，把发扬革命传统同弘扬时代精神结合起来，形成了具有时代特征的沂蒙精神。”李长春同志强调：“沂蒙精神是伟大民族精神在革命战争时期的展现和升华，也是中国共产党领导全国各族人民在革命战争时期创造的光辉精神财富，与井冈山精神、长征精神、延安精神、西柏坡精神一样，都是我们的宝贵精神财富。”[①] 历届山东省委主要领导同志也都充分肯定沂蒙党政军民的历史贡

---

① 中共山东省委宣传部．永恒——沂蒙精神与群众路线．山东人民出版社，2013:127-128.

献，认为沂蒙精神是山东精神的核心，在新的历史时期应当大力弘扬。

综上所述，经过长期的实践和探讨，沂蒙精神的内涵在20世纪90年代后期被凝练为“爱党爱军、开拓奋进、艰苦创业、无私奉献”。当时的这一表述，突出了沂蒙人民的崇高精神，重在体现人民群众的主体地位。在这一表述中，“爱党爱军”表达了沂蒙人民对党和人民军队的赤胆忠心，展示了沂蒙人民的家国情怀；“开拓奋进”概括了沂蒙人民敢为人先、锐意进取、知难而上的思想境界和胆识气魄；“艰苦创业”体现了沂蒙人民在不同时代面对任何艰难险阻时，都能从自身做起、从身边的小事做起、众志成城、不畏艰险的坚强意志和精神风貌；“无私奉献”串起了沂蒙人民不计较个人得失、舍小家顾大家、公私分明、敢于牺牲、勇于奉献的价值取向。在上述认识的基础上，2013年11月习近平总书记对于沂蒙精神的新论述，为我们更加深入地把握沂蒙精神的内涵体系提供了重要的启示。习近平总书记深刻指出，军民“水乳交融、生死与共”铸就了沂蒙精神。这启示我们，沂蒙精神的主体是“军”与“民”，“军”从狭义上讲是指战斗在沂蒙地区的部队官兵，广义上讲是指中国共产党及其领导的政府和军队；“民”从狭义上讲是沂蒙人民，广义上讲是指所有支持中国共产党及其领导的政府和军队的人民群众。近年来，这一观点得到越来多的学者的认可，这在《论沂蒙精神创造主体的双重向度》《党性与人民性：沂蒙精神创造主体的双重维度》《沂蒙精神：党性和人民性高度统一的生动体现》等论文中都有所体现。在双重主体思维中，党政军和人民群众的精神风貌虽然各具特色，但又和谐统一。其中，党政军这个主体表现出“胸怀群众、引领群众、爱护群众、奉献群众”的“大仁”，人民群众这个主体则表现出“爱党爱军、开拓奋进、艰苦创业、无私奉献”的“大义”。前者其实是中国传统社会治理理念与马克思主义政党理念的深度融合，是“仁政”的升华；后者其实是中国传统社会主义核心价值观与马克思主义价值观的深度融会，是“义理”的升华。除了“大仁大义”，沂蒙党政军民在战争年代“不畏艰难、勇往直前”，在和平时期“艰苦创业、开拓进取”，这其实是一种“奋发有为”的精神。这种“奋发有为”精神深刻体现了齐鲁文化的文化精髓，是中华民族精神在齐鲁大地的展现。在这个意义上，沂蒙精神的内涵体系可以简约地概括为“大仁大义、奋发有为”。“大仁大义、奋发有为”的概括微言大义，体现了中国传统文化与马克思主义的深度融合，是历史悠久、内涵丰富的齐鲁文化在现当代的传承与发展，不仅与沂蒙精神的双重主体相匹配，能够完整概括沂蒙精神的双重意蕴，也可以充分展示新时期山东精神的精神内核。①

（二）沂蒙红色文化与沂蒙精神的价值意蕴

沂蒙精神是沂蒙党政军民共同培育形成的军民鱼水情深的革命精神。作为中华民族精神的继承和发展，作为齐鲁文化的精神内核，沂蒙精神代表着中华民族文化的主流，体现着中华民族的智慧和精神风貌，是弘扬民族精神、塑造民族性格和引领民族价值取向的巨大精神力量，是党和国家的宝贵精神财富。沂蒙精神内涵丰富、历久弥新，对于引领与培育社会主义核心价值观具有重要的价值。

沂蒙精神深刻体现了社会主义核心价值体系，是培育社会主义核心价值观的生动载体。从指导思想上看，沂蒙精神的形成和发展，始终离不开马克思主义理论和毛泽东思想的指导。早在上世纪20年代初，王尽美就在沂蒙山区传播马克思主义。20世纪40年代初，毛泽东做出了派兵到山东去、开辟沂蒙山革命根据地的指示。马克思主义的启蒙，毛泽东思想的引领，是沂蒙党政军民孕育、发展沂蒙精神的思想理论基础。从精神实质上看，沂蒙精神具有鲜明的政治特质，主要表现就是党对人民群众的无私热爱和人民群众对党的忠心耿耿、对党所领导的革命和建设事业的全心身投入。这是沂蒙党政军民崇高的政治信仰和血浓于水的感情的真实写照，是沂蒙精神的精髓。从文化基因看，沂蒙山区历史文化底蕴深厚，民风纯朴，人民朴实，骨子里流淌着以爱国主义为核心的民族精神。从价值取向上看，沂蒙精神既体现了党政军爱民为民的宗旨，又体现了人民群众爱党爱军的境界。从价值功能上看，沂蒙精神具有重要的导向功能、激励功能、凝聚功能和育人功能，有助于引导当代大学生树立和践行爱民为民、爱党爱军、爱岗敬业、开拓奋进、艰苦创业、无私奉献的价值理念。

二、以沂蒙精神育人：引领与培育大学生核心价值观的现实需要

如何提高大学生价值观教育的实效性，是高校思想政治教育领域的现实课题。充分发挥沂蒙精神的育人功能，把沂蒙精神融入大学生价值观教育，引领

---

① 李纪岩．沂蒙精神的内涵体系、生成基础与弘扬路径．临沂大学学报，2015(6)：13.

当代大学生认同与践行社会主义核心价值观，是落实中央精神、应对现实挑战的需要，也是弘扬沂蒙精神的需要。

（一）推动社会主义核心价值观融入高校人才培养全过程的需要

社会主义核心价值体系是兴国之魂。十六届六中全会首次明确提出要建设社会主义核心价值体系。十七大强调要切实把社会主义核心价值体系融入国民教育和精神文明建设的全过程。十七届四中全会提出要全面开展社会主义核心价值体系学习教育。十八大首次对社会主义核心价值观的内涵进行了三个层面的概括，倡导积极培育和践行社会主义核心价值观。由此可见，新世纪以来，在全社会深入推进社会主义核心价值体系建设、培育和践行社会主义核心价值观，已经成为党和国家的战略任务。高校是国民教育、精神文明建设和意识形态工作的主阵地，在新的时代背景下，深化教育教学改革，把社会主义核心价值体系融入到人才培养的全过程，引领当代大学生认同与践行社会主义核心价值观，已经成为高校重大而紧迫的任务。

（二）破解大学生社会主义核心价值观教育难题的需要

中国共产党向来重视大学生价值观教育。五四运动时期，早期共产党人就已经在大学生中开展传播马克思主义价值观的宣传与教育，这种价值观教育贯穿了整个新民主主义革命时期。新中国成立后，高校落实党的教育方针，在大学生中积极推进社会主义价值观教育，取得了显著成效。新世纪以来，面对全球范围内政治、经济形势的深刻变革，信息网络化和文化多元化的发展趋势，和我国经济体制、社会结构、利益格局、人们生活方式的深刻变化，大学生产生了一些迷茫和困惑，迫切需要以社会主义核心价值观来引领和矫正当代大学生的价值观。在新的时代背景下，如何把握当代大学生价值观念形成和发展的规律，确立科学的价值观培育目标，创新价值观培育的内容、思路和方法，建立价值观培育的长效机制，引领当代大学生认同并践行社会主义核心价值观，成为意识形态工作的热点、重点和难点。

为解决这些热点、重点、难点问题，新世纪以来，党和政府制订了一系列文件，出台了一系列措施，做出了巨大的努力。2004 年 10 月，中共中央、国务院发出了《关于进一步加强和改进大学生思想政治教育的意见》（中发 [2004]16 号）。此后，教育部等有关部委联合或分别发出教社政 [2004]13 号、教社政〔2004〕16号、教社政〔2004〕17号、中青联发[2005]3号、教社政〔2005〕5号、教社科[2008]5号、教思政〔2010〕11号、教思政[2012]1号等一系列文件，深入推进大学生思想政治教育。2016年12月，中央又召开了全国高校思想政治工作会议，习近平总书记在会上强调“把思想政治工作贯穿教育教学全过程，开创我国高等教育事业发展新局面”，会后中共中央、国务院印发了《关于加强和改进新形势下高校思想政治工作的意见》，进行了全面部署。高校思想政治工作的根本任务是立德树人，大学生思想政治教育的核心是社会主义价值观教育，加强和改进新形势下高校思想政治工作，深入推进大学生思想政治教育，关键在于引领当代大学生认同与践行社会主义核心价值观。在这样的背景下，深入贯彻落实党和国家的一系列战略部署，扎实推进有关工作，积极应对现实挑战，破解高校思想政治工作中尤其是大学生价值观教育中的热点、重点、难点问题，理应成为高校的自觉行动。

（三）充分发挥革命老区文化资源的育人功能与时代价值的需要

大学生价值观教育需要理论引导，更需要实践锻炼、文化滋养。早在2005年，中宣部、中央文明办、教育部、共青团中央就在联合发出的《关于进一步加强和改进大学生社会实践的意见》中提出，要积极开展“红色之旅”社会实践活动，组织大学生到革命根据地、改革开放的起源地和经济发展示范地去学习参观，同时，要充分发挥博物馆、纪念馆、展览馆、烈士陵园等爱国主义教育基地的教育作用。2017年，中共中央、国务院印发的《关于加强和改进新形势下高校思想政治工作的意见》又强调，要弘扬中华优秀传统文化和革命文化、社会主义先进文化，实施中华文化传承工程，加强革命文化和社会主义先进文化教育，利用我国改革发展的伟大成就、重大历史事件纪念活动、爱国主义教育基地、国家公祭仪式等组织开展主题教育。

依托区域优秀文化资源开展大学生社会实践，“以文化人、以文育人”，临沂大学具有独特的优势。临沂大学地处著名的革命老区沂蒙山区。在长期的革命和建设实践中，沂蒙党政军民“生死与共，水乳交融”，共同孕育了“大仁大义、奋发有为”的沂蒙精神。习近平总书记指出，沂蒙精神“是党和国家的宝贵精神财富，要不断结合新的时代条件发扬光大”。在长期的办学实践中，临沂大学一直注重立足本地文化资源，传承和弘扬“沂蒙精神”，形成了用沂蒙精神陶冶大学生的优良传统。早在20世纪80年代，临沂大学就组织编纂了《沂蒙革命斗争史》等著作，以此培育大学生。近年来，临沂大学协同临沂市，对沂蒙精神资源进行了深入挖掘，建立了沂蒙干部学院，建设了一批爱国教育基地和红色旅游景点，创作了电视连续剧《沂蒙》、电影《沂蒙六姐妹》、大型水上实景演出《蒙山沂水》等一大批红色文艺作品，为推进大学生价值观教育提供了难得的文化资源。如何进一步发挥中国共产党革命精神资源的育人功能与时代价值，提高大学生价值观教育的实效性，是高校思想政治工作的新课题。

三、以沂蒙精神引领与培育大学生核心价值观的基本思路

近年来，为了探索以社会主义核心价值观培育当代大学生的现实路径，课题组协同临沂大学进行了顶层设计，提出了沂蒙精神融入大学生价值观教育的指导思想、基本理念、研究思路与实践路径。

在指导思想上，着眼于社会主义核心价值观教育，依托沂蒙精神资源，借助沂蒙精神育人基地、沂蒙精神特色课程、沂蒙精神文化场馆、沂蒙精神系列文化活动、沂蒙精神文艺经典等载体，实施沂蒙精神育人工程，引导当代大学生自觉成为认同与践行社会主义核心价值观的社会主义事业合格建设者和可靠接班人。

在基本理念上，坚持“育人为本，德育为先，能力为重，全面发展”，统筹学校教育、家庭教育与社会教育，统筹大、中、小学教育，加强校地、校际联合，加大文化育人、实践育人、全员育人的力度，实现沂蒙精神资源共享、社会主义核心价值观教育协同创新。

在研究思路上，开展沂蒙精神与社会主义核心价值观的本体性（基本理论）研究；对沂蒙精神（沂蒙红色文化）资源的挖掘、整合、开发与运用进行系统性研究；对沂蒙精神融入社会主义核心价值观教育的途径、方法和机制进行探索性研究；对全方位覆盖、多渠道渗透、体验式践行的沂蒙精神教育模式进行总结性研究。

在实践路径上，纵向按年级逐步深化对大学生的沂蒙精神（价值观）教育，引领学生在认识、体验、实践的基础上最终形成沂蒙精神特质和社会主义核心价值观；横向按照“一三三一”的路径实施，这就是：围绕“一个中心”，即“依托沂蒙精神开展大学生价值观教育”；突出“三个结合”，即“坚持德育

与智育相结合、德育与体育相结合、德育与美育相结合”；抓住“三个环节”，即“课堂教学、校园文化活动、社会实践”；实施“一个工程”，即“沂蒙精神育人工程”。

四、以沂蒙精神引领与培育大学生核心价值观的理论探索

近年来，课题组成员先后立项了国家社科基金课题《红色文化与社会主义核心价值体系建设》、教育部人文社会科学一般项目《引领与培育——当代大学生核心价值观生成的基础问题研究》、山东省社科规划课题《沂蒙精神与社会主义核心价值体系建设》等相关课题，对沂蒙精神的内涵、外延、价值、功能进行了深入研究，形成了科学的认识，提出了依托红色文化和红色精神（沂蒙红色文化和沂蒙精神）推进大学生社会主义核心价值观教育的思路、方法与路径，为以沂蒙精神引领与培育大学生核心价值观的提供了重要的理论基础。

（一）红色文化与红色精神是社会主义先进文化的重要体现

相关研究认为，沂蒙精神是红色精神的区域表现形态，其外在文化形态沂蒙红色文化是红色文化的区域表现形态。红色文化是社会主义先进文化的重要组成部分，是推进社会主义核心价值体系建设的宝贵文化资源。作为中国共产党领导革命和建设过程中形成的崇高文化形态，红色文化是马克思主义中国化的重要成果，也是“民族的科学的大众的”文化。红色文化经历了新民主主义革命、社会主义革命与建设、改革开放等历史时期，形成了丰富的“红色文化资源”。红色文化的精神内核是红色精神。新民主主义革命时期，红色精神体现为井冈山精神、延安精神、西柏坡精神、沂蒙精神等区域特色革命精神。随着中国共产党由革命党向执政党的转变，红色精神在革命精神、民族精神的基础上增加了时代精神的内涵。红色精神是中国共产党领导全国人民进行革命和建设所累积的精神财富的结晶，体现了民族精神的一般特性，同时也是时代精神的精华，具有先进性、时代性、包容性和独特性的基本特征，是当代中国的民族精神和时代精神。

（二）红色文化与红色精神是社会主义核心价值体系的精神支柱

相关研究认为，红色文化与红色精神见证了中国革命和建设的光辉历程，

证明了马克思主义理论的科学性、中国共产党的伟大性和社会主义道路的必然性。红色文化与红色精神渗透着对马克思主义的坚持、对民族精神的继承、对时代精神的塑造、对共产主义理想的追求和对社会主义荣辱观的践行，是社会主义核心价值体系的精神支柱。红色文化与红色精神资源内容丰富，案例生动，感染力强，在开展价值观教育方面有很强的说服力和感化力，是增强社会主义意识形态影响力、凝聚力、吸引力的有效武器。红色文化与红色精神资源遍布民间，易于开发，具有广泛的群众性和针对性，为社会主义核心价值体系建设提供了重要的文化基础、文化资源和文化素材。努力挖掘红色文化与红色精神资源，发挥红色文化与红色精神的育人价值，是培育和践行社会主义核心价值观的内在需要。

（三）沂蒙红色文化与沂蒙精神是中国红色文化和红色精神的区域体现，具有丰富的价值意蕴与重要的育人功能

相关研究认为，沂蒙红色文化与沂蒙精神是在中国共产党领导下、在马克思主义指导下、在沂蒙党政军民的革命和建设实践中逐步形成的区域特色文化和特色精神，是中国红色文化和红色精神的区域体现，具有丰富的价值意蕴与重要的育人功能，在推进区域高校大学生价值观教育中具有重要的价值。沂蒙红色文化与沂蒙精神所蕴涵的“大仁大义、奋发有为”的精神，是民族精神和时代精神的鲜明体现，是开展社会主义荣辱观教育的生动教材。沂蒙红色文化与沂蒙精神具有强大的感召力，可以激励当代大学生向沂蒙党政军民看齐，在内心认同的基础上逐步形成立场坚定、方向明确、不忘初心的政治信念，改革创新、奋发有为、敢为人先的思想意识，自力更生、艰苦奋斗、不屈不挠的精神风貌，顾全大局、公而忘私、乐于奉献的价值取向。大力弘扬沂蒙精神，深入挖掘、充分发挥沂蒙红色文化的育人功能，有利于引领当代大学生认知、认同与践行社会主义核心价值观。

（四）把沂蒙红色文化与沂蒙精神融入大学生社会主义核心价值观教育是一项系统工程

相关研究认为，把沂蒙精神融入大学生价值观教育是一项复杂的系统工程，须按系统工程的思维制定科学的思路、方法和路径。一是要在理论上深入挖掘沂蒙精神的育人价值。要找准沂蒙精神与社会主义核心价值观的契合点，

构建系统的沂蒙精神育人内容体系，为大学生价值观教育提供生动载体。二是要对沂蒙红色文化资源进行整合、开发和运用，建设富有感染力的实践教育基地，实现沂蒙红色文化资源的共建、共享。三是要运用现代多媒体技术，实现红色文化的多途径传播，不断把沂蒙红色文化资源转化为时代性教育资源。四是要坚持政府倡导、学校主导、家长辅导、社会疏导“四位一体”教育体制，协同政府、学校、家庭、社会，建立全方位覆盖、多渠道渗透、情与理交融的沂蒙精神教育模式。五是要贴近实际、贴近生活，以实践育人为基本教育导向，以亲身体验教育为基本途径，精心设计，注重实效，组织开展内容丰富、形式多样、吸引力强的实践活动。

五、以沂蒙精神引领与培育大学生核心价值观的实践运行

以理论研究为先导，临沂大学把沂蒙精神育人融入学校人才培养方案。具体实施中，临沂大学以课堂教学为核心，统筹课堂教学、校园文化活动与社会实践三个环节。注重校园文化活动、社会实践对课堂教学的支持，实现了沂蒙精神教育的全面渗透。

（一）以课堂为核心，沂蒙精神融入教学全过程

课堂是大学生价值观教育的主要阵地。以沂蒙精神育人，课堂教学尤为关键。在高校课堂教学中，思想政治理论课、人文社会科学课和专业课各有侧重，相互贯通。为全面发挥三类课程在大学生价值观教育中的重要作用，临沂大学不仅在课堂教学中全面推进基于沂蒙精神育人的社会主义核心价值观教育，还对学校人才培养方案进行了改革，实现了全程育人、全员育人、全方位育人。

在思想政治理论课教学中着重做了三个方面的工作：首先，着眼于大学生价值观教育，围绕沂蒙精神育人这一主线，构建了一套课程设置合理、教学内容互补、教学题材稳定的课程体系。除了在国家规定的四门思想政治理论课中渗透沂蒙精神，临沂大学还研编了《沂蒙红色文化与沂蒙精神》教材，开设了同名校本思想政治理论课，展开基础性、系统性、专题性的教育。教材和课程引导学生通过对沂蒙精神的学习、思考、理解和领悟，树立社会主义核心价值观，成为临沂大学最有特色、深受学生欢迎的通识课程之一。第二，坚持实

践锻炼与情感体验相结合。要求教师努力预见大学生在现实生活中可能遇到价值冲突的选择困境，并尽可能结合困境课堂设置实践情境，以与沂蒙精神相关的典型案例启迪学生，锻炼他们的价值选择和行为实践能力。同时，要求教师引导大学生对沂蒙精神所蕴含的崇高价值理念产生情感认同和共鸣，建立起当代大学生和沂蒙精神之间的情感联系。第三，促进理论体系、课程体系、素质体系之间的转化和升华。临沂大学把沂蒙精神研究成果转化为思想政治理论课教材内容，并积极推进教材内容向课程内容的转化、课程内容向教学内容的转化、教学内容向大学生素质的转化，提升了学生的认知能力、实践能力，最终使沂蒙精神转化和升华为学生内在的价值认同、外在的价值实践。

在人文社会科学课教学中主要做了五个方面的工作。首先，在人文社会科学课程群中开设相关的选修课程，发挥沂蒙精神润物无声的力量，培育当代大学生的社会主义核心价值观。例如，在音乐类课程中开设红色艺术欣赏课，作为公选课面向全校本专科生开设，引领学生在艺术欣赏中陶冶情操，品味、体验沂蒙精神，领会、认同社会主义核心价值观；在历史类课程中，注重党史教育、国情教育、民族精神与时代精神教育；在文学类课程中，注重从中国现当代文学中突出红色文学及其崇高精神的育人功能。其次，提升教师对沂蒙精神的熟悉程度，提高教师的人文素养。学校组织全校教师到孟良崮战役纪念馆、沂蒙红嫂纪念馆等红色基地培训，接受沂蒙精神熏陶，提高沂蒙文化素养，掌握生动形象的教育案例，增强课堂授课的德育力量。第三，在沂蒙精神融入人文社会科学课的基础上，高度重视人文精神教育。临沂大学通过课堂教学，结合相关课程的讲授，融理于情、愚情入境，引导大学生形成健全的人格、健康的心理，正确对待人生的起伏跌宕，增进自身的自由和幸福。总之，临沂大学把沂蒙精神引入人文社会科学课，调整课程体系，促进文理交叉，拓宽人文素质教育渠道，引导大学生关注社会，关爱人生，学会做人，学会合作，塑造了高尚人格，提升了思想境界，实现了全面发展。

在专业课教学中，一是深入挖掘专业课教学内容中与沂蒙精神内在融通的价值观教育资源。比如，在物理专业教学中，临沂大学把“两弹一星精神”“载人航天精神”引入专业学习中，挖掘这些领域科学家们的杰出成就及其治学精神、成才道路、研究方法、价值观念等教育青年一代。二是结合各学科、各专业的特点推进价值观教育。例如，在体育专业教学中，把革命传统元素纳入课堂教学，创设了“沂蒙民工抬担架”“沂蒙姐妹抢丰收”等运动项目，使学生在体育运动中，通过战时情景模拟，深化对老区人民爱党爱军的感性认识。三是专业课教师通过讲授专业课的发展史，增强学生学习该课程的积极性，激励学生树立终生为真理而奋斗的进取精神；通过介绍学科历史人物、学科前沿动态，激发学生的责任担当，培养学生的独立思考能力与探索新知的精神，培养热爱科学的感情和实事求是的学风。四是结合专业实习、教学实践活动推进价值观教育。引导学生在教学实践中细致地观察、积极地思考、大胆地想象，培养敏锐的观察力、准确的判断力、丰富的想象力。五是以教师的人格感染学生。要求教师“德高为师，身正示范”，以自身的爱国、敬业、诚信、友善影响学生，引领学生在学到专业技能知识的同时，思想和人格都得到升华。

（二）拓展“第二课堂”，沂蒙精神融入校园文化活动

校园文化活动是思想政治教育的“第二课堂”，是大学生价值观教育的有效途径。开展校园文化活动，既需要优秀的软环境，更需要良好的硬环境。为充分发挥“第二课堂”的优势，拓宽大学生价值观教育的渠道，构建沂蒙精神育人的良好氛围，临沂大学以课题组研究成果为基础，开展了全方位的探索。

首先，充分利用沂蒙精神文化底蕴，规划设计了校风、校训、校标、校徽、校歌等校园精神标识系统。校风“实”体现了沂蒙人民朴实的民风、务实的精神和党的“实事求是”的思想路线、“理论联系实际”的优良学风，强调一切从实际出发，以求实精神、朴实理念、务实态度、踏实作风做人做事做学问。校训“明义、锐思、弘毅、致远”先后来源于临沂籍圣贤颜真卿、刘洪、曾子、诸葛亮之语或赞其之语，凝结了沂蒙传统文化的精华，涵盖了德育修养、学业探索、意志磨炼、理想追求等不同方面，具有鲜明的地域特征，体现了临沂大学对沂蒙优秀文化基因和沂蒙精神的传承。校训的字体采用书圣王羲之字体，将临沂五位圣人的精神融入校训，既传承沂蒙文化，又弘扬沂蒙精神。校标徽章设计图案凸显临沂地域地貌特色，昭示着临沂大学师生充分利用地域资源，创造性地传承人类文明，弘扬沂蒙精神、追求卓越的时代责任感。校歌突出“把红色的大学深情托举”“把红色的栋梁深情培育”的主题，曲意深邃，旋律高昂，渗透着厚重而崇高的沂蒙精神，给人以昂扬向上的力量。

其次，充分运用校园场馆和媒体等平台，全面推进沂蒙精神“进校园”。一是建设红色馆、图书馆和博物馆，把红色馆建成沂蒙精神教育的重要阵地，

把图书馆建成沂蒙精神资料中心，把博物馆建成沂蒙红色非物质文化遗产展馆。建设电影院、大剧院和音乐厅，定期播放红色影视作品，积极开展沂蒙精神影视周活动，编排大型红色风情歌舞“蒙山沂水”、大型红色交响史诗《沂蒙山小调》。三是在临沂大学学报、临沂大学报和校园网开辟专栏，推进沂蒙精神学术研究，报道沂蒙精神育人举措、育人成就、沂蒙红色经典故事、沂蒙先进历史人物和时代典型，建立大学生德育网站，建设网上沂蒙精神基地，以鲜活的沂蒙精神丰富校园网络教育内容。

再次，充分发挥沂蒙精神强大的震撼力、感染力与穿透力，全面推进沂蒙精神“进大学生头脑”。一是通过校园电台播放红色歌曲、典型事例、相关话题等，让学生在业余时间接受沂蒙精神耳濡目染的熏陶。二是成立以革命后代、社会名人、专业老师、志愿学生为成员的沂蒙精神宣讲团，“灌输”感人泪下的沂蒙精神及其彰显的时代价值。三是充分利用优秀红色影视作品，在新生入学教育中进行《沂蒙六姐妹》、《沂蒙》等红色影视精品赏析活动，用影视作品中的情景感召学生魂魄，净化学生心灵，陶冶学生情操。四是组织、指导学生骨干组建沂蒙精神社团，开展特色活动，通过社团活动凝聚并影响广大学生。五是拍摄红色电视理论片，编辑一系列沂蒙精神丛书，用沂蒙精神武装大学生、引导大学生、塑造大学生、鼓舞大学生。

最后，全心做实沂蒙精神系列活动，构建大学生体验平台。一是每学年聘请驻鲁部队“沂蒙旅”官兵做教官，带领新生进行两周较高强度的军事训练活动，培养学生综合素质，加深学生“爱党爱军”的特殊感情。二是每年开展一次革命传统歌曲歌咏比赛，加强革命传统教育，强化学生的红色记忆，增强学生的团队协作精神。三是每年举行一场革命传统运动会，将沂蒙精神元素融入到体育竞赛活动中。四是每年举行一场沂蒙精神演讲比赛，在学生思、学、讲、听中传承和弘扬沂蒙精神。五是每年举办一次沂蒙精神高端论坛，邀请全国知名专家学者研讨沂蒙精神的深刻内涵和重要的育人价值，不断完善沂蒙精神育人价值体系。六是每年开展一次沂蒙精神育人评先树优活动，对在沂蒙精神育人方面的先进集体、个人和相关作品进行表彰，凸显先进典型的引领作用和辐射带动作用。

（三）延伸课堂链条，沂蒙精神融入社会实践活动

教育部等七部门联合下发的《关于进一步加强高校实践育人工作的若干意

见》（教思政 [2012]1 号）明确提出："进一步加强高校实践育人工作，是全面落实党的教育方针，把社会主义核心价值体系贯穿于国民教育全过程，深入实施素质教育，大力提高高等教育质量的必然要求。"社会实践是大学生了解社会的桥梁，是提升大学生实践能力、培养大学生担当意识和社会责任感的重要途径。为此，临沂大学把社会实践与大学生价值观教育结合起来，把寒暑假集中社会实践与平时的实践教学结合起来，把社会实践与学生学术科研结合起来，增强社会实践的育人实效。学校跳出原有的庭院式、课堂式的大学生价值观教育模式，放开眼界，面向社会，大力推进协同创新，积极开展校政互动、校企联合、校校联动，让学生在社会实践中体验沂蒙精神、锤炼意志品质、培养创新精神、全面提高素质，让学生在调研活动中了解社会、了解国情、培养责任担当意识和忧国忧民意识。

首先，加强组织领导，组织师生全员参与以"下基地""下工厂""下农村（社区）"为主要内容的社会实践活动。学校成立"三下"实践活动领导小组，实践活动四级管理模式，纵向上学校、学工部（处）、学院及辅导员分层管理，横向上马克思主义学院协助相关部门开展相关工作，共同把大学生"下基地""下工厂""下农村（社区）"社会实践活动做深、做细、做实。

其次，完善人才培养方案，使学生在校期间全程参加社会实践活动，每人总时间不能少于一个月。学校修订人才培养方案，按年级逐步深化对学生的沂蒙精神教育，引领学生在认识、体验、实践的基础上最终形成沂蒙精神特质，模范践行社会主义核心价值观。一年级主要引导学生认识沂蒙精神，二年级主要引导学生体验沂蒙精神，三年级主要引导学生养成沂蒙精神特质，四年级主要引导学生成为自觉践行社会主义核心价值观的表率。

再次，抓好落实，扎实推进，让学生在社会实践中切实增强对沂蒙精神的认识，提升践行社会主义核心价值观的自觉性。"下基地"重在引导学生深入了解沂蒙精神和沂蒙红色历史。主要是组织大学生到沂蒙精神聚集区和山东省党性教育基地，通过图片展、影视材料和战争遗留品等场景和实物进行现场教学。"下农村"重在引导学生了解农民生活、农村现状和农业发展。主要是组织大学生到农村实地调研，了解农村的新气象、新变化、新发展，增进大学生同基层干部群众的感情，并针对存在的问题提出合理的建议和解决的措施。"下工厂"重在引导大学生了解工业、工人与城市发展。主要是组织大学生进入企业进行综合调研，熟悉企业状况；并开展专业实习、生产实践、技术研发、创新创业训练等实践活动，增强大学生的创新创业意识、专业实践技能和工作适应能力。

六、以沂蒙精神引领与培育大学生核心价值观的保障机制

以沂蒙精神引领与培育大学生核心价值观是一项庞大的系统工程。近年来，课题组协同临沂大学建立健全了组织、制度、物质和队伍等保障机制，保证了价值观教育的正常、有序进行。

（一）组织保障机制

大学生价值观教育既需要明确目标，合理地调配人员和各种资源；更需要效率优先、结构优化、管理科学、职责明确、关系协调、保障有力的稳定的组织结构。为此，临沂大学不是单纯依赖思想政治理论课教学部门和学生工作部门开展价值观教育，而是在思想与行动上进一步强化高校工作“育人为本，德育为先”的育人理念，坚持把沂蒙精神教育融入学校工作的各个方面，贯穿于教育教学的每环节，努力形成全员育人、全程育人、全方位育人的格局。

校党委从总体上把握沂蒙精神教育的根本方向，确定工作理念和工作目标，推动德智体美教育工作一体化进程。深入落实大德育思想，将沂蒙精神教育贯穿和渗透到学校教学、科研、管理、服务等各项工作中去，使德育课程与智育、体育、美育课程紧密结合，课内教育与课外教育紧密衔接，建立德育、智育、服务、管理一体化的工作机制。学校“沂蒙精神育人工程”领导小组作为校级层面的专门机构，统筹以“德育为本”的教育、管理与服务育人工作。其职能除了教学、管理、服务的职能之外，突出三项职能：一是调研、规划全校的德育工作，规范、协调学校各部门在德育工作中的职责；二是负责学校全体教师与管理人员、服务人员的经常性德育培训工作，不断强化全体教师与管理人员、服务人员的德育意识、德育素养、德育责任；三是负责对全体教师与管理人员、服务人员的日常德育实施情况进行监督与考核。学生工作系统与共青团系统侧重于在日常生活中的沂蒙精神教育；各院系专业课教师把沂蒙精神教育融入学生专业教学的各个环节，渗透到课堂、科研的各个方面；学校管理部门和服务部门在各自的岗位上通过自身的实践，通过贴心服务，以身示范；学校宣传部门通过校园舆论阵地弘扬沂蒙精神，推出校内外实践中出现的典

型，有针对性地解疑释惑，营造良好的舆论氛围。总之，这样的组织系统充分体现德智体美的统一，党委和行政的配合，以及教育、管理和服务的融合，有利于各要素的相互促进、彼此衔接、有效运行，为沂蒙精神融入大学生价值观教育提供了组织上的保障。

（二）制度保障机制

制度是系统内部诸要素发挥作用的基础。只有建立了科学合理的制度，系统内部诸要素之间的关系才能得到恰当的调整和处理，个别要素的行为才能符合系统运行的总体要求，系统整体上才能健康、有序地运行，达到协调、稳定、安宁、和谐的状态。为此，临沂大学紧紧抓住制度建设这个环节，不断完善大学生价值观教育的各项规章制度，为沂蒙精神育人提供强有力的制度保证。

该校在学校和院系两个层面的党政联席会制度中，明确有关领导与有关部门在沂蒙精神育人中的职责，使沂蒙精神融入大学生价值观教育的基本程序制度化、规范化。制定和完善弘扬沂蒙精神的各项常规性规章制度，使沂蒙精神育人过程有章可循。建立和完善了目标管理制度和评价考核办法，调动了学校全体人员参与沂蒙精神育人的积极性、主动性和创造性，形成了教学、管理、服务等岗位各负其责的全员育人新局面。学校先后出台了《沂蒙精神育人工程实施意见》《大学生“下基地”“下工厂”“下农村”实施方案》《沂蒙精神育人工程考核办法》等规章制度，建立了科学的评估、评价体系。

通过这些规章制度，为沂蒙精神教育提供了保障，有效调控了沂蒙精神教育系统各要素之间的关系，充分发挥了各要素的优势，提高了沂蒙精神教育的科学化、规范化和制度化水平。

（三）物质保障机制

“巧妇难为无米之炊”。为奠定沂蒙精神育人的物质基础，临沂大学主要做了三个方面的工作。

首先，配备必要的场所、设备和设施。在校内文化设施建设方面，建设了红色馆、博物馆、图书馆，呈现红色沂蒙光荣历史和临沂大学红色历史，展示沂蒙红色非物质文化遗产，收藏沂蒙红色文献；建设了音乐厅、大剧院、3D影院，上演红色文艺精品；在学报、校报、校内电视频道和数字广播开辟了沂蒙精神育人专栏，在校园布置了一批红色雕塑、沂蒙精神长廊等文化景点。

其次，为沂蒙精神育人提供了强大的政策扶持和充足的资金投入。学校把沂蒙精神教育所需要的经费开支列入年度预算，合理核定投入，保障必要的经费支持；设立专项奖励基金，用以奖励沂蒙精神教育中涌现出的先进集体、先进个人、先进事迹；还提供专项经费，保证大型宣传教育活动和社会实践活动的开展，为教师参加相关研讨会、交流会和培训会提供支持，助力沂蒙精神教育理论研究与实践调研。

最后，协同地方政府和企事业单位，共建共享社会实践基地、爱国主义教育基地、党员干部培训基地与素质拓展基地。近年来，学校专门组建了沂蒙干部学院，还建立了279个社会实践基地、38个爱国主义教育基地，不仅有力推动了本校师生的沂蒙精神教育，而且成为教育部“全国高校思想政治理论课骨干教师社会实践研修基地”，在全国高校师生社会主义价值观教育中发挥着重要作用。

（四）队伍保障机制

大学生价值观教育，教师队伍至关重要。近年来，临沂大学按照政治强、业务精、纪律严、作风正的要求，坚持专兼职结合的原则，建立了由思想政治理论课和哲学社会科学课教师、辅导员和班主任、党政干部和团干部、全体教职员工和校外兼职思想政治导师构成的沂蒙精神育人队伍。在大学生价值观教育中，这几支队伍目标一致，相互交融，相互促进，是统一的整体。

其中，思想政治理论课和哲学社会科学课教师是基础力量，担负着在课堂上开展大学生价值观教育的主要任务。辅导员、班主任队伍是中心环节，他们活跃在大学生日常教育管理第一线，是大学生日常价值观教育的主体。学校党政工团干部是价值观教育队伍主体之一，这支队伍由具备完整组织体系的党团组织作后盾，为大学生价值观教育提供了组织保证。全体教职员工是大学生价值观教育的重要力量，主要在专业课教学与日常生活中对大学生进行教育、引导和指导。校外兼职思想政治导师是大学生价值观教育队伍的重要补充，对于扩展学生视野、增强沂蒙精神育人的实际效果具有重要的促进作用。

近年来，临沂大学不断加强这五支队伍的建设，开创了沂蒙精神融入大学生价值观教育的新局面。尤其校外特聘教授制度的确立，为学校选聘社会各界理论骨干、优秀党政领导干部、先锋模范兼职开展大学生价值观教育工作提供了保障，取得了显著成效。

七、以沂蒙精神引领与培育大学生核心价值观的丰硕成果

近年来，课题组的理论研究和临沂大学的实践探索，推动了沂蒙精神在当代大学生中的传承与弘扬，构筑起大学生价值观教育的长效机制，有力推动了大学生对社会主义核心价值观的认同与践行。

（一）构筑起大学生社会主义核心价值观教育的长效机制

课题组的理论研究和临沂大学的实践探索，发掘出大学生价值观教育的新载体，开拓了大学生价值观教育的新路径，创建了大学生价值观教育的新模式，构筑起大学生价值观教育的长效机制。

首先，深入挖掘、充分运用沂蒙精神的育人价值，培育了大学生价值观教育新载体。课题组深入研究了沂蒙精神和社会主义核心价值观的内在联系，依托沂蒙精神和沂蒙红色文化资源，构建了大学生价值观教育内容体系，增强了大学生价值观教育的生动性和丰富性。

其次，对沂蒙精神和沂蒙红色文化资源进行综合开发和运用，拓宽了大学生价值观教育的路径。学校协同党政企事业单位，开发沂蒙精神和沂蒙红色文化产业，建设了遍布沂蒙的大学生（党政干部、高校教师）社会实践教育基地，实现了沂蒙精神的整体育人效益。

第三，整合政府、学校、家庭、社会等力量，建立起全方位覆盖、多渠道渗透、情与理交融的大学生价值观新模式。学校遵循政府倡导、学校主导、家长辅导、社会疏导的原则，以文化育人、实践育人为导向，以体验教育为途径，精心设计和开发了内容鲜活、形式新颖、吸引力强的各类社会实践活动，通过瞻仰、慰问、纪念、走访、座谈、演出等形式，广泛深入地开展沂蒙精神教育，探索出生动、丰富、有实效的大学生社会主义核心价值观教育新模式。

（二）推动了大学生对社会主义核心价值观的认同与践行

课题组的理论研究和临沂大学的实践探索，推动了大学生对社会主义核心价值观的认同与践行。数万学生在广泛深入的沂蒙精神教育中灵魂受到震撼，思想受到洗礼，一些与社会主义核心价值观高度契合的价值理念在润物无声中

入耳、入脑、入心。课堂上、校园中、“下基地、下农村、下工厂”路上，一件件史料、一张张图片、一幕幕场景，都会给大学生带来心灵的震撼与冲击。

沂蒙人民“最后一粒米做军粮，最后一块布做军装，最后一个儿子送战场”的价值观融入大学生内心深处，成为他们高度认同并自觉践行的价值准则。有同学认为：“这样的实践活动生动真实地展现了沂蒙精神诞生的光辉历程，开拓了我们的视野，磨练了我们的意志，让我们从革命先烈的伟大精神中深切体会到沂蒙精神的内涵，找到了前进的方向。实践活动虽然已经画上了句号，但是带来的灵魂上的震撼将激励我们胸怀民族复兴的梦想，努力担当起时代所赋予的重任，以实际行动继承发扬红色沂蒙精神，践行社会主义核心价值观。”还有一位同学写下这样一副对联：“德育为先，沂蒙精神春风化雨遍地洒；思教至上，红色文化绵绵不绝永流芳”。同学们认为，平时在学校里处处可以感受沂蒙精神，时时感受到学校培育社会主义核心价值观的“良苦用心”，相信在沂蒙精神熏陶下，临大学子更会形成崇高的价值观。一位家长看到孩子进入临沂大学后的显著变化后说：“沂蒙精神教育引领积极向上，鼓励理想追求，倡导责任奉献，我们全家支持这样的红色教育，把孩子送到临沂大学，我们放心。”

（三）促进了大学生德智体美的融合，提升了人才培养质量

课题组的理论研究和临沂大学的实践探索，促进了大学生德智体美的融合，提升了人才培养质量。通过系统的教育，大学生触摸、感悟了沂蒙精神，感受到了沂蒙党政军民的“大仁大义、奋发有为”，灵魂深处产生了强烈的共鸣。数万学子在沂蒙精神的淬炼下养成了爱民为民、爱党爱军、诚实守信、好学奋进的优良品格，提升了以品德为核心的综合素质，成为德智体美全面发展的高素质人才。

学生刘秀祥、孙莎莎均因带着生病的母亲刻苦求学而感动社会，荣获“中华新二十四孝”提名奖、第二批“全国道德模范提名奖”等荣誉称号；学生王凯、吴若飞在校期间以独立法人身份成功创业，双双获得“中国大学生自强之星”荣誉称号；大二学生韩寒创业两年身家百万；“山东高校毕业生十大成功创业者”李海鹏向母校无偿捐赠创业所得 1000 万元，设立专项产学研基金。

近年来，临大学子纷纷获得全国性专业技能大奖，毕业生考研率不断提高，就业率连续多年达到 90% 以上。临沂大学毕业生身上真切体现了“能吃

苦、善创新、敢担当、乐奉献”的沂蒙精神特质，得到包括地方政府、学生家长、用人单位和高等教育界的普遍认可。用人单位对临沂大学毕业生的满意率达到97%，普遍认为临沂大学的毕业生“品质佳，素质高，能力强，留得住，用得上，后劲足”。

（四）推动了沂蒙精神的传承与弘扬，产生了良好的社会效益

课题组的理论研究和临沂大学的实践探索，推动了沂蒙精神的传承与弘扬，产生了良好的社会效益。“星星之火可以燎原”，从临沂大学走出去的学子，以其特有的沂蒙精神特质成为沂蒙精神的传承者，成为社会主义核心价值观的引领者。不仅如此，学校沂蒙精神研究专家还主动走出校门，直接面向社会弘扬沂蒙精神。原校长韩延明教授多次走上齐鲁大讲坛、走进北京大学等高端论坛宣讲“沂蒙精神”，汲广运教授等专家学者每年应邀宣讲沂蒙精神、沂蒙文化三十余场次。2011年7月4日，光明日报对临沂大学的沂蒙精神教育体系进行了报道。2011年12月14日，中宣部调研组对临沂大学依托沂蒙精神推进社会主义核心价值观教育的探索给予了充分肯定。2012年5月，由光明日报社和临沂大学共同主办的“沂蒙精神与社会主义核心价值体系建设研讨会”召开，来自中央党校、中央党史研究室、中国社会科学院、光明日报社、中国人民大学等单位80余位专家参加了会议，进行了研讨。会后光明日报开设专版进行了报道，强调“沂蒙精神属于中华民族，属于伟大的祖国”。临沂大学沂蒙精神育人的理论研究和实践探索还入选全国高校党建工作会议交流材料，教育部在《工作简报》中作了推介，并将学校列为三个“全国高校党性教育基地”之一。课题组的理论研究和临沂大学的实践探索，为高校推进大学生价值观教育探索出成功模式，具有重要的现实意义和应有价值。

八、以沂蒙精神引领与培育大学生核心价值观的实践经验

课题组的研究和临沂大学的探索，形成了依托区域特色精神开展大学生价值观教育的模式，为培育和践行社会主义核心价值观提供了经验。这个经验可以概括为：坚持“三个统一”，把握“四个统筹”，借鉴“一个理念”，打造“三个平台”，抓住“五个环节”。

（一）坚持“三个统一”，确立价值观教育的原则

坚持什么样的原则，从根本上制约着大学生价值观教育的效果。推进大学生价值观教育，一是要坚持“合目的性”与“合规律性”相统一。无论是价值观教育的内容，还是价值观教育的过程，都不但要符合社会发展目的与大学生个体发展目的，还要契合社会发展规律、大学生个体成长规律与大学生价值观形成的普遍规律。只有“合目的性”与“合规律性”有机统一，价值观的引领与培育才能受到大学生的普遍欢迎，见到实效。二是应坚持社会目标与个体目标相统一。既要向大学生传导社会主流意识形态，引导他们沿着党和国家的培养目标发展；又要尊重大学生的个性需求，在实现社会培养目标的同时实现大学生个人成长目标。三是应坚持基础性目标与先进性目标的统一。既要着眼于大学生的主体，设定基础性培育目标；又要着眼于大学生中的先进分子，设定先进性培育目标，把不同层次的目标有机结合起来，横向结合、纵向贯穿，形成有机整体。应尊重差异性，按照“有区别的共同进步原则”，对不同基础的学生提出不同的教育目标，引导学生在各自的起点上循序渐进，逐步提升思想境界。

（二）把握“四个统筹”，畅通价值观教育的路径

推进大学生价值观教育，必须综合考虑各种影响因素，把握“四个统筹”。一是统筹社会、家庭和学校三个渠道协调推进大学生价值观教育。社会、家庭和学校交互作用、相互制约，各自有着不同的特点和功能，都对大学生价值观的形成产生重要的影响。推进大学生价值观教育，必须在宏观上统筹社会、家庭和学校三个渠道，形成合力。二是统筹小学、中学和大学三个阶段。应当根据大中小各阶段学生的心智特点、知识储备，设置价值观教育的目标、内容、方式，建立层层递进、有效贯通的价值观教育机制。三是统筹课堂、校园文化活动和社会实践三个环节。学校尤其是高校，课堂教学是价值观教育的主阵地，校园文化活动是价值观教育的第二课堂，社会实践是价值观教育在社会的延伸，要把三者结合起来，实现全方位育人。四是统筹专业课、哲学社会科学课和思想政治理论课的教学。在课堂教学中，三类课程各有侧重，相互贯通，对于大学生价值观的形成与发展都发挥着重要作用，要实现三者的有机结合、全面渗透。①

---

① 宫志峰 . 思与行——当代大学生思想政治教育创新研究 . 山东人民出版社，2008:120.

（三）借鉴“一个理论”，创新价值观教育的方法

在大学生价值观教育中，可以借鉴“价值澄清理论”，更新传统的以灌输与示范为主导的价值观教育方法，通过一系列的价值澄清策略，引导学生在批判性思考中学会价值评价和分析，实现价值观的澄清，并做出相应的价值选择和价值实践。要尊重大学生的主体地位，发挥大学生在价值观学习、价值观判断和价值观选择中的主体作用。要精选价值澄清案例，组织好价值澄清课堂教学，培养学生的价值选择能力，提高大学生的价值判断和价值选择水平。要建立平等合作的师生关系，营造学生接受案例所蕴含的价值观的良好气氛。①要关注大学生的日常生活，在日常生活的价值澄清中引领大学生认同与践行社会主义核心价值观。借鉴价值澄清理论，还要考虑中国的国情与社会现实，采取辩证的态度，处理好三个关系。②一是正确处理一元主导与多元共存的关系，坚持马克思主义指导思想和社会主义主导价值的一元化，用社会主义核心价值观引领、统摄、整合多样化的思想文化和价值观念。二是正确处理教师中立与教师引导的关系，既要尊重大学生的主体性，又应坚持教师的主导作用，引导学生的价值体验、价值澄清和价值选择。三是要正确处理好教师灌输与学生自主选择的关系，尊重学生的自主意识，帮助学生提高价值判断和价值选择的能力，以渗透于案例中的方式“灌输”社会主义核心价值观，引导学生在价值澄清中“自主选择”社会主义核心价值观。

（四）打造“三个平台”，拓宽价值观教育的阵地

网络、社团、公寓构成了大学生日常生活的场域，是大学生价值观教育的新阵地、新途径、新载体。在高等教育大众化和互联网普及化的背景下，要善于把网络、社团、公寓打造成大学生价值观教育的新平台。一是把互联网打造为大学生价值观教育的新平台。要加强管理和引导，使各级各类社会性网站都承担起价值观教育的职责。要综合运用多媒体手段，加大网站监管，掌握网络舆情，引导网上舆论，充分发挥网络大数据功能，确保网络安全。二是把大学生社团打造为价值观教育的新平台。要把社团工作纳入大学生价值观教育领域，充分发挥学生社团在价值观教育中的重要作用。要重点抓好红色社团骨干

---

① 曹清燕．价值澄清理论与大学生思想政治教育．重庆教育学院学报，2005(4):9.

② 叶莉英．基于价值澄清理论的大学生价值观教育探析．宁波大学学报，2009(6):102–103.

队伍的建设与培养，不断探索并健全红色社团的工作机制。三是把大学生公寓打造为价值观教育的新平台。要在宿舍楼建立独立的活动场地，充分发挥辅导员走访宿舍、交流访谈的功效。要重视宿舍文化的育人功能，打造健康向上又别具一格的宿舍文化，要开展宿舍文化评比和交流，引导公寓中的大学生思想和行为，培育大学生的团队精神、集体观念、奉献意识、创新意识等核心价值。要强化公寓文化设施建设，丰富公寓文化生活，构建有形的精神文化支撑。

（五）抓住“五个环节”，完善价值观教育的机制

大学生价值观教育是一项系统工程，推动这一系统工程的正常运转，需要以系统工程的思维方式，理顺体制、机制，构建保障机制。一是创建大学生价值观教育的互动机制。要树立师生“互相学习、彼此欣赏、共同提高”的理念，让学生在平等、和谐的环境中愉悦地接受社会主义核心价值观。① 要寻找共鸣点，搭建师生沟通的“平台”“桥梁”与“纽带”。② 二是强化大学生价值观教育的实现机制。通过一系列教育活动，使社会主义核心价值观为大学生所接受，并内化为心理结构，外化为现实行为，从而完成社会主义核心价值观由知识向观念、由观念向行为的转变。 三是建立大学生价值观教育的反馈机制。在价值观教育中，教育者对教育对象不断施加影响，教育对象必定产生反馈。要建立科学的反馈机制，使这些信息及时反馈到教育者那里，为下一轮价值观教育起到指导作用。四是运用大学生价值观教育的调控机制。要把握总体原则，着重运用师生沟通、时间管理、项目管理等常态调控机制，适时启动危机预防、危机处理、危机解决等危机调控机制。此外，还应结合反馈机制建立价值观教育效果预警控制机制。五是建立健全组织保障、制度保障、物质保障、环境保障等保障机制，保障大学生价值观教育的持续发展、有效运行。

---

① 周德群 . 改革高校思想政治理论课教学初探 . 重庆工学院学报，2006(7):197.

② 马汝伟 . 论高校思想政治教育中的互动 . 中国高教研究，2004(3):71.

附录：本课题部分中期研究成果

唯物史观视阈下社会诚信缺失与治理论析[①]

刘　涛

（临沂大学马克思主义学院，陕西师范大学政治经济学院）

摘　要：唯物史观是分析社会诚信问题的科学方法论，诚信是社会道德风貌的基本标识和道德理念的核心元素，社会诚信价值观有其特定的根植于社会实践的道德传承图景，社会诚信缺失是道德传承过程中的非良性变异。从社会存在与社会意识以及内外因辩证关系的视角出发对社会诚信缺失原因进行多维剖析，有助于深刻揭示诚信缺失的社会根源。以社会存在与社会发展为依据，运用系统论的视野审视社会诚信治理，坚持多措并举推进社会诚信建设，是当代中国在深度市场化和社会信息化境遇下的必然选择。

关键词：社会诚信　道德缺失　道德治理　价值观

诚信是人类社会进入阶级社会之后逐渐形成的基础性道德范畴，作为思考人与外部世界关系的重要哲学范畴、伦理范畴在中国古代典籍中占有重要地位，深刻影响着中国人的道德领地、塑造着中国人的道德形象，已经凝结为中国社会道德风貌的基本标识和道德理念的核心元素。尽管社会诚信缺失是当前

---

① **作者简介**：刘涛，男，山东临沂人，临沂大学马克思主义学院讲师，陕西师范大学政治经济学院博士研究生。主要研究方向：中国共产党历史文献研究、中国共产党革命精神研究、社会主义核心价值观研究。

基金项目：本文系教育部人文社会科学研究项目“引领与培育——当代大学生核心价值观生成的基础问题研究”（13YJC10017）的阶段性研究成果。

不可回避的现实性聚焦问题，但是从意识形态深层次结构来看，诚信观念作为中国人的道德意识，是社会绝大多数民众普遍认同的主流价值观念。十八大报告明确把诚信确立为社会主义核心价值观的基本内容之一，正是对我国历史文化传统的自觉承继和现实道德建设的有力回应，为从时代特征和实践环境层面认识社会诚信缺失以及探索社会诚信治理与建设的有效路径指明了方向。

一、社会诚信缺失是社会道德的非良性变异

道德教化是人类社会发展和文明进步的重要引擎，诚信作为社会道德之基有其特定的根植于社会实践的纵向代级传承规律和横向传播规律。从共时性来看，传统诚信思想文化的相关承载资源和社会诚信道德实践经验，主要是通过家庭生活、学校教育、社会体验等多种方式在社会成员之间进行传承的；从历时性来看，社会诚信的坚守与僭越，经历了传统“熟人社会”的口头直接传播与现当代“陌生人社会”的媒体间接传播；从历史变迁来看，诚信道德的传播主体、信息受众、传播途径、影响范围、认同效果均发生着重大变化；由此，呈现了社会诚信价值观的道德传承图景。在道德社会化过程中，诚信道德元素的生成是内化为理念、外显为行为的渐进性引领与增长的过程，对诚信的坚守与否，受到多种社会生活因素的交叉影响，而社会诚信缺失恰恰是道德传承过程中的非良性变异。

1、就人的本质属性而言，诚信是社会良性运行的必然要求。从理论层面看，马克思主义经典作家科学揭示了人与人之间交互作用形成的社会性是人区别于动物的本质属性，而满足自我生存最基本的需要及其相关行为是一切生命体共有的基本生理特征和自然属性，自然属性是人和其他低等动物共有的本能属性，不是人之所以为人的特有属性。社会性作为人的本质属性深刻表明了人类社会“人以群分”的基本特征，体现了人类社会演进的历史逻辑。人类社会经济形态在不断破旧立新的过程中更替，道德观念也从无到有并不断发展完善。“人以群分”内在地包含着道德观念和道德评价，人与人之间以诚待人、以信立身是“人群”最基本的道德要求，诚信具有和谐人际关系、减少社会矛盾、进行道德评价、维系生活秩序的功能，个体之间由于血缘、地缘、业缘等因素形成的社会性网状关系，即日常社会生活语境下的家庭生活、为人处世、经商兴业、政治运行、社会秩序、社会风尚等须臾不可离开诚信道德，可以说

诚信是社会良性运行的基础性道德支撑，正是从这个意义上说，诚信是人的本质属性的必然要求。

2、就人的社会化视角而言，诚信是个体心理健康的重要标志。从实践层面看，社会生活的主体是每一个有思想的人，塑造健康的“社会人”是人的社会化的重要目标。在社会生活中“健康”是一个包含身体、心理、思想、行为等多种因素的复合型概念，个人的行为背后有着复杂的思想活动，而心理活动是人的思想活动的内在支配力量，从心理学角度评判，社会成员对外部世界求真的倾向性情感和意志力、对人际交往的履约与践诺的心理准备，是具有健康心理的社会人的基本特征。可以说，诚信道德理念与道德行为的统一性，是个体道德成熟的基本表征，是道德人格健全的主要体现，也是社会对个体诚信道德进行评价的标志性指标。与之相反的是，社会生活中个体的内在的心理活动与外在的语言表达不一致，思想层面的语言表达与肢体行为的具体指向不统一，是评判个体心理扭曲、双重人格的基本依据。在一定历史时期，从社会个体生存的外部道德生态来看，当心口不一、言行不一、主客观分离的个体行为时有发生、涉及较多领域且有发展成为社会生活常态化趋势时，则表明单纯的个体心理问题已经发展为较为严重的社会心理问题，此时，社会诚信缺失的判断是对社会生活中这一社会心理问题的深刻揭示，表明社会个体心理健康状况令人堪忧。

3、就道德观念存在方式而言，诚信缺失表征社会道德负向变异。从社会变迁看，任何社会的经济发展引起的生活变化，不仅仅表现在物质生活方面，而且以潜移默化的方式反映在人的精神世界里，社会诚信道德状况的变化根植于社会经济生活、政治生活的变迁，因此，社会生活中个体道德观念的变化是不言而喻的。从学理层面来看，社会经济基础的良性变化决定着包括思想道德在内的社会意识形态也会发生积极变化，但是从现实生活层面来看，这种互动具有非同步性和非均衡性的特点，甚至在特定的阶段具有逆向发展的趋势。就社会的道德传承图景来说，在社会成员诚信价值观形成的过程中，家庭生活、学校教育、社会体验等任何环节出现问题，都会导致道德传承过程发生可能的负向变异，加之“陌生人社会”和新媒体时代的到来，道德传承充满了复杂性和多变性，极大地增加了负向变异的可能性。就社会生活的现实性来说，社会生活中存在的各种诚信缺失现象表明，在改革开放的时代背景下，社会道德传承过程中负向变异的人群数量较多、生活领域较广、发生频率较高、社会影响较大，诚信道德负向变异具有客观性、长期性。正如十八大报告在列举我国社会发展成就斐然的同时，也清醒地谈到我国社会“一些领域存在道德失范、诚信缺失现象”，深刻揭示了社会道德负向变异的客观现实。

4、就现实道德建设实践而言，正确认识社会诚信缺失迫在眉睫。从科学视角看，理性、全面地看待社会诚信缺失问题，是一个十分重要的理论性和现实性相统一的时代课题。对社会诚信的学理分析为深入认识问题提供了重要理论前提，可以说，正确认识社会诚信道德状况事关社会健康有序发展、社会道德建设信心以及社会心理的安全感和归属感。必须看到：第一，诚信价值观是我们民族道德家园的重要组成部分，倡导诚信是传播社会正能量的重要表现，社会诚信缺失历来是我们旗帜鲜明坚决反对并且大力呼吁切实改变的现实问题，诚信建设是当前社会道德建设的重要内容。第二，要以客观的态度分清社会诚信道德状况的主流与支流，诚信道德是社会绝大多数民众主张积极坚守的基本价值规范，诚信缺失与社会进步的历史潮流南辕北辙，与人们追求高尚精神生活的价值目标背道而驰，不代表社会道德发展的历史前进方向，尽管社会诚信缺失偶发、频发，但这不是当前社会道德状况的主流，只能说是支流。第三，对社会诚信缺失状况的认识，是在新媒体时代大发展环境下的重要道德评价活动，必须正视当代新媒体诸如网站、微博、微信等即时通讯工具迅速而强大的传播功能，信息迅即传播有其高度的时效性，但也有无形的“放大效应”，即给人以强烈的内心冲击和心理震动，极易形成抓住一点不及其余的“窥管效应”，影响人们对社会生活总体状况的评价，这是社会心理缺乏安全感、丧失归属感的重要诱因，其实质是社会问题的认识方法问题。

二、社会诚信缺失原因多维视阈“归因说”

解释世界是改变世界的重要逻辑前提。马克思主义唯物史观关于社会存在与社会意识的辩证关系、关于事物发展变化的内因与外因辩证统一的学说，已经成为现代社会分析问题的经典话语范式，为我们研究社会诚信缺失原因提供了重要哲学方法论。从多维视阈出发对社会诚信缺失原因进行剖析，可以看出，把住社会诚信缺失的“脉”，得出的是富有建设性的理论认识，这可以在不同程度上从不同侧面揭示诚信缺失的社会根源。

1、市场经济诱发的拜金主义思潮不容小觑。改革开放新征程开启以来，以经济建设为中心、以市场经济为取向，极大地推动了以物质财富日益富足为标志的社会生产力的快速发展，金钱在现实生活中很大程度上代表了财富和社会购买力，日益成为获取社会生活品、追求高品质生活的重要媒介，追求金钱是市场经济活动和其他社会行为的重要价值目标。当日常生活中的遵纪守法、保质保量的正常行为带来金钱的速度远远低于假冒伪劣、坑蒙欺骗带来的短期巨大收益时，诚信缺失就成为快速牟利、迅速致富的重要手段。所以，现实生活中的偷工减料、制假售假、食品安全、学术不端、违规违约等非诚信现象屡见不鲜。在这些现象的背后，实质是市场经济条件下诱发的拜金主义思潮在人们的头脑中作怪。这是当前中国社会诚信缺失的重要经济根源和思想因素。

2、享乐主义的生活理念及社会责任意识淡漠。当下中国，市场经济条件下的物质财富、社会流动、开放格局、思想观念、价值追求和计划经济时代不可同日而语，计划经济时代物质贫乏对应的艰苦奋斗精神日益被追求物质享受的生活理念侵蚀，当今社会大流动大开放格局极大地开阔了人们的视野、解放了人们的思想，毫无疑问已经和正在继续冲击着传统“熟人社会”形成的一系列生活理念和思想意识，诸如时刻注重人际情感的价值观念、自觉遵循成仁取义的道德操守、自愿坚守诚实守信的责任意识等等。在当代中国，追求物质享受、渴望舒适生活，是人们进行社会实践活动的重要动力和价值目标，这本身无可厚非。但是，当前人与人之间因盲目追求高品质物质生活导致的道德价值认同危机，因“陌生人社会”缺乏信任产生的情感冷漠，因社会财富急剧膨胀与现实社会差距并存引发的个体心理失衡，使得当代意义上的坚守道德、恪守诚信的社会主义核心价值观建设面临着严峻的挑战。

3、法治化遭遇法观念和法执行“双无力”。从我国历史传统来看，法治思想在漫长的封建社会历史上不占主导地位，法律制度服从于政治权力的实际运行模式导致以权压法、权大于法的思想观念不仅长期存在而且影响深远。当然，新时期我们党对法制建设地位、内容、意义等基本问题的认识是十分坚定、清醒的。但是必须看到，长期历史传统造成的法制观念淡薄、漠视法律权威的现象在现实生活中仍然存在。正是这样，在市场经济、信息化时代大潮中，伴随着追逐金钱与利益的渴望，在有些人眼里法律条文形同一纸空文，各种非诚信行为是屡禁不止、明知故犯，即使依法处罚、依法判决的案件也是屡屡出现执行难的尴尬局面，一度使“老赖”、“黑名单”、“曝光”等话语词汇成为社会各界高度关注的热点话语。这是当前中国社会诚信缺失的法律层面的原因。

4、信息化、网络化是无形推手。信息化、网络化在社会生活中扮演了“双刃剑”的双重角色，既给社会生活带来了便利化、智能化，又为电信诈骗、网络黑客、网络谣言、网络欺骗等层出不穷的非诚信行为客观上提供了发生的技术条件，当然，前者是其社会功能的主要方面。信息化、网络化背景下发生的非诚信现象，与信息化、网络化自身的特点密不可分。

5、干部诚信缺失是社会诚信缺失的助推器。在现实政治生活中，党的各级干部是制定、执行党的政策完成党的历史任务的领导者、参与者，是党内组织生活与社会正常秩序的组织者和维护者，既代表着党和政府的形象，又体现着干部队伍的整体素质，处在全社会关注的焦点位置。新时期，我国干部队伍新老交替持续推进因而保持了生机与活力，干部队伍中涌现了一大批牢记全心全意为人民服务宗旨、公而忘私、公私分明、甘于奉献的先进典型，但也出现了邓小平批评的“以权谋私、严重损害党和群众的关系的人，长期在政治上不同中央保持一致、或者表面保持一致实际上另搞一套的人”。[①]现阶段，干部诚信缺失的表现形式不一，诸如阳奉阴违、弄虚作假、以权谋私、形式主义等，基本特征是言行不一、人格分裂、两幅面孔、双重人格，内容涉及社会基本结构包括经济领域中的官商关系、政治生活中的上下级关系和自身思想道德素质、生活作风等。由于政治系统处于社会生活的关键环节，干部诚信缺失给社会风气带来的影响其广度和深度是不可低估的，在很大程度上助长了社会诚信缺失的发展。

三、从系统化视角把握社会诚信治理的复杂性综合性道德治理是矫正人们精神世界特别是社会心理和社会行为的基本方式

以系统论的视角审视社会诚信治理，从自身文化传统的历史发展和现时代的基本价值观念中探寻社会诚信治理路径，形成社会成员自觉积极坚守诚信的良好局面，是当代中国在深度市场化和社会信息化境遇下的必然选择。

1、立足于营造浓厚的社会诚信文化环境，用时代的眼光传承和弘扬传统诚信文化。从培育和践行社会主义核心价值观的高度来看，传承和弘扬传统诚信文化是诚信治理的基础性环节。毫无疑问，着眼于实现中华民族伟大复兴“中国梦”的历史任务，从某种意义上说，复兴包括诚信文化在内的民族优秀

传统文化，是中华民族伟大复兴“中国梦”的重要组成部分。要充分肯定传统诚信文化的思想价值，发挥学术界在传统诚信文化研究方面的优势，为传统诚信文化的当代大众化提供基本的文本条件。毋庸置疑，按照十八大报告“弘扬中华传统美德”、“建设优秀传统文化传承体系，弘扬中华优秀传统文化”[②]的要求，用时代的眼光传承和弘扬传统诚信文化既需要国家层面的顶层设计又需要全社会共同努力，在全社会实现齐动员、全覆盖、多举措扎实推进诚信文化环境与社会氛围的营造，这是在市场化和网络化条件下面向全体社会成员建设高尚精神家园、筑牢诚信价值观思想基础的奠基性工程。

2、在全社会创设多样化的平台，建构并完善现实生活中表彰和宣传诚信楷模的常态化机制。英模人物是时代的先锋，是我国革命、建设和改革事业的有力推动者，是良好社会道德风尚和社会精神文明的重要引领者。毛泽东曾经给予英模人物以科学的评价和定位：“你们是全中华民族的模范人物，是推动各方面人民事业胜利前进的骨干，是人民政府的可靠支柱和人民政府联系广大群众的桥梁。”[③]先进英模人物及其群体散发的精神气息、彰显的精神魅力，是加强社会道德建设最有说服力的生动教材。所以，扩散楷模辐射是推进社会发展、加强社会道德建设的重要途径。针对当前我国社会诚信治理与建设的客观实际，要善于从经济、政治、文化、军事等社会系统中发现日常工作、学习、生活等方面发生在人民群众身边的诚信楷模，在全社会创设多样化的平台隆重表彰其坚守诚信的高尚道德行为，利用新媒体时代新兴媒体强大的功能大力宣传其诚实守信的先进事迹，在全社会范围内着力培育并形成诚信光荣、失信可耻的道德认知和价值观念。

3、实施分类管理，切实做好重点人群的诚信道德引领与监督，发挥以点带面的社会效应。何为重点人群？重点人群一般具有一定的社会地位或社会影响，具有独特的社会公众特征，是社会格外关注的公众人物，对社会长远发展具有一定的影响力。习近平在谈到培育和践行社会主义核心价值观工作时明确指出：“特别要抓好领导干部、公众人物、青少年、先进模范等重点人群。”[④]可以说，这四类人是当前社会生活中的关键人群，其中领导干部、公众人物、先进模范其思想道德状况和具体行为具有鲜明的社会示范意义，因为其道德水准和社会行为具有相当的社会影响力，对他们教育仍是基础，要引领他们在诚信操守方面知行统一、以身作则、率先垂范、树立榜样。青少年是社会存在与发展的生力军，他们的思想道德素质与行为方式直接关系着社会的发展和国家的未来，对他们更多的是引领，为此，要加强家庭诚信道德教育方法的指导，改革和创新学校诚信道德教育的内容与模式，不断完善社会教育的工作机构、设施和机制，形成全社会大教育的格局和合力。由此可见，切实抓好重点人群的诚信示范与引导，对于加强诚信建设具有举足轻重的作用。

4、从法治层面加强诚信制度化建设，不断提升依法治理社会诚信缺失的能力。十五大报告明确指出，依法治国是党领导人民治理国家的基本方略。因此，面对当前我国市场化、信息化条件下社会诸多领域存在的道德失范和诚信缺失的种种现象，要仔细分析成因、剖析形成和发展过程、预测并管控其社会危害，分门别类地细致研究依法治理的具体措施，找准病根、对症下药、辩证施治，从法治层面不断加强制度化建设以阻断失信行为人社会活动的通行证，着力建构“惩治形成威慑”的外在强大威慑力，形成不敢失信、不能失信的外在法治化压力，不断完善预防诚信缺失的法治环境。十八届三中全会提出的“建立健全社会征信体系，褒扬诚信，惩戒失信”为逐步提升依法治理诚信缺失的综合能力提供了重要理论依据。

5、着眼于养成内生型诚信道德自觉，坚守“慎独”是诚信道德修养的理性境界。如前所述，在外部监督和外在制度约束下形成的诚信道德行为，是外生型的道德生成模式。社会道德建设的根本所在，是着眼于养成内生型诚信道德自觉，坚守“慎独”体现了个体道德修养方面自我反思、自我调节的道德觉悟，反映了在外部环境发生变化的情况下个体对道德原则矢志不移的信念，彰显了个体在没有外在约束力量环境下对道德要求积极自觉的坚守，“慎独”是诚信道德主体主动的道德认知、强烈的道德情感、坚定的道德意志和自觉的道德行为，这对道德建设更具有决定性意义。当然，道德主体选择“慎独”的过程，实际上是价值选择的过程，包含了价值选择的基本方向，体现了道德修养内化于心外化为行的高度自觉和坚定的道德价值自信。在市场经济这样的社会背景下，加强社会道德建设，坚持培育和践行包括诚信在内的社会主义核心价值观以引领社会思潮，不断提升公民诚信道德素质，形成社会成员自觉积极坚守诚信的良好局面，实现由外生型诚信道德生成模式向内生型诚信道德自觉的“慎独”模式转变，既是经济社会健康发展的重要保障，又是社会成员诚信道德修养达到较高水平的重要标志。我们要以当代中国社会存在与社会发展为依据，立足于培育和践行社会主义核心价值观的具体社会生活实践，既扎根于中华民族优秀传统诚信文化沃土汲取营养，又从时代特征出发运用系统论的视野审视社会诚信问题，不断探索并优化多措并举扎实推进社会诚信缺失综合治理与诚信道德建设的有效路径。

注释：

①《邓小平文选》第 3 卷，人民出版社 1993 年版，第 37 页。

② 胡锦涛：《坚定不移沿着中国特色社会主义道路前进 为全面建成小康社会而奋斗》，人民出版社 2012 年版，第 32—33 页。

③《毛泽东文集》第 6 卷，人民出版社 1999 年版，第 95 页。

④《习近平在上海考察时强调当好全国改革开放排头兵不断提高城市核心竞争力》，《人民日报》2014 年 5 月 25 日。

（本文发表于《科学社会主义》2014 年第 6 期）

在高校各类课堂教学中协同推进大学生价值观教育[①]

李纪岩

（临沂大学马克思主义学院，山东 临沂，276005）

摘 要：在大学生价值观教育中，课堂是主阵地，课堂教学是主渠道。思想政治理论课、哲学社会科学课与各种专业课相互贯通，都有重要的育人功能。推进大学生价值观教育，要统筹思想政治理论课教育、哲学社会科学课教育与专业课教育，充分发挥课堂教学的主渠道作用。

关键词：思想政治理论课；哲学社会科学课；专业课；大学生；价值观教育

中共中央办公厅《关于培育和践行社会主义核心价值观的意见》（中办发〔2013〕24号）指出，要把培育和践行社会主义核心价值观融入国民教育全过程，“创新中小学德育课和高校思想政治理论课教育教学，推动社会主义核心价值观进教材、进课堂、进学生头脑”[②]。中共中央办公厅、国务院办公厅《关于进一步加强和改进新形势下高校宣传思想工作的意见》（中办发 [2014]59 号）指出，高校要“以深入推进中国特色社会主义理论体系进教材进课堂进头脑为

---

① **作者简介**：李纪岩（1975- ），男，山东沂水人，法学博士，临沂大学马克思主义学院副教授，南京师大政治学博士后流动站研究人员。研究方向：价值观教育研究、马克思主义群众观研究。

基金项目：教育部人文社会科学研究一般项目（13YJC710017）；山东省高校人文社科研究计划项目（J14WA08）；山东省高校人文社科研究计划项目（思想政治教育专题研究）（J14SY55）；山东省青少年素质教育重点研究基地专项课题（14SZJ030）；临沂大学 2014 年教学改革立项课题（临大校办发 2014[22]-59）。

② 中共中央办公厅印发《关于培育和践行社会主义核心价值观的意见》[N]. 新华网北京 2013-12-23 电 .

主线，以提高教师队伍思想政治素质和育人能力为基础，以加强高校网络等阵地建设为重点，积极培育和践行社会主义核心价值观”[①]。高校推进大学生价值观教育，课堂是主阵地，课堂教学是主渠道。思想政治理论课是必修课，是帮助学生树立正确的世界观、人生观、价值观的主体课程。哲学社会科学课对于帮助学生认识社会、洞察人生具有重要的作用。各门专业课都蕴藏着丰富的价值观教育资源，是价值观教育的良好载体。思想政治理论课、哲学社会科学课与各种专业课相互贯通，都有重要的育人功能。推进大学生社会主义核心价值观教育，要统筹思想政治理论课教育、哲学社会科学课教育与专业课教育，充分发挥课堂教学的主渠道作用。

一、大学生价值观教育融入思想政治理论课教育

思想政治理论课是我国高校各专业大学生的公共课、必修课，承担着对大学生进行系统的马克思主义基本原理教育、毛泽东思想和中国特色社会主义理论教育、中国近现代史教育、思想道德修养与法律基础教育和形势政策教育的任务。《关于进一步加强和改进新形势下高校宣传思想工作的意见》（中办发[2014]59号）指出："要建设学生真心喜爱、终身受益的高校思想政治理论课，实施高校思想政治理论课建设体系创新计划，全面深化课程建设综合改革，编好教材，建好队伍，抓好教学，切实办好思想政治理论课。"[②]推进大学生价值观教育，首要的是加强和改进高校思想政治理论课教育。

高校思想政治理论课的性质任务、教学宗旨、教学内容等等，决定了它是大学生价值观教育的主阵地、主课堂、主渠道。高校思想政治理论课反映了我国高等教育的社会主义性质和方向，其任务是引导学生掌握马克思主义的立场、观点和方法，树立正确的世界观、人生观和价值观，坚定对马克思主义的信仰，确立中国特色社会主义共同理想。这样的性质与任务，决定了高校思想政治理论课是大学生价值观教育的主阵地。思想政治理论课的教学宗旨是引导学生关注新形势下出现的新情况、新问题，提供新信息、新思路，完整、准

① 中办国办印发《意见》：加强和改进新形势下高校宣传思想工作[N]. 人民日报，2015-01-20.

② 中办国办印发《意见》：加强和改进新形势下高校宣传思想工作[N]. 人民日报，2015-01-20.

确地反映马克思主义理论教育和思想品德教育的要求，帮助学生提高理论水平、树立正确的价值观念。这样的教学宗旨决定了高校思想政治理论课是大学生价值观教育的主要方式。高校思想政治理论课教学的核心内容是马克思主义理论教育和思想品德教育。其中马克思主义理论教育主要是关于马克思主义哲学、政治经济学、科学社会主义以及毛泽东思想、中国特色社会主义理论等内容的教育；思想品德教育主要是思想道德修养和法律基础教育。大学生价值观教育恰恰需要围绕着马克思主义理论教育，理想信念教育，民族精神和时代精神教育以及社会主义荣辱观教育而展开，着力培育"富强、民主、文明、和谐""自由、平等、公正、法治""爱国、敬业、诚信、友善"的社会主义核心价值观。由此可见，高校思想政治理论课在大学生价值观教育中的主渠道作用是毋庸置疑的。积极促进社会主义核心价值观进教材、进课堂、进头脑，引导当代大学生树立社会主义核心价值观，是高校思想政治理论课的重要任务。

在高校思想政治理论课中推进大学生价值观教育，应坚持专题教育与文化渗透相结合、坚持正面教育与纠正偏差相结合、坚持实践锻炼与情感体验相结合。首先，要坚持专题教育与文化渗透相结合。目前，虽然社会主义核心价值观的各部分内容已渗透在高校思想政治理论课各门课程中，但"碎片"化的存在有时会导致社会主义核心价值观本身被忽略。因此，在大学生价值观教育中还需要专题性教育，系统地开展社会主义核心价值观教育。第二，要坚持正面教育与纠正偏差相结合。价值观教育本质上是价值认同的过程。基于价值认同的大学生价值观教育，既需要积极的正面教育，又需要及时地纠正偏差。在正面教育方面，思想政治理论课的主要任务是深入阐释社会主义核心价值观的意义、内容及其各部分之间关系，促进学生准确领会理论内涵，深入把握实践要求。在纠正偏差方面，要求教师充分关注学生的思想、行为实际，及时了解学生的思想问题和情绪潜流，联系价值观培育的导向，及时地疏导与引领。第三，要坚持实践锻炼与情感体验相结合。"价值观教育的过程就是一个不断参与和体验的过程，是获得一种精神、一种立场的不懈追求的实践过程"。① 大学生价值观教育的实际效果既体现为大学生对社会主义核心价值观接受与遵循的态度，更体现为大学生在社会实践中能否以社会主义核心价值观来引领自己的活动。在大学生价值观教育中，应当努力预见大学生在实践中可能遇到的选择

① 刘济良 . 价值观教育 [M]. 北京：教育科学出版社，2007：146.

困境，并尽可能设置实践情境，加强他们行为选择能力的锻炼。同时，还必须在讲清主要内容的基础上，引导大学生对相关的观念、行为产生积极的情感体验，使大学生对正确的价值观念产生兴趣和接受意愿，对不正确的价值观念产生鄙视和憎恶，建立起当代大学生与社会主义核心价值观之间的意义联系与情感联系。

在高校思想政治理论课中推进大学生价值观教育，需要深化改革。首先，要深入落实“以人为本”的育人理念，尊重大学生的主体地位，关注并解决当代大学生的思想困惑和人生矛盾，增强思想政治理论课的吸引力，把大学生价值观教育落到实处。其次，要围绕大学生价值观教育，进一步完善课程设置，充实教学内容，加强教材建设，形成结构合理、功能互补、相对稳定的课程体系。第三，要促进理论体系、课程体系与素质体系之间的“转化”。要探索社会主义核心价值观转化为思想政治理论课内容的路径，把社会主义核心价值观渗透到思想政治理论课课程体系中；探索课程体系转化为教学体系的路径，通过科学的教学体系促进课程体系的贯彻和落实；探索教学体系转化为素质体系的路径，运用各种教学要素把社会主义核心价值观转化为学生认同与践行的价值观念。[①]第四，要贴近学生、贴近实际、贴近时代，创新思想政治理论课的教学方法，拓宽思想政治理论课的实施途径，切实提高大学生价值观教育的实效性。

二、大学生价值观教育融入哲学社会科学教育

高校哲学社会科学课程承担着文化传承与思想引领的重要职能。《关于进一步加强和改进新形势下高校宣传思想工作的意见》（中办发 [2014]59 号）指出：“要充分发挥高校哲学社会科学育人功能，深化哲学社会科学教育教学改革。”[②]推进大学生价值观教育，必须高度重视哲学社会科学课的价值观引领功能，加强和改进哲学社会科学教育。

在大学生价值观念发展中，哲学社会科学课发挥着极为重要的作用。首先，哲学社会科学课引导学生如何“做人”。“做人”必须以人文素质为基础。

---

① 郝潞霞 . 高校思想政治教育贯彻落实社会主义核心价值体系的路径浅析 [J]. 思想政治教育研究，2008(2).

② 中办国办印发《意见》: 加强和改进新形势下高校宣传思想工作 [N]. 人民日报，2015-01-20.

当代世界许多国家都在关注青少年健康人格养成问题，并借助通识教育、养成教育等途径来达到目标。在我国，哲学社会科学课承担了这些教育功能。通过哲学社会科学教育，可以培养学生开放、自由、理性、宽容的品质和尊重人的价值、关注人的状况与命运的精神。其次，哲学社会科学课引导学生建立具有历史合理性的价值观。人的生命存在本质上是以价值为轴心的文化生命的存在。哲学社会科学课通过探讨人的本质，揭示具有历史合理性的价值取向和理想追求，解构过时的价值体系，建立起与时俱进的价值体系。承担这一任务的主要是文学、史学、哲学等学科。离开了哲学社会科学教育，现代大学的其他教育是难以独立帮助大学生建立合理的价值观的。第三，哲学社会科学课塑造人的精神家园。在人的生存和发展的条件中，真正使人的文化生命得到安顿的是其精神世界。在人的精神世界中，起主导作用的主要还是哲学社会科学学科。哲学社会科学课帮助大学生建立起精神世界的“家”，使大学生不致因价值迷失、思想茫然而成为精神世界的流浪者。这一作用，用中国哲学家的话讲，是使人得以“安身立命”；用西方哲学家的话讲，是关涉人的“终极关怀”；用现代教育家的话讲，是使人成为一个“完善的人”。①

改革开放以来，在向市场经济转轨的过程中，大学生的哲学社会科学素养总体上呈现弱化的趋势。一是人文素质普遍偏低。有些高校把大学教育等同于职业教育，重科技、轻人文，重专业、轻教养。理工科学生人文知识、人文素养普遍低下；文科学生也存在自我轻视的倾向。许多学生知识丰富，但情商不足，发展能力、发展潜力及创新能力欠佳。二是重功利轻理想，精神追求贫乏。在市场经济浪潮的冲击下，高校中的实用主义氛围浓厚，大学生的价值观呈现出价值主体自我化、价值取向功利化、价值目标短期化的特点，一些大学生在专业选择、获取知识及职业选择等方面急功近利，只重眼前利益、不顾长远发展。一些大学生过分追求对金钱和物质的享受，缺少社会责任感、集体观念和利他精神，丧失了对理想和信念的追求，出现了精神真空，丧失了人生方向。三是受“道德滑坡”冲击，“人文精神”失落。在我国市场经济体制确立的过程中，“道德滑坡”现象也波及到大学校园。尽管大学生中不乏道德素质良好的人，但不道德、不文明行为也明显增多。如随便旷课、考试作弊、小偷小摸、赌博斗殴、吸毒、同居等。一些大学生集体观念淡漠，只讲个人奋斗，

① 李维武．大学人文教育的失落与复兴 [J]. 高等教育研究，2000(3).

不讲集体协作，缺乏对社会、对他人的关注，缺乏社会责任感。一些高校在表面的繁荣中正在经历着“人文精神”失落的危机。

提高大学生的哲学社会科学素养是一个复杂的系统工程。校园文化熏陶、社会实践建设都是提高大学生哲学社会科学素养的重要途径。但最为关键、最为有效、最经常发挥作用的还是哲学社会科学课。必须从课堂教学的各个环节着手，加强和改进哲学社会科学教育。首先，要合理安排哲学社会科学课的教学时间，确保哲学社会科学课教学的渠道畅通。其次，要提高教师的哲学社会科学素养。教师是课程培养目标和课程建设、课程教学的具体实施者。既要重视哲学社会科学师资队伍的建设，又要鼓励其他学科的专业教师有计划、有目标地提高自身的哲学社会科学素养。第三，要在各专业人才培养中渗透哲学社会科学教育。高校可尝试将哲学社会科学教育内容纳入专业培养目标，落实到教学计划和课程设置之中，以教学文件的形式将哲学社会科学教育的目标要求固定下来，为哲学社会科学教育的组织与实施提供明确依据。第四，在哲学社会科学教育的基础上，要高度重视人文精神教育。所谓人文精神，是人们对人生的探求和对人世活动的理想、价值追求。在课堂教学中弘扬人文精神，就是要结合相关课程的讲授，引导大学生形成健全的人格和心理，正确对待人生的吉凶、祸福、生死、得失等问题，增进自身的自由和幸福。要避免用单纯的政治教育代替思想教育，无视对个人生活的人文关怀。要正视当代大学生对道德信念、道德人格的看重和追寻，对自由、平等、正义的渴望和呼唤，对人的尊严和主体性的期盼和高扬，对生死、信仰、幸福、生存意义等问题的反思和对人类的终极关怀，做到尊重人、关心人，形成人文关怀的良好氛围。

总之，要深入落实《关于进一步加强和改进新形势下高校宣传思想工作的意见》（中办发 [2014]59 号）要求，着眼于引领大学生认同与践行社会主义核心价值观，“充分挖掘哲学社会科学课程的思想政治教育资源，建立健全符合国情的哲学社会科学人才培养质量标准体系，制定实施马克思主义理论、新闻传播学、法学、经济学、政治学、社会学、民族学、哲学、历史学等相关专业类教学质量国家标准，启动实施卓越马克思主义理论人才培养计划，深入实施卓越新闻传播人才、法律人才培养计划”。[①] 要把社会主义核心价值观引入哲学

---

① 中办国办印发《意见》：加强和改进新形势下高校宣传思想工作 [N]. 人民日报，2015-01-20.

社会科学课，拓宽价值观教育渠道，引导大学生关注社会，关爱人生，学会做人，学会合作，塑造高尚人格，提升思想境界，实现全面发展。

三、大学生价值观教育融入专业教育

早在 2004 年，中共中央、国务院在《关于进一步加强和改进大学生思想政治教育的意见》（中办发 [2004]16 号）中就强调，“要深入发掘各类课程的思想政治教育资源，在传授专业知识过程中加强思想政治教育，使学生在学习科学文化知识过程中，自觉加强思想道德修养，提高政治觉悟”。[①] 专业教育是高校课堂教学的基本形式，要把社会主义核心价值观融入到专业教育的各个环节，引领大学生价值观念发展。

专业课中的价值观教育具有隐蔽性、随机性、渗透性的特点，更容易为大学生所接受。首先是隐蔽性。从教育形式上看，相对于显性的思想政治理论课而言，专业课中的价值观教育属于“无意识”教育。这种教育论道而不说教，述理而不生硬，是不露痕迹、靠学生自身的体验、感受来接受的“润物细无声”的教育。这种“自然而然”的方式能避免“我说你听”的传统说教方式，有助于消除学生的逆反心理，收到良好的教育效果。其次是随机性。专业课中的价值观教育往往是非预设的随机教育，当然这并不妨碍教育者在主观上具有一定的自觉性。专业课教师可以抓住和利用最佳教育时机，结合本专业课的特点，随时随地调动学生的主动性、积极性和创造性，使学生在对知识的兴趣中，透过专业课教学接受社会主义核心价值观。第三是渗透性。专业课中的价值观教育不是生硬地加到专业课中去的，而是与专业内容融合在一起、浸润在专业知识中的。但它又不是完全无形的，它使专业课更丰满，显得更富有生机和人性。“三个倡导”融入专业课教学，既能使学生学到文化知识，又能使学生受到良好的价值观引导。这种“文以载道、文道结合”的教育方式，比单纯地采用灌输等教育方式更加自然、和谐，更能收到良好的效果。此外，专业课教师和学生朝夕相处，更了解学生，更能联系学生的实际进行思想渗透，往往会发挥出思想政治教育专职教师不能发挥的作用。

---

① 中共中央国务院发出《关于进一步加强和改进大学生思想政治教育的意见》[N]. 光明日报，2004-10-15.

在专业课中推进大学生价值观教育，首先要深入挖掘专业课教材的价值观教育资源。专业课教师要树立科学性与思想性相统一的原则，有意识地把专业课中的价值观教育资源在备课时挖出来，讲课时溶进去。教师要从思想渗透的原则出发，从学生的实际情况和教学的实际需要出发，对教材做灵活处理，或随机联系、自然引申，或增减补充、适当拓展，尽可能挖掘出教材中丰富的价值观教育因素。其次，要结合专业特点推进大学生价值观教育。专业课教师可以通过讲授学科史，增强学生专业学习的积极性，激励学生树立为真理而奋斗的进取精神；还可以介绍与学科相关的优秀人物，介绍学科与人民利益的密切关系，激发学生的责任感和服务人民的热情。例如，在物理学科中，可以把“两弹一星精神”等引入专业学习，以该领域科学家、科学工作者的爱国情怀、治学精神、成才道路、研究方法等教育大学生。专业课教师在教给学生科学结论时，还应说明结论形成的过程，使学生受到科学方法和科学思维的训练，受到艰苦奋斗、不怕挫折的教育。第三，要结合专业实习推进大学生价值观教育。要引导大学生将理论学习与生产实践相互结合，动手操作与动脑思考相结合，在专业实习中细致观察、严谨操作、勤奋工作，培养敏锐的观察力、准确的判断力、严谨的作风和求实的精神。第四，要以专业教师的人格感染学生。专业教师的人格有强大的影响力和感召力，对学生成长起着耳濡目染、潜移默化的作用，高尚而富有魅力的教师人格能产生身教重于言教的良好效果。专业教师应以自己的模范行为启迪、引导大学生的价值观和行为取向。

总之，专业课中蕴涵着丰富的资源，是大学生价值观教育的有效载体。在专业课教学中推进大学生价值观教育，既能使专业课富有生机和灵性，又寻找到了大学生价值观教育的突破口。在大学教育过程中，把专业课教育与大学生价值观教育有机统一起来，能使大学生在获得专业技能的同时思想和人格得到提升，价值观得到引领。

（本文发表于《临沂大学学报》2015 年第 3 期）

社会主义核心价值观日常生活化研究①

张业蕾

（临沂大学马克思主义学院，山东 临沂 276005）

摘　要：价值观是人们世界观的重要组成部分。社会主义核心价值观彰显社会主义的核心价值追求，是凝聚人心，形成中华民族奋斗合力的重要力量，培育社会主义核心价值观对中华民族伟大复兴中国梦的实现，有重要的影响。如何切实有效的培育社会主义核心价值观？笔者认为，价值观作为上层建筑的组成部分，其生成的基础场域在人们生活的现实世界。而生活在现实世界中的人们，有着各种不同的利益诉求，价值观的有效培育，必须关注人们的利益诉求。这不仅有助于社会主义核心价值观深入人心，更有助于人们将社会主义核心价值观自觉作为自己的行为价值取向。

关键词：社会主义核心价值观；日常生活化

一定社会的核心价值体系，总是其意识形态本质的体现，社会主义核心价值体系也不例外。作为社会主义核心价值体系的凝练与概括，社会主义核心价值观也是社会主义社会意识形态的本质体现。基于此，培育社会主义核心价值观，不能忽视其意识形态属性。马克思主义认为，社会存在决定社会意识，一定社会的核心价值观是其所在社会意识形态的本质体现，也因为如此，社会的

---

① **作者简介**：张业蕾（1982– ），女，山东青岛人，临沂大学马克思主义学院讲师，硕士，研究方向：思想政治教育、青少年核心价值观教育。

基金项目：教育部人文社会科学研究一般项目（13YJC710017）；山东省青少年素质教育重点研究基地专项课题（14SZJ030）；山东省高校人文社科研究计划项目（J14WA08）；山东省青少年发展与教育研究项目（SDYSB150388）；临沂市社会科学规划课题（2015LX046）；临沂大学 2014 年教学改革立项项目（临大校办发 2014[22]–59）。

核心价值观本质上都是由社会存在决定的。在人们的现实生活中，所谓社会存在，无非就是人们所生活的这个社会的“经济基础、政治架构、文化氛围与社会心理”。就人们的价值观生成而言，“在一定意义上，有什么样的经济基础、政治架构、文化氛围与社会心理，就有什么样的社会核心价值观。‘价值观培育’的目标与社会基础一致时，两者自然相互促进；不一致时，‘价值观培育’的效果往往会被现实无情地击碎。”[1] 考察人们的日常生活，我们也会发现之所以不同的群体、个体会存在不同的生活方式，一个重要的原因就是个体所具有的生活观念不同。而生活观念的生成与个体生活实践所依赖的社会环境及自然环境密切相关，与个体所关注的利益需求及满足也密切相关。所以，培育社会主义核心价值观，必须与人们的现实生活相契合，贴近人们的现实生活世界，使之日常生活化。

一、社会主义核心价值观的培育离不开人们的现实生活世界

社会主义核心价值观中的价值，是哲学意义上而言的。哲学范畴的价值，是事物的性质和属性对人的需要的满足关系、人及其创造物对人的需要的满足关系。马克思曾经说过，“‘价值’这个普遍的概念是从人们对待满足他们需要的外界物的关系中产生的。”[2] 按照马克思的说法，我们也可以说价值是来自人类生活实践的一种理论抽象。个体在现实生活世界里的活动，具体地讲，有各种具体的活动内容、活动形式，但是总体看来，个体的实践活动可以说就是认识世界、改造世界，创造价值、实现价值的过程。在这一实践过程中，个体不是完全无意识的盲目的实践，而是会形成一系列对事物及活动的看法，如，什么是有意义的，什么是没意义的，即形成关于价值的基本观念，并且，这些基本的价值观念，又会引领个体的实践活动。马克思主义哲学视阈中，价值观是人们对价值以及价值关系的主观认识或表达。从价值观的构成体系来看，价值观可以分为两类：一般价值观和核心价值观。在社会价值体系中，处于主导和支配地位的价值观就是核心价值观，由其派生出来并受其支配的价值观为一般价值观。

社会生活，顾名思义，是对人们所进行的各种社会活动的总称。马克思主义哲学早已向我们揭示，社会生活的本质是实践的。而实践活动的展开，需要实践主体、实践客体。在社会生活实践中，毫无疑问，个体是社会实践活动的参与者，是社会生活的主体，社会生活的容就是不断进行的社会实践，社会

生活也是个体的生命表现和本质特征。马克思曾经指出："凡是把理论引向神秘主义的神秘东西，都能在人的实践中以及对这个实践的理解中得到合理的解决。"[3] 马克思在《〈政治经济学批判〉序言》中指出："物质生活的生产方式制约着整个社会生活、政治生活和精神生活的过程。"[4] 据此，我们可以从总体上将人类社会的生活领域大体划分为四大领域，即：物质生活领域、社会生活领域、政治生活领域、精神生活领域。

价值观与社会生活二者之间是什么关系？对这一问题的考察，有助于我们深刻认识价值观培育的基础场域。马克思主义哲学已向我们揭示，矛盾无时不在，无处不有，是普遍存在的。而矛盾就是辩证统一。价值观与社会生活之间的关系，也是辩证统一的。一方面，社会生活是人们价值观形成的现实基础；另一方面，源于社会生活的价值观对社会生活又具有反作用。人们在特定的社会生活中形成一定的价值观后，就会以一定的价值观去判断、评价自身的社会生活实践。当人们的判断、评价与自身接受到的社会生活价值启示一致时，就会认同现实社会生活的合理成分：社会物质生产方式和生活方式的状况；反之，则难以认同。社会主义核心价值观与人们的现实生活相互影响、相互作用。

对一个民族、一个国家而言，全社会认可的核心价值观，是其最持久、最深层的力量。社会主义核心价值观，承载着中华民族的精神追求，体现我国社会评判是非曲直的价值标准。作为社会主义核心价值体系的内核，体现着社会主义核心价值体系的根本性质和基本特征，

是对社会主义核心价值体系的高度凝练和集中表达。社会主义核心价值观将涉及国家、社会、公民的价值要求融为一体，可以为人们的社会生活实践提供总体性的思维方式和根本价值取向。价值观与社会生活的辩证统一关系告诉我们，人们的生活实践是价值观生成的现实基础场域，因此，培育社会主义核心价值观，离不开人们的现实生活世界。理论离开现实生活，就会成为无本之木，所以，要想理论在人们的生活实践中彰显力量，发挥引领作用，也须回归现实生活。只有将社会主义核心价值观回归人们的现实生活，才更有助于群众自觉将其内化于心，外化于行。

二、社会主义核心价值观对人们生活世界的引领

党的十六届六中全会通过了《中共中央关于构建社会主义和谐社会若干重

大问题的决定》（以下均简称为“决定”）。《决定》中，首次提出要建设社会主义核心价值体系。这一重大战略任务提出后，社会各界掀起研究社会主义核心价值体系及相关问题的热潮。吸收各界研究成果，党的十八大报告进一步强调“加强社会主义核心价值体系建设”，同时，将“社会主义核心价值体系”概括凝练为“三个倡导”：国家层面倡导富强、民主、文明、和谐，社会层面倡导自由、平等、公正、法治，个体层面倡导爱国、敬业、诚信、友善。随着经济全球化的深入推进、发展，社会主义现代化进程的加快，我国社会各个方面发生了深刻的变化。社会的经济成分由过去单一的公有制转变为公有制为主体，多种经济成分并存发展；利益分配方式转变为按劳分配为主体，多种分配方式并存；就业方式也发生重大变化，已经是用人单位与求职者个人双向选择，国家不再统一分配，而且国家层面大力鼓励创新、创业。

此外，我国社会的社会结构和利益关系等也发生重大而深刻的变化。与社会领域发生的这些深刻的变化相伴随的，各种社会文化交汇融合，各种社会思想互相激荡，身处社会大变迁中的个体的价值观念日趋多元、多样化。在这种情况下，如何保证我国社会主流意识形态的安全就显得必要而迫切。作为社会主流意识形态本质体现的社会主义核心价值观，生成于人们的现实生活世界，提出社会主义核心价值观生活化培育，有助于解决人们现实生活世界的主要矛盾，也是对现阶段人们迫切需要的有力回应。社会主义核心价值观的培育，与我们中华民族，与我们这个国家的历史文化是相契合的，与我们中华民族，我们国家的人民正在进行的奋斗是结合在一起的，也是同我们中华民族，我们国家需要解决的时代问题相适应的。总之，社会主义核心价值观的培育，承载着中华民族深沉的精神追求，是凝聚人心的最强大的力量。

社会主义核心价值观引领人们形成健康、积极、向上的生活观念。人们的社会生活，总是在一定生活观念的引领下进行的。对什么是生活观念，不同的学者，看法也不尽相同。一般而言，学术界比较一致的观点是，将生活观念界定为人们在社会生产生活实践中，所形成的各种认识观念的综合。现实生活中，由于人们的生活环境、知识水平等因素的影响，个体的生活观念存在很大的差异性。总体上看，积极向上的生活观念与消极腐化的生活观念并存。社会主义核心价值观在国家层面的价值要求是倡导富强、民主、文明、和谐；在社会层面的价值要求是倡导自由、平等、公正、法治；在公民层面的价值要求是倡导爱国、敬业、诚信、友善。“三个倡导”将涉及国家、社会、公民的价值要求融为一体，能够有效引领人们的思想观念、思维方式、价值判断和价值选择，引导人们在认同社会主义核心价值观的基础上，自觉抵制社会生活中消极腐化的生活观念，如权钱交易、诚信缺失等，使人们树立民主法治、诚实守信等科学、文明的生活理念，净化社会风气，使人与人之间和谐相处，人们的生活更加幸福美好。

社会主义核心价值观引领人们形成现代化的生活方式。“生活方式”这一概念，内容十分宽泛，不同学科有不同的界定。作为学术领域中的科学概念，始于19世纪中叶。马克思、恩格斯创建了历史唯物主义原理，在创建该原理的同时，提出“生活方式”和“生产方式”的概念。马、恩在其著作中多次使用“生活方式”的概念，阐述有关生活方式的重要思想。如，马克思认为“在社会生产的每个时代，都有这些个人的一定的活动方式，表现他们生活的一定形式、他们一定的生活方式。”[5]那么，什么是生活方式呢？生活方式是一个内容十分丰富的概念。简言之，所谓生活方式，就是一定社会历史条件制约下的个体或社会组织等，在一定价值观的主导下，所形成的满足自身生活需要的活动形式、行为特征的体系。一般而，生活方式包含三个基本要素，有活动主体、活动条件和活动形式。其中，活动主体在生活方式中处于核心地位。正如马克思主义认为的，“人们用以生产自己的生活资料的方式，首先取决于他们已有的和需要再生产的生活资料本身的特性。这种生产方式不应当只从它是个人肉体存在的再生产这方面加以考察。它在更大程度上是这些个人的一定的活动方式，是他们表现自己生活的一定方式、他们的一定的生活方式。”[6]按照马克思主义的观点，主体的生活方式，与其所处的历史时期的生产方式紧密相连，受其制约；主体的生活方式，不是无意识的、随意的，而是在一定意识指导下的主体的活动方式。价值观可以说是社会的生产方式在主体思想上的反映，反过来又调节着主体的生活活动，规定者生活主体对生活方式的选择。在社会主义核心价值观的引领下，人们会自觉或不自觉地调整自己的生活追求、生活态度和生活信念。在认同社会主义核心价值观的基础上，作为生活主体的人们能够自觉将其转化成科学、文明、现代化的生活方式。

三、社会主义核心价值观日常生活化的着力点

切实有效培育社会主义核心价值观，不可忽视社会主义核心价值观的意

识形态属性。马克思主义认为，社会存在决定社会意识，社会意识是对社会存在的能动反映。一定社会的核心价值观，是该社会意识形态的本质体现，从根本上讲，是由特定的社会存在决定的。在人们的现实生活中，所谓社会存在，就是人们所生活的这个社会的“经济基础、政治架构、文化氛围与社会心理”。[7]“只有当学术界与党和国家的领航者都充分认识到‘价值观培育’的关键在社会的经济基础、政治架构、文化氛围与社会心理，从而从夯实社会基础的高度推进社会主义核心价值体系建设时，才有可能在全社会成功地培育社会主义核心价值观。”所以，在全社会有效培育社会主义核心价值观，离不开人们的现实生活世界，还须理清在人们的生活世界里培育社会主义核心价值观的着力点。

推进社会主义核心价值观日常生活化，最根本的是要关注并积极满足人们在现实生活世界中的利益诉求。社会主义核心价值观不是孤立存在的，其存在与发展有着利益的依托。纵观人类历史，可以发现，每一时期出现的价值观冲突，从根本上讲，是不同阶级、阶层现实生活世界里物质利益冲突的反映。马克思就曾经说过，“人们为之奋斗的一切，都同他们的利益有关。”[8]而一种价值观能否成为社会的核心价值观，从根本上讲，取决于这种价值观所代表的利益关系，是否得到了各生活主体内心的认同。如果说核心价值观有其依托的物质基础，那么可以肯定的说，这个物质基础就是现实的利益。这其实也向我们揭示，要想使社会主义核心价值观的为生活主体内心真正认同，并外化为实实在在的实践行动，最有效的途径就是切实关注，并积极回应各生活主体的利益诉求。切实有效培育社会主义核心价值观，光喊空洞的标语式口号是无益的，必须付诸实实在在的行动。如果游离于人们的现实生活世界之外，对主体的各种现实利益诉求不闻不问，社会主义核心价值观的培育将难以取得实效，甚至还会引起人们的反感、排斥。

马克思主义哲学认为，世界上的事物处在不断地变化、发展之中。人们在现实生活世界中的利益诉求也处在不断地变化中，是具体的、历史的、现实的。当人们现实生活世界里的利益状况发生变化时，也会引起社会核心价值观相应地发展、变化。基于此，我们可以说，切实有效培育社会核心价值观，是对现实的、具体的、不断变化的人们在现实生活世界里利益诉求的回应与表达，是一个动态的过程。这也向我们揭示，社会主义核心价值观的培育，应与人们具体的、历史的、不断变化的现实利益相联系，解决好人们具体历史的、现实的利益诉求。

社会主义核心价值观的日常生活化，离不开人们的现实生活世界，我们不能忽视对生活主体进行必要的价值观教育。列宁曾经说过，“阶级政治意识只能从外面灌输给工人，即只能从经济斗争外面，从工人同厂主关系范围外面灌输给工人。”[9]列宁在这里所讲的“灌输”，通俗地讲，就是对广大群众进行必要的理论教育。社会主义核心价值观，是社会主义意识形态的本质体现，在培育的过程中，应重视对人们进行核心价值观教育。进行社会主义核心价值观教育的同时，应以满足人们现实生活世界中的利益诉求为依托，尤其应与满足人们现实生活世界中的物质利益密切结合。正如恩格斯曾指出的：“‘思想’一旦离开利益，就一定会使自己出丑。”[10]如果脱离人们现实生活中的实际利益，社会主义核心价值观教育就会成为空洞的“说教”，难以取得实效。另外，还应注意的是，对人们进行的价值观教育，应注意实现话语体系的转换，将抽象的、难懂的、理论化的语言，用人们听得懂的、生动活泼的、生活化的语言表述出来。在教育的内容方面，应注意同人们现实生活相结合，将解决人们现实利益诉求与社会主义核心价值观日常生活化培育结合在一起，脱离人们生活实际的空洞的“说教”，是无论如何都要避免的。

改革开放以来，社会主义市场经济体制建立，并深入发展，同时，中国特色社会主义建设实践加快推进，与此同时，我国社会的阶层结构发生了深刻变化，传统的工人、农民、知识分子三个阶层重新分化、组合，并且还产生了各种新兴的社会阶层，如民营科技企业创业人员、外企管理技术人员等。不同社会阶层的人们，因工作、生活环境尤其是自身利益等因素的影响，秉持的价值观也不相同。因此，在培育社会主义核心价值观过程中，应积极统筹各阶层人们在现实生活中的利益诉求，并做出积极回应，为实现社会主义核心价值观广泛的社会认同，奠定坚实的基础。

面向人们现实生活世界培育社会主义核心价值观，应将民生建设作为着力点。中国共产党历来就关注民生发展，重视民生建设。解放发展生产力，改善人民生活水平，是党一贯坚持的目标。改革开放以来，党在保障和改善民生方面取得了巨大的成就，人民生活水平不断提高，但不可否认的是，由于各种因素的影响，民生建设还存在一些问题，如人们普遍反映的“上学难”、“看病难”、“住房难”的问题。 在这样的背景下，党的十七大报告将民生建设作为社会建设的重点内容，十八大报告进一步提出要解决好人民群众最关心、最直接、最现实的利益问题，努力让人民群众过上更好的生活。这些凝聚人心、汇聚力量的举措，必将为社会主义核心价值观的培育奠定坚实的物质基础、群众基础，必将为推进实现社会主义核心价值观在全社会的广泛认同提供强大的动力！

参考文献：

[1] [2] [3] 马克思恩格斯全集（第 1 卷）[M]. 北京 . 人民出版社，1995:56，67，187.

[4] 马克思恩格斯全集（第 2 卷）[M]. 北京 . 人民出版社，1995:32.

[5] 马克思恩格斯全集（第 3 卷）[M]. 北京 . 人民出版社，1995:24.

[6] 列宁全集（6 卷）[M]. 北京 . 人民出版社，1986:76.

[7] 马克思恩格斯文集（第 1 卷）[M]. 北京 . 人民出版社，2009:286.

[8] 毛泽东文集（第 2 卷）[M]. 北京 . 人民出版社，1993:467.

[9] [10] 李纪岩 . 当代大学生社会主义核心价值观培育研究 [M]. 济南 . 山东人民出版社，2013:230,231.

（本文发表于《安徽警官职业学院学报》2015 年第 6 期）

多元文化影响下大学生价值观现状与教育对策研究[①]

王莎莎

（临沂大学，山东 临沂 276005）

摘　要：当今世界文化的发展潮流是多元化。大学生作为社会的重要成员，价值观不可避免地也受到了多元文化潮流的影响。多元的文化让大学生有了多元的价值选择，这其中既有积极、健康、向上的价值观，也有消极、拜金等错误的价值观。大学生具有什么样的价值观，不仅会影响他们自己的发展，也会影响到国家的发展。在多元文化影响的背景下，培育大学生科学价值观的对策是：进行正面的灌输和引导；合理有效地利用多渠道进行价值观教育；引导大学生加强自我教育。

关键词：多元文化；大学生；价值观

近年来，在经济全球化及信息化等因素的共同影响下，西方文化和东方文化、现代文化和传统文化在中国不断地相互碰撞、融合，我国文化呈现出一种前所未有的多元文化趋势。在这种多元文化的背景下，我国当代大学生的价值观也受到了不同程度的影响。由于缺乏科学合理的引导，很多大学生不但找不到正确的人生方向，甚至最终选择了错误的价值理念。在当前形势下，应清醒

---

① **作者简介**：王莎莎（1992- ），女，山东郯城人，山东师范大学马克思主义学院 2014 级硕士研究生在读。研究方向：高校思想政治教育。

基金项目：本文系教育部人文社会科学研究一般项目“引领与培育——当代大学生核心价值观生成的基础问题研究”（项目编号：13YJC710017）；山东省高校人文社科研究计划项目“培育与践行社会主义核心价值观研究”（项目编号：J14WA08）；山东省高校人文社科研究计划（思想政治教育专题研究）“基于沂蒙精神育人的社会主义核心价值观教育研究”（项目编号：J14SY55）；山东省青少年素质教育重点研究基地专项课题“青少年认同与践行社会主义核心价值观研究”（项目编号：14SZJ030）的研究成果之一。

地认识大学生价值观的现状，深入地分析存在问题的产生原因，并为大学生价值观的合理构建寻求合理的对策。

一、多元文化与价值观的含义

（一）多元文化

文化作为人类所特有的现象，始终贯穿在人类社会的各个领域中。而多元文化就是指在人类社会越来越发展，经济、信息交流越来越频繁的背景下，各种文化面临着越来越多的机遇和挑战，文化的转型愈演愈烈，新文化不断地诞生。社会结构因其复杂性需要多样的文化为其服务，文化服务与社会的发展造就了文化的多元化，即多元文化。

高校是一个百花齐放、百家争鸣的地方，因此高校中文化的多样性是不可避免的。大学生作为高校的主体人群，深受多元文化的影响，面对此种现状，引导大学生树立正确价值观变得至关必要和重要。

（二）价值观

价值观是个人对客观事物（包含人、事、物）以及对自己行为结果的意义、重要性和作用的总体看法和评价。一方面表现为判断什么是好与坏、什么是对与错的价值取向、价值追求，并凝结为一定的价值目标；另一方面表现为价值尺度，成为人们评判事物有无价值和价值大小的价值评价标准。价值观的形成受社会物质文化的影响，一经形成便具有相对稳定性和持久性，而且会支配人们的行为举止。但是，价值观也会随着个人经济地位、人生观、世界观等的改变而改变。其中，文化的发展与变化对社会和个人的价值观形成具有重要的影响。

价值观影响着当代大学生人生价值的实现程度。[1] 正确的价值观引导大学生产生正能量，使他们能够全面发展，并在实现自我价值时努力创造更高的社会价值。错误的价值观则会引导大学生产生负能量，消极避世，甚至有可能走上歧途。因此，在多元文化的背景下，帮助大学生树立正确的价值观，有助于集聚更多的正能量，使大学生健康全面发展，使国家安定团结、繁荣昌盛。

二、多元文化影响下大学生价值观现状

当代大学生渴望实现自我价值和社会价值，实现自己的理想，也愿意肩负起社会的责任。但是他们有时认识不到树立正确价值观是实现自我价值的前提和保证，难以判断自己既有价值观的科学与否。[2] 在今天经济文化高度发展的背景下，大学生的价值观呈现出以下状态：

（一）多元化：由单一走向多元

当今世界，科学技术发展为文化的发展和传播提供了便捷而有效的渠道。人们拥有更加开放的心态，他们不再拘束于一种文化形态，而是敞开胸怀在网络环境下接受来自于不同社会形态的不同文化。不同的文化拥有不同的文化背景与文化信仰，造就了不同的价值观。大学生处在价值观形成与发展的关键阶段，接受不同的文化，价值观也就由以往的单一走向了多元化。

（二）虚无化：即价值目标呈现为理想主义

互联网的发展使各种文化可以更加便捷地传播到世界不同的地方，同时也为大学生提供了更多了解和参与社会的途径，但由于个体主体性的发挥，大学生往往会执着于自身的理想信念，偏离社会现实，忽略了事物发展的外部物质等条件。这就导致大学生的理想信念过于理想，不易实现，呈现为虚无化的状态。

（三）个人化：讲求自身主体性和个人价值的实现

当代大学生对待世事有着自己独特的眼光，能从众多的价值中选择与自己利益最相符合的理想目标。他们愿意用自身的努力为国家、为社会、为他人提供帮助和服务，能做到服从和服务于国家和集体的利益，但又不希望以牺牲自身既得利益为代价，往往追求自我价值和社会价值相统一的价值取向。当代大学生对未来有美好的希望，思想更加具有多样性、批判性和跳跃性，因而可以对事物做出符合自己理想目标的价值判断。他们反对个人利益大于一切的观点，也反对不顾自身利益追求，而是追求自身价值与社会价值的共同发展。[3]

（四）利己化：集体主义价值观受到削弱，利己主义有所抬头

在多元文化影响下，当代大学生的集体主义价值观受到了削弱。在各种

文化相互激荡的过程中，部分大学生受到了利己主义和拜金主义思想的影响，在利益面前，首先考虑到的自己的利益满足，其次才会想到集体和国家的利益。[4] 多元文化格局的形成，使西方文化和东方文化、现代文化和传统文化相互碰撞，文化指向失去了统一性，大学生价值观也随之失去了同一性，因而集体意识变得淡化，人性的自私面得到了扩大，致使利己主义有所抬头。

（五）唯知化：价值实践上存在知行不一的现象

价值观对我们的行为具有导向和调节的作用，在特定价值观的引导下，我们需要发挥主动性，在实践中不断地努力践行，做到知行一致。但是在多元文化背景下，当代大学生在价值观方面，存在着知行不一致的问题。比如，大学生强调自我的发展，张扬个性，但是又往往不能坚持自己的追求，容易从众，从而失去自我。大学生在追求实现自我价值和自我目标时，面对众多选择不知所措，从而失去既定目标的方向。

三、多元文化影响下大学生价值观存在问题的原因

多元文化可以说是一把双刃剑，它在给我们带来机遇的同时也给我们带来了挑战，致使大学生的价值观呈现出以上几种状态，而导致出现以上状态的原因主要有以下几点：

（一）全球化和经济一体化的影响

全球化和经济一体化具有高度的流动性和开放性，不仅给大学生带来了新鲜的知识体验，也给他们带来了一些不良的甚至错误的思想。在经济全球化的背景下，一方面大学生与外界的交往越来越频繁，也越来越没有障碍，使大学生自我分析能力增强；另一方面由于文化产品更加难以管理，使大学生陷入了混乱状态，无法对自己进行准确的定位，更无法对自身价值观进行评判。

（二）西方文化对我国大学生的不良影响

自我国实行改革开放以来，西方发达资本主义国家的各种思想文化纷纷涌入，这对于当代大学生而言具有一定的积极意义，可以开阔大学生的文化视野，使他们受到来自不同国家的不同文化的熏陶。但同时西方某些国家妄图通

过文化交流的开放性，对我国进行文化渗透，把一些西方的价值观念传递到人民群众的思想中，尤其妄图对当代大学生进行文化影响。由于当代大学生社会经历和辨别能力都有限，对西方文化的一些内容不能进行理性且正确的判断，他们的价值观受到了冲击。因而在很多时候，大学生会选择不符合甚至违背我国主流价值观的理念。

（三）网络媒体的影响

随着世界进入网络信息化时代，互联网促使我们的生活方式、认知方式、生产方式发生了极大变化。对于大学生来说，他们是新鲜事物的敏锐感知者，是网络文化倍受喜爱的支持者。现代的大众传播媒体，不仅使大学生的认知和学习方式发生了改变，也对他们的价值观产生了潜移默化的深刻影响。互联网传播的信息具有多样性、复杂性，加之网络文化在传播过程中缺乏一定的约束性，使得各种各样的文化产品、价值观念触手可及，大学生在接触互联网时或主动或被动地受到了影响。在这种背景之下，他们固有的价值观受到了冲击，使他们不得不建立新的价值观。在这个过程中，大学生的价值观变得多样化和不稳定。

（四）我国高校价值观教育的缺失

当前，我国高校价值观教育存在着普遍缺失。高校的主要任务除了传授学生知识外，另外一个很重要的职能就是对大学生进行价值观教育，帮助大学生立德成才。但是由于社会多方面的影响，很多高校的管理注重实用性，过分强调就业率等，导致了学生也有了对学习的功利性态度，价值观的形成受到影响，缺乏人文精神。

（五）大学生自身因素的影响

当代大学生正处于迅速成熟而又未完全成熟的人生发展阶段，由于社会阅历不足等因素，对事物缺乏足够的判断力和自我控制等能力。在多元文化的背景下，大学生的情绪、思想更加敏感，希望找到能实现自身最大利益的途径，但由于社会事物的不断变化，他们所选的手段又不能完全适用于自己的需要。面对自身需要的变化和社会对这种需要的限制，大学生价值观便出现了波动和不同方向的选择。

四、多元文化影响下大学生价值观教育的对策

价值观是人们行为的先导，有什么样的价值观就有什么样的行为。习近平总书记在 2014 年与北京大学师生座谈时说道：“我为什么要对青年讲社会主义核心价值观这个问题？是因为青年的价值取向决定了未来整个社会的价值取向，而青年又处在价值观形成和确立的时期，抓好这一时期的价值观养成十分重要。”[5] 当代大学生肩负着实现伟大“中国梦”的责任，因此，在多元的文化背景下我们应该正确对待大学生的价值观，承认文化多元化的客观性，进而找到大学生价值观教育的正确对策，帮助大学生树立正确的价值观。

（一）进行正面的灌输和引导

第一，我们要理论教育和实践教育并重。实践是检验真理的唯一标准。我们不仅要对大学生进行理论教育，而且要积极引导大学生参与到社会实践中。大学生是社会中的人，教育者要引导大学生参与社会实践活动，使他们了解社会和人民群众，认识到人民群众不仅是物质财富的创造者，也是精神财富的创造者。把这些人民群众在实践中形成的新价值观加以总结，并传递给人民群众。

第二，我们要创新价值观教育的内容。当今时代，我们必须继续坚持马克思主义的指导地位。中国特色社会主义理论体系是我国社会长期发展的理论成果，我们在任何时候都应当坚持中国特色社会主义理论体系的指导作用，用发展的马克思主义武装当代大学生，用马克思主义价值观引领大学生树立符合社会发展的价值观。

第三，对待西方价值观要取其精华去其糟粕。要剔除其中不符合我国社会主义核心价值观的内容，用宽容和发展的眼光对待西方文化，吸取其他民族国家合理的先进的文化养分，[6] 总结社会发展的经验与知识文化成果。在多元的文化背景下，西方的先进文化中诸如法律观念、环境保护意识等都值得我们借鉴和学习。

第四，提倡并践行社会主义核心价值观。当代大学生是建设富强、民主、文明、和谐的社会主义现代化国家的生力军，是构建自由、平等、公正、法治的美好社会的主力军，是具有爱国、敬业、诚信、友善品质的国家主人。大学生不仅要时刻以社会主义核心价值观来约束自己，而且要努力用自己的行动去

践行社会主义核心价值观，用集体主义来约束自己，清醒地认识到集体利益应当高于个人利益，在个人利益与集体利益相冲突的时候，应该适当地放弃个人利益。

（二）合理有效地利用多渠道进行价值观教育

第一，合理利用互联网进行价值观教育。一是要积极推进和扶持先进文化进入互联网，选择适合大学生思想的思想政治教育方式，密切网络文化与大学生的联系，使大学生在丰富多彩的信息文化中找出价值观的正确取向，进而树立正确的价值理念。二是要利用互联网的双向互动性，向大学生合理地灌输价值理念，使他们自己在众多的文化信息中选择出正确且有价值的信息，通过判断，形成自己正确的价值观。三是要大力整治网络秩序，努力清除其中的不健康文化，并进行校园网站建设，建设大学生价值观教育网站，使互联网成为价值观教育的主阵地。

第二，统筹课堂教育、校园文化活动和社会实践，实现全方位育人。[7]要通过这三者的结合，构建和谐、健康的校园文化环境，营造良好的价值观教育氛围。1. 课堂教学是我们传播正确价值观和进行思想政治教育的主要渠道。系统的课堂教学有助于教师根据教学目标，利用灵活多变的方式向学生传播价值观，也有助于引导大学生修正不足，做出及时的弥补。2. 积极健康校园文化活动可以潜移默化地影响大学生价值观的形成。校园文化是社会主流文化在大学校园传播的中介，[8]开展多元化的校园文化活动，使大学生拥有选择性和主动性，就可以让校园文化更好地发挥其导向性，帮助大学生形成正确且符合社会发展潮流的价值观。3. 在进行前两项活动时，始终要与社会实践相结合。通过广泛的社会实践活动，可以让大学生在实践中检验自己的知识和信仰，进而认识到自己的不足和缺点，树立正确的价值观。

第三，要建立、健全大学生价值观教育机制。价值观的形成与发展有着其自身的规律。在外界因素和自身内在因素的双重作用下，大学生产生思想需要，进而形成行为动机，这就是大学生价值观形成的规律。我们应当充分考虑各种因素的相互作用，协调各方，建立一套合理、科学、有效的价值观运行机制，这样就可以在大学生价值观形成教育上取得实质性的成果。要调动全校师生共同积极参与，落实正确的价值理念，在价值机制的管理下，大学生通过社会实践，找准自己的位置，建立符合自身发展的价值观。

（三）加强大学生的自我教育

习近平说："青年是标志时代的最灵敏的晴雨表，时代的责任赋予青年，时代的光荣属于青年。"[9] 在价值观教育中充分发挥大学生的主体作用，可以收到事半功倍的效果。

第一，大学生要勤奋学习，努力求知。知识即财富，只有足够的知识积累，大学生才能在繁杂的环境中选择并树立正确的价值观。大学时代，是大学生追求真知、丰富自身的关键阶段，应当勤奋学习，把所学所想内化为自己的思想，用这些思想引领自身行为。

第二，大学生要自觉进行道德教育，提高自身的道德修养。道德是社会主义精神文明的重要组成部分。一个人的道德修养可以反映自身的思想觉悟和精神境界。大学生自觉地进行道德教育，就可以潜移默化地提高自身的道德修养，树立符合现代社会要求的道德观念，进而正确分辨出什么是善、什么是恶，成为德才兼备的社会公民。

第三，大学生要提高自身辨别力，实事求是。当代大学生身处多元文化的文化环境下，当面对纷繁复杂的社会现象以及自身追求的选择时，难免会不知所措，不能做出正确的选择。此时，大学生就要学会思考，学会分析，提高自身的辨别能力，在纷繁复杂的社会现象中找出符合社会发展的选择，做到实事求是。

总之，当前我们正身处多元的文化环境中，我们应当实事求是地承认这种多元的文化。同时在这种多元文化的影响下，积极主动地利用主流文化来引导大学生，协调社会、学校、家庭、大学生等各种因素，帮助大学生寻求正确的方法途径，进而树立有利于中国梦实现和大学生自身发展的价值观。

参考文献：

[1] [2] [7] 李纪岩 . 当代大学生社会主义核心价值观培育研究 [M]. 济南：山东人民出版社，2013.

[3] 张珂 . 多元文化影响下大学生价值取向的分析与引导 [D]. 华东师范大学，2012.

[4] 王俊成 . 多元文化背景下我国大学生价值观教育 [D]. 东北师范大学，2009.

[5] [9] 习近平 . 青年要自觉践行社会主义核心价值观——在北京大学师生

座谈会上的讲话[N].人民日报,2014-5-4.

[6]王吉春,兰巍.浅议多元文化下当代大学生价值观的引导[J].淮海工学院报，2005.

[8]陈彦珍.多元文化背景下大学生价值观的现状及教育对策[J].湖南医科大学学报，2009.

（本文发表于《山东工会论坛》2016年第3期）

新媒体对大学生思想道德教育的影响及对策[①]

丁瑞兆

（临沂大学，山东 临沂 276000）

摘　要：新媒体具有信息传输迅捷、信息交流双向、感官感受丰富、发展势头迅猛等鲜明特点，对当代大学生政治思想的形成与道德观念的塑造有着深刻而广泛的影响：从积极的方面看，它能够丰富道德认知、激发政治热情、增强平等意识并丰富校园文化；从消极的方面看，它所导致的“低智商社会”、“视觉文化时代”以及社会关系异化等现象都易于引发种种消极后果。鉴于此，要对大学生进行科学有效地政治思想教育，就必须有效利用新媒体的独特优势，在发挥社会主义核心价值体系正面引领作用的同时，科学选择思想道德教育方式，建立健全大学思想道德教育立体网络，大学网络舆情的监控与引导等措施。

关键词：新媒体；大学生思想道德教育；影响及对策

近年来，随着社会文明的进步以及科技水平的提高，一系列新媒体技术（主要包括数字技术、互联网技术和移动通迅技术）得以迅猛发展，推动了各种新媒体形态的快速普及和蓬勃兴起。这些新媒体在为用户提供全新使用环境的同时，也极大地改变着人们的思想、政治、道德、心理等方方面面，并尤为

---

① **作者简介**：丁瑞兆（1968—　），男，山东省费县人，哲学硕士，临沂大学马克思主义学院副教授。

基金项目：本文系教育部人文社会科学研究一般项目“引领与培育——当代大学生核心价值观生成的基础问题研究”（13YJC710017）、山东省高校思想政治理论课改革立项课题“实践育人项目”（鲁高工委通字 [2014]82 号）的研究成果。

突出而强烈地在大学生群体中表现出来。鉴于此，对新媒体对大学生思想道德教育的影响及对策问题进行研究，对我们而言是一个重大而又紧迫的现实课题。

一、新媒体的主要特点

所谓新媒体，就是指随着数字技术、互联网技术、移动通信技术等新兴技术的兴起与进步而发展起来的一系列新兴媒体形式，主要包括数字报刊、数字试听设备、手机彩信、手机电视、移动电视、楼宇电视、桌面视窗、触摸媒体、博客、QQ、BBS、SNS、网络游戏等。这些新媒体有着诸多新特点，归结起来主要有以下几点：

（一）信息传输迅捷

新媒体不仅承载信息量大，而且作为一种新型的高科技便捷信息传播通道，基本实现了信息即时发送与无障碍传输，使得信息在发送瞬间就能够传遍全球范围内电磁覆盖的所有角角落落，尤其是微博、社会性网络服务（SNS）等媒体形式的腾空出世与广泛应用，更是突破了传统的点对点信息传播模式所具有的时效滞后性和容量局限性，借由病毒式、裂变式传播模式，使得某一“大V”所发送的信息瞬间为其“粉丝”接收并转发，再度发送给“粉丝”的“粉丝”乃至若干次方的“粉丝”，进而在极短时间内传遍各种信息网或朋友圈。在信息传输革命过程中，信息编码与储存方式的革新与进步、网络设施的全覆盖发展、信息终端与搜索引擎的移动化与便捷化等因素起到了不可或缺的催化作用。目前，百度搜索甚至成为了不少中小学生完成家庭作业的“工具”，手机已经成为个人移动多媒体信息终端。。

（二）信息交流双向

web2.0技术打破了媒体对受众的单向传播过程，用户既是网站内容的浏览者与接受者，也是网站信息的制造者与发布者，由此在很大程度上地打破了个别人或特定群体对信息资源的垄断与操纵，在信息传输立体网络中，任何人都不再有限制别人接收、占有、处理、发送信息的特权，任何人都有机会成为媒体中心和话题焦点，由此开启了网络民主化进程与“自媒体”的时代。

（三）感官感受丰富

与传统媒体相比，新媒体能够给予受众以更为丰富的感官感受。一方面，新媒体集声音发送、文字表述、图像展示、视频传输等信息传输功能于一身，给受众以全方位、多元素的生动感官感受，从而是一种当之无愧的“多媒体”；另一方面，新媒体融合报刊杂志、无线广播、电影电视等媒体形式的既有元素，集各种优势与长处于一体，从而成长为一种“全媒体”。尤为重要的是，当前数字化信息技术已发达到了如此程度，足以能够对视觉、听觉、味觉、触觉等实体信息进行真假难辨的逼真模拟，使得新媒体通过对这些仿真信息的传输而“欺骗”受众成为可能，由此更增强了广大新媒体受众视听感官享受的生动性和丰富性。

（四）发展势头迅猛

据有关调查显示，在大众媒体发展较早的美国，存在着这样一种媒体发展趋势：媒体形式越往后发展越高级，但推广时间较以前则呈现出指数递减。以几种最具影响力的媒体形式为例，发展成受众达 5000 万人以上的推广时间分别为：广播 38 年，电视 13 年，有线电视 10 年；而作为一种新型媒体形式的互联网，则用了短短不过 5 年的时间，仅仅为有线电视推广时间的一半。在作为最大发展中国家的中国，凭借巨大的人口基数和人口红利，新媒体发展势头更为迅猛。据工信部公布的数字显示，2015 年，移动宽带用户（3G/4G）在移动用户中的渗透率达到 60.1%，8M 以上宽带用户占比达 69.9%，4G 移动电话用户新增在移动电话用户中的渗透率达到 29.6%。

（五）影响深入广泛

当前，无论是在大巴、地铁、出租车等交通工具的站点及车体，还是在电梯、广场等公共场所，新媒体可谓是无处不在，LED 广告屏、电视屏等新媒体形式不一而足，日益渗入人们的日常生活；QQ 聊天、网络交往已成为大多数人生活中不可或缺的一部分；微博围观在进行着造星运动的同时，也日趋成为公众政治参与的主要形式。可以说，新媒体已经日益成为现代社会不可分割的有机组成部分，日趋发挥着不可或缺的重大作用，日渐产生了无与匹敌的巨大影响，在潜移默化中改变着人们的思维方式、生活习惯和行为模式。

二、新媒体对大学生思想道德教育的影响

与一般社会群体相比，大学生作为身心都处于成长时期和未定型阶段的一个特殊群体，对新媒体的接受和认同尤为深刻而广泛，不仅获益于由此带来的便捷与高效，而且也受害于其所具有的种种弊端和消极因素。

（一）新媒体对大学生思想道德教育的积极影响

丰富道德认知。大学生作为一个特殊群体，正处于“三观”剧烈变动的重要时期。在这一特殊成长阶段与时期，不仅需要有丰富科学知识信息的滋养，而且尤其需要一定道德准则的匡正。在新媒体环境中，大学生借由形式多样的各种网络与平台，不仅可以搜集海量科学知识信息，而且还能够获取大量道德评判案例，并积极地参与到道德争议与伦理思索中，从而在一定程度上丰富了大学生的道德认知，促进了其“三观”塑型。

激发政治热情。政治参与意识及行为无疑需要一定的宣传与激发，而新媒体不仅使得时事新闻传播更加及时、全面、便利，而且还极大地丰富了新闻信息的报道形式，使之更为全面、直观、鲜活，从而在很大程度上契合并满足了人们政治参与所需政治信息的沟通与交流需求。大学生可以方便地通过手机报、手机网页等上面的新闻照片和视频，最直观地了解世界上每一个角落发生的事件，并通过阅读相关链接和深度评论深入了解事件的始末、原因和影响，从而极大地激发了大学生的政治热情。

增强平等意识。在日常政治生活中，平等是任何一个社会实现政治民主所不可或缺的核心要素，而政治民主与平等又必须具备一定的多元化、非集权化的参政手段作支撑。毋庸置疑，新媒体就是这样一种能够为人们提供适格参政手段的媒介和技术。其优点在于：彻底改观了长期以来秉承的政府主导的集权性信息传导模式，变自上而下的单向硬性灌输为发散性、多元化信息提供，呈现出多中心、非线性的鲜明特征，从而赋予每个社会个体平等话语权，每个人都平等地拥有被关注的机会与可能。这样，不仅极大地激发了大学生被关注的渴望，促使其积极地制造话题、传导言论、发布信息，以期成为自己所处朋友圈的话题中心或“意见领袖”；而且尤为重要的是能够刺激、强化并契合大学生的平等意识、民主意识、个性意识。

丰富校园文化。随着手机互联网的发展普及以及手机在大学生中广泛使

用，手机日益成为普遍的个人信息终端。这样的环境使大学生相互之间的联系突破了时空限制，从而使得大学生扁平化组织的形成成为可能。同时，传统媒体与新媒体——尤其是最为大学生所青睐的手机媒体——的优势互补与有机融合，使大学校园与校外世界之间、大学生相互之间交流深度与互动频度都大幅提升，从而极大地丰富了传统校园文化活动模式。

（二）新媒体对大学生思想教育的消极影响

当前，随着新媒体的进步与发展，社会低智化、文化视觉化、社会关系异化现象日渐突出，由此产生了极其严重的消极后果。

社会低智化及其消极影响。随着网络的发展，大众习惯于在网络上寻求现成的答案，以致于整个社会出现普遍肤浅浮躁、缺乏思考现象，日本经济战略家大前研一命之为“低智商社会”。[1]P3 这种“低智商社会”的消极影响在大学生身上表现的尤为突出。

一方面，教师权威逐渐弱化。随着互联网的快速发展，每个人都拥有平等的信息获取机会，人们倾向于越来越藐视知识权威。在大学教学过程中，老师传授已不再是大学生获取知识的唯一来源，甚至不是主要来源。大学生通过网络就能够很轻易地获取几乎所有所需知识和信息。这样，与“无所不能”的网络相比，老师显得“老套”与“低能”，从而致使教师失去了大学生应有的敬畏与权威。出于这一认知，一些大学生甚至对老师失去了应有的尊敬，认为自己借助于网络能够比他们讲的更好。

另一方面，思考习惯日渐丧失。在新媒体环境中，尽管信息量的几何增长，信息获取的难度却日趋减小，大学生倾向于不再劳心费力地学习和思考，而是在需用时随时上网去“高效”地、“有的方矢”地搜一搜，只需打上几个关键词便“ok”了。有的甚至认为，面对各种信息网络或平台所提供信息足以敷用的新形势，再去自己动脑思考是毫无意义地浪费脑细胞，不仅是极大地资源浪费，而且是不合时宜的。然而，这些“识时务”的“聪明”大学生没有意识到：学习本质上是一个长期的信息累计与思维再造过程，没有经过自己思考和重建的知识信息仅限于知道，是难以持久并付诸应用的；一旦信息大潮回落后，那些在网上获取的表层知识至多会留下模糊的印记，必将随着时间的推移终将被抛至“九霄云外”而荡然无存。

文化视觉化及其消极影响。当前，随着图像技术的进步与发展，信息图像化日趋成为信息主要呈现方式和便捷传播手段，从而将人们带入了一个“视觉文化时代”。在这个全新的时代，对大学校园有着较大影响力的各种媒体都竞相制作精美影像信息资料来吸引大学生的关注和眼球，从而集体形成了一个校园影像霸权，并对大学生思想教育产生了一定的消极影响。

其一，寻求刺激和快感。与声觉信息相比，视觉信息有着图文并茂、生动形象、直观感性等优势，因而为广大大学生所喜爱。为了迎合大学生的信息获取与感官享受偏好，媒体都竞相制作清晰而流畅的视频图像信息资料。在这一环境中，大学生“如鱼得水”，充分享受这种“快餐文化”所带来的冲击和快感，并将视觉感官享受置于首要目的和地位，以是否“好看”作为对图书及各种音像制品的评判标准；对他人的评价也更注重外貌与服饰等外在形象，选择的偶像也多是俊美的流行歌手、影视明星。

其二，崇尚消费与享受。“视觉文化时代”是由消费意识形态来筹划、引导大众的消费时代或准消费时代，其中所传递大众文化是一种采取市场化、时尚化运作模式的文化形态。[2]P164 这种形态的文化是一种趋利性文化，为了获取利益最大化，倾向于曲意迎合消费者的感官刺激需求和奢靡消费欲望。在这种文化的熏陶下，大学生的日常文化消费理念将发生浅薄化、庸俗化转变，成为曾在西方喧嚣一时的消费主义的忠实践行者。

其三，沉迷游戏和搞怪。在“视觉文化时代”，专业的影视生产商为了迎合大众——对我们的论题而言尤其是大学生——的视觉需求和简单化偏好，借以实现利益最大化，纷纷致力于实现精神感观化、理论通俗化、逻辑直观化。在这种视频图像信息的“海洋”中，大学生大多是流连于简单化欲望体验，沉溺于表浅性视觉享受，而对其中所表达的深层思想意识鲜有感知和领会。长此以往，大多大学生的审美标准与价值情趣逐渐偏离正确方向，趋向于对深刻严肃的“政治剧”逐渐失去了兴趣，而十分热衷于虚幻与搞怪，甚至认同并接受一些消解红色经典、颠覆革命传统的内容，严重偏离了大学教育为社会主义建设培养合格人才的办学方向。

社会关系异化及其消极影响。新媒体环境下网络空间的虚拟性，造成了网络社会关系的严重异化，进而对大学生政治思想教育产生了极为严重的消极影响。一方面，人际交往虚拟化。现实交往无疑是以身份的真实性为依托的。然而，在新媒体环境下，网络交往的匿名性与隐蔽性使得网民身份的真实性存疑，从而致使人们在虚拟交往中缺乏必要的道德责任羁绊和伦理规范约束。[3]P303

同时，由于大学生沉迷于虚拟网络交往，实际上耗费了大量精力和时间，从而现实人际交往的时间和精力则相对减少，从而致使现实人际关系的弱化。另一方面，代际关系淡漠化。作为易于接受新生事物的群体，大学生容易对新媒体这种新生事物着迷，不仅过多地挤占了学习时间和精力，也致使与长辈之间交流与沟通的缺失；再加大学生所接触的信息与长辈们所关注的问题差异很大，从而致使频频出现代际之间“相对无言”的境况。久而久之，代际间共同话题趋少，相互隔阂日生，进而影响了家庭成员之间的和谐生活与和睦相处。

三、媒体环境下大学生政治思想教育的对策与建议

鉴于当下新媒体对大学生思想道德的深刻而广泛的影响，我们必须采取种种措施予以应对。归结起来，主要在于如下几点：

（一）强化社会主义核心价值观的引领作用

我国社会主义核心价值观是在马克思主义的指导下，在吸收中国优秀传统文化精髓、借鉴世界先进文化成果的基础上形成的，是一种集知识性与道德性、普遍性与先进性与一身的价值观。在大学生政治思想教育过程中，必须这种价值观的引领作用，其原因主要在于：其一，是巩固我国主流意识形态的迫切需要。在世界意识形态斗争纷繁复杂的今天，作为人才聚集与思想发源之地的高校是西方敌对政治势力与各种非/反马克思主义思潮渗透与争夺的主要阵地。面对当前意识形态斗争的严峻形势，我们除强化社会主义核心价值观对大学生的引领作用外别无他途。其二，是大学生促进全面发展的迫切需要。大学阶段是大学生“三观”形成并巩固的关键阶段，他们思维正处于剧烈变动与实质更新的特殊时期，极易接受新思想、新事物。然而，当前新媒体所提供的各种信息鱼龙混杂、泥沙俱下，一些不良信息往往会引起大学生思想混乱和价值迷失，迫切需要教育者用社会主义核心价值观对他们进行思想道德教育，以期将他们培养成具有共产主义理想觉悟和道德情操的有用人才。其三，是建构新媒体伦理标准的迫切需要。单从技术的角度来看，新媒体的迅猛发展无疑标识了时代的发展与进步。然而，从伦理道德的视角看，事情远没有这么乐观。当前，新媒体信息传播方式的无序、传播内容的媚俗以及传播角色的异化，无一不彰显着新媒体环境中道德标准的缺失。[4]p125 面对这一形式，就必须在科学、

稳定与和谐之间寻找一个建构新媒体环境道德标准的平衡点；而唯有社会主义核心价值观这一由四大部分相互联系、相互贯通、有机统一而构成的科学理论，才能符合新媒体环境道德标准构建的要求。

（二）优化大学生思想道德教育方式

迥异的思想道德教育方式，对教育效果的实现与教育目的的达成有着不可估量的重大影响。因而，要增强大学生思想道德教育的效果，就必须正确选择并优化科学合理的教育方式。为此，在具体的教育实践中，我们应着两个辩证结合。一方面，“坚持理论灌输与思想疏导相结合”。[5]p155 对于思想道德教育问题，列宁曾郑重地提醒我们：“社会主义意识不会在群众中自发产生，无产阶级先锋队——共产党必须不断地向群众灌输科学社会主义理论”[6]P1 这就告诫我们，在对大学生进行思想道德教育时，一定强度地灌输不仅是正当的，而且是必需的。然而，思想道德教育过程不仅牵涉教育者，而且尤其需要受教育者的密切配合与感同身受。对有着极强逆反心理的大学生而言，单纯地进行思想道德硬性灌输往往起不到预想效果，而必须辅之以心理诱导，以激发他们学习的主动性与自觉性。另一方面，坚持理论教育和实践教育的辩证结合。大学生作为一个正处于理论体系建构时期的特殊群体，对其进行思想道德教育无疑首先必须实施体系化的理论教育。惟其如此，才能在其意识中形成初步的思想道德观念。然而，正如亚里士多德所言：“只有通过实践这种方式，我们才能成为拥有美德的人”。[7]p2 即是说，要对大学生实施切实有效地思想道德教育，仅有理论教育是远远不够的，还必须通过实践教育来深化价值认知，真正“把道德规范‘内化’为个体意识，将个体意识‘外化’为行为习惯和思想品德”[8]p104，真正起到指导生活、导向实践的作用。

（三）营造大学生思想道德教育的立体网络

在新媒体环境中，如果我们不去抢占并稳固把握思想道德教育阵地，就会被各种非 / 反马克思主义思想道德体系所占领。为此，我们必须着力打造一个覆盖面广、影响力大、引导力强的大学生思想道德教育立体化网络阵地。具体说来，建设思想道德教育立体网络阵地的构建应着力于如下几个方面：其一，构建大学生思想引导网络阵地。面对新媒体环境的挑战，高校应根据新时期大学生思想道德教育新趋势、新特点，针对大学生喜动爱思、好群乐聚的特点，以他们喜闻乐见、通俗便捷的形式来构建异于传统的新网络工作载体与平台。其二，构建大学生思政教育道德评议系统。借由这一系统，使所有大学生思想道德教育参与者（包括教育者、相关管理人员乃至受教育者自己）都能够系统而全面地能够了解、记录、评价、回馈大学生个人思想道德状况，引导他们在日常学习生活中能够做到思想纯洁、道德自律。其三，构建大学生思想道德教育工作网络系统。作为一个长期的、艰巨的系统化工程，大学生思想道德教育不是一朝一夕之功，亦非一处一室之事，而是涉及诸多相关部门长期密切配合与通力合作才有望完成。这就要求高校各相关部门要打破部门利益的藩篱，树立整体观念和意识，齐心协力，共赴育人、铸德、塑魂大业。

（四）加强大学网络舆情的监控与引导

新媒体在信息传播上的高效与便捷，不仅为大学生学习提供了极大的便利，同时也使得他们思想观念的传播更加深广和快速。面对这一情况，如果大学校园某处出现了一定的社会风险，就会因新媒体的传播效应而极度放大。就此而言，新媒体可被视作校园社会风险放大与激化的助推器。[9]p13 借由强大的新媒体，大学生倾向于对某些重大事件发表与主流价值取向相悖的观点和言论，并借助其信息放大作用而将其传递给其他大学生，以致于在整个校园出现轰动效应，进而引发种种不可控的后果和影响。为了有效避免这种局面的出现，有必要加强对校园新媒体环境的管理，强化对大学校园网络舆情的跟踪、监控和引导。这就是要建立健全新媒体环境下的舆情监控、引导和反应系统，及时发现并分析大学校园里的问题热点和舆论动向，正确研判并稳固把控舆情发展趋势，进而有效化解社会风险。

我们有理由相信，通过强化社会主义核心价值体系的引领作用、优化大学思想道德教育方式、构建大学思想道德教育立体网络阵地以及加强大学网络舆情的监控与引导，新媒体环境下的大学生政治思想教育必将得以高效而科学地向前推进。

参考文献：

[1] 大前研一：低智商社会 [M]. 北京：中信出版社 .2010.

[2] 金元浦主编 . 文化研究：理论与实践 [M]. 河南：河南大学出版社，2004.

[3] 张耀灿，郑永廷，吴潜涛等．现代思想政治教育学[M]. 北京：人民出版社，2006.

[4] 吉爱明．重构新媒体时代的精神“理想国”—大众传媒的道德研究及标准构建刍议[J]. 艺术学院学报，2008，(02).

[5] 李纪岩．当代大学生社会主义核心价值观培育研究[M]. 济南：山东人民出版社，2013.

[6] 徐艳国．在高校学生党建工作中全面贯彻社会主义核心价值体系要求[J]. 学校党建与思想教育，2007，(08).

[7] 刘小枫，陈少明．美德可教吗[M]. 北京：华夏出版社，2005.

[8]徐东升．基于沂蒙精神育人的社会主义核心价值观教育研究[M]. 济南：山东人民出版社，2015.

[9] 马原．新媒体舆论监督的社会风险放大效应[J]. 传媒E时代，2009(11):13.

（本文发表于《学校党建与思想教育》2016年第9期）

孔子的价值观教育思想探微 ①

——基于《论语》的文本研究

李纪岩

（海南热带海洋学院 马克思主义学院，海南　三亚）

摘　要：孔子堪称中国价值观教育的鼻祖。《论语》所记载的孔子言论表明，孔子对价值观教育的目标、内容、原则和方法等都进行了论述，形成了比较完整的价值观教育思想体系。孔子的价值观教育思想对于当代中国培育和践行社会主义核心价值观具有“无言”的启示意义。

关键词：论语；孔子；价值观教育；思想体系

习近平总书记在中共中央政治局第十三次集体学习时强调：培育和弘扬社会主义核心价值观必须立足中华优秀传统文化。要深入挖掘和阐发中华优秀传统文化的时代价值，使中华优秀传统文化成为涵养社会主义核心价值观的重要源泉。中华优秀传统文化中不仅蕴含着仁、义、礼、智、信等中国传统社会核心价值观的基本内容，而且蕴含着博大精深的价值观教育思想。以中华优秀传统文化的代表作《论语》为例，这部孔门弟子记录和传习孔子思想的传世之作，多角度展现了孔子的政治思想、价值取向、文化观念、伦理意识、教育理念，内在地形成了中国最早的价值观教育思想体系。剖析《论语》中孔子关于

---

①　**作者简介**：李纪岩，男，1975 年出生，山东临沂人，法学博士，海南热带海洋院马克思主义学院教授，南京师范大学博士后。主要研究方向：社会主义核心价值观研究、高校思想政治教育研究。

基金项目：本文系教育部人文社会科学研究一般项目“引领与培育——当代大学生核心价值观生成的基础问题研究”（13YJC710017）、江苏省博士后项目“历史唯物主义视域下社会主义核心价值观的生成基础研究”（1601045C）的研究成果。

价值观教育的目标、内容、原则、方法等重要论述，对于当代中国培育和践行社会主义核心价值观具有“无言”的启示意义。

一、《论语》中孔子的价值观教育目标

在《论语》中，孔子价值观教育的目标有两个：一是培养仁、智、勇相统一的理想人格；二是培养“修身、齐家、治国、平天下”的政治家。前者指向如何做人，后者指向如何做事。

孔子特别重视如何做人的问题。在《子罕篇》中，孔子认为：“智者不惑，仁者不忧，勇者不惧。”在《宪问篇》中，孔子又曰：“君子道者三，我无能焉。智者不惑，仁者不忧，勇者不惧”，对此，子贡对曰：“夫子自道也”。可见孔子把仁、智、勇作为君子理想人格的标准，认为符合这三个条件的就是君子，并以这三个条件来要求自己、教育学生。所以，子贡才说“夫子自道也”。孔子仁、智、勇兼具的形象在学生及后人心目中是典型的圣人形象。

孔子做人的思想与做事的思想紧密结合在一起。《子罕篇》中，太宰问子贡：“夫子圣者与？何其多能也？”子贡曰：“固天纵之将圣又多能也。”圣，即上面所提到的仁智勇的理想人格；多能，即多才多艺。在当时的人看来，孔子就是这种“既圣且能”的人。这样的人，既具备仁、智、勇的内在品质，又多才多艺，具备做事的基本技能，从而能够担当“外王”的重任。然而，孔子最为看重的并不是才艺。在他看来，“吾少也贱，故多能鄙事”，言外之意，这都是逼出来的，非刻意习得。但在如何为政的问题上，孔子就重视得多，论述也深刻得多了。在《为政篇》中，孔子曰：“为政以德，譬如北辰，居其所而众星共之。”这就指出了“德”之“内圣”品质与“外王”的为政需要之间的内在联系，教育从政者要靠自身的人格力量感染民众，使“众星共之”。与此同时，孔子又指出：“道之以政，齐之以刑，民免而无耻。道之以德，齐之以礼，有耻且格。”提醒统治者用政治手段和刑罚对付人民，人民虽暂时不触犯刑律，却没有廉耻之心，因此，解决不了根本为题；如果用德治与礼治的方式去感化诱导人民，人民不仅有廉耻心，而且还能人心归顺，这样就能避免暴力反抗与冲突，增强民众的凝聚力。

可见，在《论语》中，孔子价值观教育的目标就是要人们达到“内圣外王”，学会做人、学会做事，这种目标直到今天仍是我们开展价值观教育所要

达到的主要目的。

二、《论语》中孔子的价值观教育内容

《论语》集中反映了孔子终其一生所竭力宣扬的仁、义、礼、知、信等价值观教育内容，这些价值观教育内容，后来构成中国传统社会核心价值观的主要内容。

在人际关系上，孔子告诫学生要有孝悌、忠诚、仁爱之心。在《学而篇》中，孔子曰："弟子入则孝，出则弟，谨而信，泛爱众，而亲仁。行有余力，则以学文。"孔子的学生子夏则将孔子的思想发挥为："贤贤易色；事父母，能竭其力；事君，能致其身；与朋友交，言而有信。虽曰未学，吾必谓之学矣。"在这里，孝悌之心、仁爱之心与忠信之义正是孔子所倡导的基本道德规范。除了这些基本道德规范，孔子还提出了一些为人处世的具体原则，如在《颜渊篇》中提到要"克己复礼""非礼勿视，非礼勿听，非礼勿言，非礼勿动"，强调守礼；在《学而篇》中，孔子的学生有子说"礼之用，和为贵。先王之道斯为美，小大由之，有所不行。知和而和，不以礼节之，亦不可行也"，强调贵和；在《学而篇》中，孔子说："过则勿惮改。"在《卫灵公篇》中，孔子说："过而不改，是为过矣"，强调要有错就改；在《学而篇》中，孔子说："人不知而不愠，不亦君子乎？"在《八佾篇》中，孔子告诫宰我说："成事不说，遂事不谏，既往不咎。"在《尧曰篇》、《阳货篇》中，孔子都提出"宽则得众"，强调要宽容待人。

在人生观问题上，孔子主张既要安贫乐道，又要富而好礼；反对不义而富，更反对富而无恃。在《述而篇》中，孔子曰："饭疏食饮水，曲肱而枕之，乐亦在其中矣。不义而富且贵，于我如浮云。"在《学而篇》中，子贡曰："贫而无谄，富而无骄，何如？"孔子曰："可也！未若贫而乐道，富而好礼者也。"在《雍也篇》中，孔子曰："贤哉！回也！一箪食，一瓢饮，在陋巷，人不堪其忧，回不改其乐。贤哉，回也！"这些都深刻反映了孔子的苦乐观、贫富观。孔子还要求人们做一些有意义的事，带给自己真正的快乐和幸福，而不要因为一些不良行为增添忧愁烦恼。在《季氏篇》中，孔子提出："益者三友，损者三友。友直，友谅，友多闻，益矣。友便辟，友善柔，友便佞，损矣""益者三乐，损者三乐。乐节礼乐，乐道人之善，乐多贤友，益矣。

乐骄乐，乐佚游，乐晏乐，损矣。”在人生价值方面，孔子主张为仁德献身。在《卫灵公篇》中，孔子说：“志士仁人，无求生以害仁，有杀身以成仁。”在《子罕篇》中，孔子又说：“三军可夺帅也，匹夫不可夺其志也。”可见，在孔子这里，人生价值已高出了一般的仁德。

《论语》中孔子的价值观教育内容，有些带有政治色彩和时代特点，有些则政治色彩较淡，更具有恒常意义。我们今天开展价值观教育应当注意根据时代背景有选择的继承与创新。

三、《论语》中孔子的价值观教育原则

《论语》中，孔子为了培养“内圣外王”的“君子”和可施“仁政”的治国安邦之士，提出了一些育人、自育原则，这些原则和许多治国治事原则经常融合在一起。

在《雍也篇》中，子贡曰：“如有博施于民，而能济众，何如？可谓仁乎？”子曰：“何事于仁！必也圣乎！尧舜其犹病诸！夫仁者：己欲立而立人，己欲达而达人，能近取譬，可谓仁之方也已。”孔子认为，一方面，仁人要想自己立于天地之中，也应希望别人能立于天地之中，自己想要通达幸福，也应希望别人通达幸福；另一方面，仁人要想让别人能有所立，自己也应有所立；要想让别人有所达，自己也必须有所达。能够将心比心，就可以说是实践仁的好方法了。在这里，孔子提出了一个重要的价值观教育原则，就是“己欲立而立人，己欲达而达人”。

与“己欲立而立人，己欲达而达人”相关的是“己所不欲，勿施于人”。在《颜渊篇》中，仲弓问仁，孔子答曰：“出门如见大宾，使民如承大祭。己所不欲，勿施于人。在邦无怨，在家无怨。”《卫灵公篇》中，子贡问曰：“有一言而可以终身行之者乎？”子曰：“其恕乎！己所不欲，勿施于人”，要求人们不要把自己不喜欢的东西施加于别人。这种“恕”是“己欲立而立人，己欲达而达人”的重要前提和要求，实际上是一个问题的两个方面。《里仁篇》中，子曰；“参乎！吾道一以贯之。”曾子曰：“唯。”子出。门人问曰：“何谓也？”曾子曰：“夫子之道，忠恕而已矣。”在这里，忠其实就是“己欲立而立人，己欲达而达人”；恕其实就是“己所不欲，勿施于人”。忠恕合一，既是孔子的为人之道，也是价值观教育的原则。

“己欲立而立人，己欲达而达人”“己所不欲，勿施于人”的原则要求人们将心比心，推己及人，不搞双重标准，使教育对象受到尊重，有助于减少价值观教育的盲目性、霸道性，提高价值观教育的有效性。但值得注意的是，这一原则的出发点是“己”即“圣人”，是一种出自“圣人”的单向度的推理，而圣人不过是一种理想人格，实际生活中的凡夫俗子既然不具备圣人之心，那么，这种“推己及人”的思维方式的科学性也就打了折扣。所以，我们在借鉴这一原则的同时，也要注意避免自我中心主义，而应设身处地考虑对方的实际情况。

“修己以敬”“修己以安人”“修己以安百姓”是《论语》中孔子价值观教育的又一重要原则。在《宪问篇》中，子路问君子，孔子曰：“修己以敬。”子路问：“如斯而已乎？”孔子曰：“修己以安人。”子路又问：“如斯而已乎？”孔子曰：“修己以安百姓。修己以安百姓，尧舜其犹病诸？”孔子认为，无论是成就事业，还是使天下平安，都必须加强自我修养，做到恭敬、敬业。这样，才能够给人们做出表率，让百姓信服。在《子路篇》中，子路问政。子曰：“先之劳之。”且要“无倦”。就是说，要给老百姓带头，然后让他们勤劳地工作，并且永远不要懈怠。体现到价值观教育上，就是要求人们以身作则，做好示范。在《子路篇》中，孔子从正反两方面强调了以身作则的重要性。孔子认为“其身正，不令而行；其身不正，虽令不从”“苟正其身矣，于从政乎何犹？不能正其身，如正人何？”在《颜渊篇》中，季康子问政于孔子，孔子对曰：“政者，正也。子帅以正，孰敢不正？”孔子告诉人们，价值观教育要达到理想的效果，教育者首先必须做到“自身正”。孔子两千多年前所阐明的这一价值观教育原则，在今天仍有很强的现实意义，应当引起现在的价值观教育工作者尤其是为政者的警醒与深思。

四、《论语》中孔子的价值观教育方法

在个人的德才养成途径上，孔子主张择仁者为邻，择贤者为友，乐于学习，勤于思考。在《里仁篇》中，孔子说：“里仁为美，择不处仁，焉得知”“不仁者，不可以久处约，不可以长处乐。仁者安仁，知者利仁”。在《述而篇》中，孔子讲：“三人行，必有我师焉；择其善者而从之，其不善者而改之。”在《卫灵公篇》中，孔子曰：“居是邦也，事其大夫之贤者，友其士之仁

者。”这些都强调了处贤、事贤、敬贤、友仁对于人的德才养成重要性。

但是，仅仅是择仁者为邻，择贤者为友还不够，提高自己德才的重要一环在于学习与思考。因此，孔子在《学而篇》中教育学生“学而时习之，不亦说乎”，在《阳货篇》中告诫学生“好仁不好学，其蔽也愚；好知不好学，其蔽也荡；好信不好学，其蔽也贼；好直不好学，其蔽也绞；好勇不好学，其蔽也乱；好刚不好学，其蔽也狂”，在《里仁篇》中提醒学生“见贤思齐焉，见不贤而内自省也”，反复强调学习和思考对于德才养成的重要性。在思考的具体方向上，孔子在《季氏篇》中又提出“君子有九思：视思明，听思聪，色思温，貌思恭，言思忠，事思敬，疑思问，忿思难，见得思义”，将思考贯穿到人的生活的方方面面。由此可见，在孔子看来，价值观教育不能停留在外在地向学生灌输某种价值观，而是要力求将学生引入一个良好的教育环境中，让学生在耳染目濡中自发地学习、思考，接受教育。这种教育方法是相当高明的。

孔子主张学生通过在良好的环境中学习、思考，接受他所主张的那些价值理念，但反对书呆子行为。在《宪问篇》中，孔子指出：“诵诗三百，授之以政，不达；使于四方，不能专对；虽多，亦奚以为？”可见，孔子对“高知低能”的书呆子们是不屑一顾的。为了避免这种情形的出现，孔子十分重视在实践中培养学生的德才。《述而篇》记载：“子以四教：文、行、忠、信。”其中，行即实践。教之以“文、行、忠、信”，就是把教学生知识、教学生忠信与教育学生参与社会生活实践结合起来。正因如此，孔子的学生大多既能内圣、也能外王。

在价值观教育的程序上，孔子主张根据人们的需要层次采取适当的教育步骤。在《子罕篇》中，颜渊曰：“夫子循循然善诱人，博我以文，约我以礼，欲罢不能。”意思是说，孔子善于有步骤地诱导学生，既以各种文献丰富学生的知识，又用一定的礼节约束学生的行为，使学生想停止学习都不可能。孔子能让学生达到“欲罢不能”的境界，而我们现在的价值观教育有时却会拒学生于千里，让学生避之惟恐不及，教育程序的科学性不能不引起人们的反思。

综上所述，在《论语》中，孔子价值观教育的目标、内容、原则和方法等都得到了充分的体现。这些思想在形式上散见于《论语》各章，但实质上已经形成了较为系统的价值观教育思想体系。其中的许多思想不仅没有随着历史的发展过时，而且直到今天还是价值观教育领域的宝贵财富。如果说中华优秀传统文化是涵养社会主义核心价值观的重要源泉，那么孔子的价值观教育思想则是重要源头，对于培育和践行社会主义核心价值观可以提供多方面的借鉴。改革开放以来，社会经济成分和经济利益多样化、社会生活方式多样化、社会组织形式多样化、就业岗位和就业方式多样化，人们的思想意识、价值观念和政治理念都处于复杂的变化中，而我们为了汇聚力量实现中华民族伟大复兴的中国梦，正在培育和践行社会主义核心价值观。如何引领人们在高度认同的基础上积极践行社会主义核心价值观，是具有挑战性的重大时代课题。在这样的背景下，深入研究和学习《论语》中孔子的价值观教育思想，显然具有重要的现实意义。

参考文献：

[1] 钱穆．论语新解（第 3 版）[M]. 生活·读书·新知三联书店，2012.

[2] 汤一介等．中国儒学文化大观 [M]. 北京大学出版社，2001.

[3] 匡亚明．孔子评传 [M]. 南京大学出版社，1990.

[4] 邓球柏．中国传统文化与思想政治教育 [M]. 首都师范大学出版社，1999.

[5] 赵康太，李英华．中国传统思想政治教育理论史 [M]. 华中师范大学出版社，2006.

（本文发表于《中学政治教学参考》2017 年第 12 期）

海南特色文化资源融入高校思想政治工作论纲①

李纪岩

（海南热带海洋学院　马克思主义学院）

摘　要：海南独特的历史、文化和省情，为高校思想政治工作提供了鲜活的文化资源。海南历史文化资源、红色文化资源、海洋文化资源、生态文化资源、民族文化资源和华侨文化资源非常丰富，都具有重要的思想政治教育价值。加强和改进海南高校思想政治工作，要创新课堂教学，把海南区域特色文化融入理论教学；拓展"第二课堂"，把海南区域特色文化融入校园文化活动；延伸课堂链条，把海南区域特色文化融入社会实践活动。同时，还应完善海南区域特色文化育人的组织保障机制、制度保障机制、物质保障机制和队伍保障机制。

关键词：海南；文化资源；高校；大学生；思想政治教育

习近平总书记在全国高校思想政治工作会议上强调："要更加注重以文化人以文育人，广泛开展文明校园创建，开展形式多样、健康向上、格调高雅的校园文化活动，广泛开展各类社会实践。"②那么，究竟应当以什么样的文化引领和培育当代大学生，实现高校"立德树人"的思想政治工作目标呢？宏观

---

① **作者简介**：李纪岩，男，山东沂水人，1975 年 6 月出生，法学博士，海南热带海洋学院马克思主义学院教授，南京师范大学政治学博士后。主要研究方向：高校思想政治教育研究、社会主义核心价值观研究、马克思主义群众观研究。

基金项目：本文系教育部人文社会科学研究一般项目"引领与培育——当代大学生核心价值观生成的基础问题研究"（13YJC710017）、江苏省博士后项目"历史唯物主义视域下社会主义核心价值观的生成基础研究"（1601045C）的研究成果。

② 习近平在全国高校思想政治工作会议上强调把思想政治工作贯穿教育教学全过程　开创我国高等教育事业发展新局面，新华社北京 12 月 8 日电。

上，当然是以马克思主义理论武装当代大学生、以社会主义先进文化引领当代大学生、以社会主义核心价值观培育当代大学生、以中华优秀传统文化滋养当代大学生。近年来，这些宽泛意义上的思想政治教育内容，在中央深入实施马克思主义理论研究和建设工程的背景下，在高校课程设置、教材编写、课堂教学中得到了较好的落实，收到了良好的效果。为更好地落实习近平总书记“以文化人以文育人”的要求，在中央马克思主义理论研究和建设工程基础上，海南省有必要结合自身独特的历史、文化和省情，依托区域特色文化资源深化高校思想政治工作。

一、海南区域特色文化资源的思想政治教育价值

在我国的政治、经济、文化和国家安全版图上，海南省是一个独特的存在。海南现代意义上的省级建制设置较晚，但历史文化底蕴深厚；海南远离中国政治的中心，但在新民主主义革命史上的地位举足轻重；海南陆地面积最小，但守护着中国最辽阔的海域；海南是发展最慢的一个经济特区，但为中国保留了生态环境最为优美的国际旅游岛；海南人口不到 1000 万，但多民族文化丰富多彩；海南还是著名的侨乡，在海外的海南华侨达到 300 多万人。海南自身独特的历史、文化和省情，为深化高校思想政治工作提供了鲜活的特色文化资源。

（一）海南历史文化资源及其思想政治教育价值

海南历史文化源远流长，在华夏文明中独树一帜，在省内外有着深远的影响，具有重要的思想政治教育价值。以享誉中华的海南历史人物为例，南北朝时期的冼夫人辖治海南期间，平定叛兵匪贼，促进民族团结，移民开发海南，发展经济文化，成为海南人的民族英雄和精神领袖。海南特有的“军坡节”就是专门纪念冼夫人的民间奉祀活动，已有 1300 多年的历史。周恩来总理称冼夫人是“我国历史上第一位巾帼英雄”，江泽民同志号召大家学习冼夫人的爱国主义和民族团结精神，冼夫人事迹的思想政治教育价值不言而喻。宋末元初黄道婆流落崖州（今海南岛）期间，融合黎汉两族人民纺织技术长处，成为一名杰出的棉纺织家，回到故乡松江府后，极大地促进了江南地区纺织业的发展。黄道婆既是一位纺织技术的改进、传播者，又是一位民族融合的促进者，

还是一位逆境奋起的励志者，虽隔久远的历史时空，但对当代大学生仍然具有多方面的教育意义。明代政治家海瑞公元 1514 年生于海南琼山，他一生刚直不阿、清正廉洁、为国爱民，被人称为“南包公”“海青天”，是对青年学生进行廉政、爱国、为民教育的典型。在海南历史上，诸如此类的历史人物还有很多，留下了冼夫人庙、五公祠、东坡书院等一大批历史文化遗迹，成为开展大学生思想政治教育的重要文化载体。

（二）海南红色文化资源及其思想政治教育价值

在我国，红色文化特指中国共产党领导革命和建设过程中形成的各种反映党政军民崇高精神风貌的先进文化。红色文化的精神内核是中国共产党革命精神，其文化形态主要呈现为红色革命遗迹、红色纪念场馆、革命历史人物、红色文艺作品等等。海南的红色文化资源非常丰富。琼崖革命纵队从 1927 年椰子寨战斗掀起全琼武装总暴动序幕，到 1950 年接应、配合解放军渡海解放海南岛，历经土地革命战争、抗日战争和解放战争三个时期，“坚持二十三年游击战争红旗不倒”[①]，创造了伟大的琼崖革命精神。中国工农红军第二独立师女子军特务连作战勇敢、威震琼岛，其事迹在新中国成立初期被改编成芭蕾舞剧《红色娘子军》，被誉为红色文艺经典，成为海南红色文化的名片。1950 年渡海战役时解放军“木船打军舰”，成功登陆临高角，创造了我军战争史上的奇迹，1962 年八一电影制片厂据此史实改编拍摄的电影《碧海丹心》，生动展现了我军在人民群众帮助下不畏艰难、刻苦练兵、顽强斗敌的革命精神。此外，以海南岛革命历史为基础创作的歌曲《我爱五指山，我爱万泉河》《万泉河水》，早已成为广为传唱的红歌经典。这些海南特色的红色文化资源，是对当代大学生进行爱国主义教育的宝贵财富。

（三）海南海洋文化资源及其思想政治教育价值

海洋文化是人类缘于海洋而生成的文化。海洋文化建立在人类对海洋的认识和利用基础之上，使人类生活的各个层面呈现出明显的海洋关联性。海洋文化融入人类的经济发展、社会制度、科学技术、思想艺术等领域，催生了璀

---

① 马白山等：巍峨五指山琼南顶天柱——缅怀战争年代的冯白驹同志，人民日报，1979 年 12 月 1 日。

璨的海洋文明。在世界历史上，海洋文化孕育了伟大的古希腊文明，推动了近现代以来西方大国的崛起；在中华民族前进的道路上，海洋文化助推了当代中国的腾飞，使古老的中国走向世界。习近平总书记曾经强调，要进一步关心海洋、认识海洋、经略海洋，推动海洋强国建设不断取得新成就。海南是典型的海岛型省份，海洋文化源远流长、海域面积广、战略地位重要，是传承和发展海洋文化的主课堂、国家海洋安全的桥头堡、海洋强国战略的主阵地。把海南先民经略南海的《更路簿》文化、海南渔民世居生活的“疍家文化”、融合了海洋民俗和海权思想的祭海文化、西沙海战维护国家海权的军旅文化、远洋和深海科学考察的海洋科技文化、历史与现实中的“海上丝路”文化等等融入高校思想政治工作，有助于增强当代大学生的海洋文化意识、海洋文明观念、国家海权思想和海洋强国理念。

（四）海南生态文明资源及其思想政治教育价值

2013 年 4 月，习近平总书记在海南视察时提出：“保护生态环境就是保护生产力，改善生态环境就是发展生产力。良好生态环境是最公平的公共产品，是最普惠的民生福祉。青山绿水、碧海蓝天是建设国际旅游岛的最大本钱，必须倍加珍爱、精心呵护。”① 他希望海南处理好发展和保护的关系，着力在“增绿”“护蓝”上下功夫，争创中国特色社会主义实践范例，为全国生态文明建设当个表率。“生态文明”是海南最能体现“中国特色社会主义实践范例”的领域。在 2014 年出版的《中国省域生态文明建设评价报告》中，海南省以 93.27 分的生态文明指数最高分排名全国首位；全省森林覆盖率达到 62%，高出全国平均水平 40.34 个百分点。长期以来，海南的空气质量绝大多数时候都是“优”，天更蓝、水更清、山更绿。碧海银沙、蓝天白云、绿水青山、独具特色的热带风光成为海南最大的软实力，不仅吸引着国内外游客蜂拥而至，使海南的旅游业长盛不衰；还汇集了来自四面八方的人才、资金、技术等发展要素，为海南区域经济社会发展注强劲的动力。近年来，海南省每年都发布《海南省生态文明建设工作要点》，对生态文明建设进行总体部署。依托海南独具特色的生态文明资源，将生态文明理念、环境保护政策纳入大学生思想政治教育，理应成为海南高校思想政治工作的自觉。

---

① 习近平：加快国际旅游岛建设 谱写美丽中国海南篇，新华网 2013 年 04 月 10 日。

（五）海南民族文化资源及其思想政治教育价值

多民族融合是海南文化的特色。在海南民族文化谱系中，黎族文化古老、悠久而独特。早在两三千年前，黎族就在海南岛繁衍生息，创造了许多富有特色的民族文化，有一度领先并流传至今成为非物质文化遗产的黎锦文化，有崇尚善良和爱情的“鹿回头”文化，也有渗透在语言、艺术、传说、遗址、建筑、服饰、婚庆、节庆中的各种民俗文化。“三月三”节是海南黎族人民最盛大的民间传统节日，是黎族文化最具体、最典型的表现，也是黎族青年男女追求爱情和幸福的传统佳节。海南“三月三”民俗节庆是黎族千百年流传下来的文化资源，已于2006年被列入国家级非物质文化遗产名录。每年盛会前夕，黎族人民都会赶到五指山市黎祖大殿举行隆重的祭祖仪式“袍隆扣”，以感恩先祖，祈求国泰民安，福泽千万代。除了黎族，世居海南的苗族、回族等民族，也有丰富的民族文化。近现代以来尤其是改革开放以来，大量内陆移民的到来，既加快了海南民族地区的发展，也在一定程度上稀释了民族文化。在海南扩大改革开放的时代，如何在民族地区传承民族文化、弘扬先进文化，充分发挥民族文化资源的时代价值，促进区域经济社会发展，既是地方党委政府的重大责任，也是区域高校思想政治工作的重要课题。

（六）海南华侨文化资源及其思想政治教育价值

海南是我国第三大侨乡，拥有丰富而深厚的华侨文化资源。与海南现有常住人口不足1000万形成鲜明对比的是，“海外琼属华侨华人和港澳台同胞有300多万人，主要分布国家和地区从东南亚向美欧澳扩展；归侨侨眷有130多万人。”[①] 尤其是海南文昌，海外华侨达到100万人以上，超过祖籍地人口。华侨与海南发展有着深厚的渊源，华侨文化广泛体现在海南社会生活的方方面面。在建筑层面，海口、文昌等地的骑楼街是华侨文化最典型的载体。在餐饮层面，“老爸咖啡”“老爸茶”是海南特有的华侨文化现象，反映出海南人闲适、随意、慢生活的生存状态与平和淡定的心态。在文物层面，位于文昌的宋氏祖居（宋庆龄生平陈列馆）生动体现了以宋耀如一家为代表的华侨对孙中山推翻封建帝制、建立共和伟业的鼎力支持、对祖国革命事业的一片丹心。在文艺层面，电影《海外赤子》主题曲《我爱你，中国》唱出了归侨们对祖国的赤

---

① 《致公党海南省委建议加强海南省华侨文化建设》，中新网海口2月10日电。

子之心，琼剧《下南洋》展现了文昌先民下南洋的历史，电影《周总理在万隆》就是在万宁市兴隆华侨农场塔景拍摄完成的。海南华侨群体蕴藏着巨大的资源优势，华侨文化资源是开展高校思想政治工作的生动载体，对培育当代大学生的爱国主义精神具有重要的教育价值。

二、海南区域特色文化资源融入高校思想政治工作的路径

海南区域特色文化资源融入高校思想政治工作是一项系统工程，要坚持统筹兼顾的理念，加强校地结合，实现海南区域特色文化资源共建共享、大学生思想政治教育协同推进。要依托海南区域特色文化资源，改革人才培养体系，创新教育教学模式，把思想政治工作融入人才培养全过程。在实践中，高校要统筹课堂教学、校园文化活动与社会实践三个环节，以课堂教学为核心，注重校园文化活动、社会实践对课堂教学的支持，实现思想政治工作的全面渗透，使海南区域特色文化资源进校园、进课堂、进大学生头脑的工作落到实处、取得实效。

（一）创新课堂教学，海南区域特色文化融入理论教学

课堂教学是高校人才培养中最基本、最核心的活动，是高校思想政治工作的主阵地。高校要以海南区域特色文化资源为载体，不断创新教育教学模式，加强创新课程建设，形成在课堂教学中全面推进思想政治工作的格局。

思想政治理论课是大学生思想政治教育的主课堂。为促进海南区域特色文化资源融入思想政治理论课，有关部门应做好三个方面的工作。首先，研编教材，创新教学内容。在把海南区域特色文化资源融入既有的思想政治理论必修课的基础上，主管部门应组织专家研编教材《海南文化与海南精神》，开设海南省高校思想政治理论课必修课程“海南文化与海南精神”，开展系统的海南文化教育。其次，坚持实践锻炼与情感体验相结合。教师在课堂教学中要设置实践情境，引导大学生对海南区域特色文化产生积极的情感体验，建立起当代大学生与海南区域特色文化之间的情感联系。再次，着眼于学生知识、素质与能力的转化，推进理论体系、课程体系与素质体系之间的转化。要把海南区域特色文化资源研究成果渗透到课程体系中，通过课堂教学落实课程体系，运用各种教学要素引领学生把海南区域特色文化承载的价值观转化为自身素质，再

通过社会实践环节提升学生的践行能力。

通识课程是对学生进行思想政治教育的重要课程。高校可以从三个方面着手，在通识课程中渗透海南区域特色文化资源教育。首先，将与海南区域特色文化资源相关的通识课程纳入专业培养方案，落实到教学计划和课程设置中，以教学文件的形式固定下来，为通识课程的组织与实施提供依据。其次，在培养方案中，合理安排相关的通识课程的教学时间，确保通识课程教学的渠道畅通。再次，开设从专业课中延伸出来的相关通识选修课程，在润物无声中渗透海南区域特色文化教育。例如，可以从艺术类课程群中引申出《海南红色艺术欣赏》课程，从历史类课程群中引申出《海南历史文化概论》《海南民族文化概论》课程，从文学类课程群中引申出《海南文学专题研究》课程，突出海南区域特色文化的育人功能，引领当代大学生品味、体验海南区域特色文化，培养爱国主义情感。

高校各门专业课都承担着大学生思想政治教育的重任。为在专业课中推进大学生思想政治教育，实现德育与智育的充分融合，高校应做好三个方面的工作。首先，教师要有意识地把专业课中的区域特色文化资源在备课时挖出来、讲课时融进去。比如，在体育类课程教学中，创设“黎族竹竿舞”等运动项目，引领学生在民族传统体育学中体味海南区域特色文化。在艺术类课程教学中，把民族艺术元素融入专业教学，创作、排练、演出富有海南区域特色文化的音乐、舞蹈和话剧，引领学生在专业演出中演绎海南区域特色文化，陶冶高尚的情操。其次，结合专业特点推进大学生思想政治教育。比如海洋类专业课教师，可以通过讲授海洋学科发展史，引导学生学习海洋学专家的治学精神，培养热爱海洋的情感、探索海洋的精神、海洋强国的理念和维护国家海洋安全的意识。再次，结合专业实习、教学实践推进大学生思想政治教育。要立足海南区域特色文化资源，高度重视实践教学体系建设，把赴海南区域特色文化实践基地实践作为专业实践教学体系建设的重要内容，引导学生在教学实践中深化对海南区域特色文化的认识。

（二）拓展“第二课堂”，海南区域特色文化融入校园文化活动

校园文化活动是高校思想政治工作的“第二课堂”，是实施海南区域特色文化教育的有效途径。为了构建海南区域特色文化育人的良好校园环境，引导当代大学生在校园活动中深化对海南区域特色文化的认识，要做好四个方面的

工作。

首先，要规划设计能够体现海南区域文化特色的校园精神、文化标识系统。比如，2015 年 9 月改名转型的海南热带海洋学院，校标应当全面、准确地体现“海南”“热带”“海洋”特色。校风应体现海南人民的朴实民风、海南特区的锐意进取、海洋文化的开放包容和海洋科学的探索精神。校训应突出弘扬海南文化和海南精神的历史使命、传承海洋文明和专注海洋科学的时代责任，体现对海南优秀传统文化的传承和人类海洋文明的转化。校内道路、楼宇尤其是标志性建筑的命名，也应与校标、校风、校训相结合，使海南区域文化特色无处不在。

其次，建设特色鲜明的场馆设施和多媒体平台，全面推进海南区域特色文化“进校园”。比如，有关高校可以建设海南红色（民族、华侨、生态、历史、海洋）文化展馆，展示相应的文化资源，为开展大学生实践教学提供便利；建设海南红色（民族、华侨、生态、历史、海洋）文献收藏与研究中心，为开展相关学术研究奠定基础。有关高校可以针对红色（民族、华侨、生态、历史、海洋）文化的某一个或几个领域，建设专业性的影院、剧院、音乐厅，编排、演出、放映有关影视剧，以艺术精品陶冶大学生情操，开展大学生思想政治教育。有关高校可以在学报开辟红色（民族、华侨、生态、历史、海洋）文化研究专栏，打造专业性学术研究平台；在校报开辟红色（民族、华侨、生态、历史、海洋）文化宣传专栏，营造海南区域特色文化育人氛围；建设红色（民族、华侨、生态、历史、海洋）文化专题网站，打造网上基地，以鲜活的海南区域特色文化丰富校园网络教育内容。

再次，发挥海南区域特色文化强大的震撼力、感染力与穿透力，在进教材、进课堂的基础上，全面推进海南区域特色文化“进大学生头脑”。一是通过校园电台、电视台播放《我爱你，中国》《我爱五指山我爱万泉河》《请到天涯海角来》《万泉河水》等富有海南特色的流行歌曲，让学生接受海南区域特色文化的熏陶。二是成立以社会人士、老师、学生为成员的海南区域特色文化宣讲团，以丰富多彩、生动感人的海南故事感染人。三是充分利用《红色娘子军》《碧海丹心》《海外赤子》等海南题材的影视资源，开展影视赏析活动。四是引导学生组建海南区域特色文化社团，凝聚并影响广大学生。五是拍摄海南区域特色文化电视专题片，编辑海南区域特色文化丛书，用海南区域特色文化武装、引导、塑造、鼓舞大学生。六是艺术类师生要把《红色娘子军》《下南洋》等艺术经典搬上校园舞台，在亲身参与中产生共鸣，在切身体验中提升素质，在情理交融中实现德育与美育的融合。

最后，做实海南区域特色文化系列活动，构建大学生学习、交流、提升的平台。一是每年开展一次“海南经典歌曲大家唱”歌咏比赛，弘扬主旋律，增强大学生的集体荣誉感。二是把德育与体育结合起来，在每年的运动会中融入民族特色体育项目，引导学生在民族特色体育竞技中体会海南区域特色文化。三是每年组织一场“爱我海南”演讲比赛，让学生在理论学习、文化熏陶、内心认同的基础上传播海南区域特色文化。四是每年举办一次海南文化高端论坛，邀请国内外文化名家深入研讨海南区域特色文化。五是每年评选表彰一次文化育人工作先进集体、先进个人和文化建设精品项目，充分发挥先锋模范的带动作用。

（三）延伸课堂链条，海南区域特色文化融入社会实践活动

教育部、中宣部等七部门联合下发的《关于进一步加强高校实践育人工作的若干意见》（教思政[2012]1号）明确提出：“进一步加强高校实践育人工作，是全面落实党的教育方针，把社会主义核心价值体系贯穿于国民教育全过程，深入实施素质教育，大力提高高等教育质量的必然要求。”社会实践活动是高校课堂的延伸，是高校思想政治理论课实践教学的重要组成部分，是大学生成长成才的正确道路。高校思想政治工作要善于把社会实践活动与文化育人工作结合起来，让学生在社会实践中锤炼意志品质、培养创新精神、增强实践能力。

首先，要明确目的，引领学生在社会实践中深化对海南区域特色文化的认识，形成正确的价值观和爱祖国、爱家乡、爱海洋的深厚感情。赴海南历史文化资源基地实践，是为了传承和弘扬优秀传统文化；赴海南红色文化资源基地实践，是为了培养爱党、爱国、爱人民的情感；赴海南海洋文化资源基地实践，是为了培养海洋意识，增强海洋强国理念；赴海南生态文化资源基地实践，是为了身体力行生态文明价值观；赴海南民族文化资源基地实践，是为了维护民族团结、促进民族和谐；赴海南华侨文化资源基地实践，为了感受、学习和弘扬华人华侨的爱国热情。大学生赴海南区域特色文化社会实践基地实践的过程，也是经由对海南文化的学习、体验、实践，由知识向情感、态度、价值观逐步转化的过程。

其次，要完善培养方案，使学生在校期间全程参加社会实践活动。要结合学生的专业需求和课时安排，统筹安排赴相关的海南区域特色文化社会实践基地的参观考察时间，力争大学四年走遍海南历史文化资源基地、红色文化资源基地、海洋文化资源基地、生态文化资源基地、民族文化资源基地和华侨文化资源基地，对海南特色文化资源形成系统的、整体的认识。学校人才培养方案中应明确规定每位学生在校期间从事社会实践活动的总课时和总学分。每次活动，校社会实践活动领导小组都要制定具体的实施方案，督促各学院做好落实。

最后，要加强组织领导，全员参与大学生赴海南区域特色文化社会实践基地的社会实践活动。高校要充分认识实践育人、文化育人的重要意义，坚持全员育人，在学校层面成立社会实践活动领导小组，具体负责活动的组织、协调等工作。学校分管思想政治工作的党委副书记担任领导小组组长，分管教学工作的副校长与分管学生工作的副校长担任副组长，宣传部、学工部、教务处、团委等职能部门的负责人与各学院党委书记或院长担任成员。各二级学院应同时建立领导小组，书记、院长为组长，学生工作副书记、教学副院长等为成员，具体组织学生深入海南区域特色文化社会实践基地开展社会实践活动。

三、海南区域特色文化资源融入高校思想政治工作的保障机制

高校思想政治工作从来都不是哪个部门、哪个学院的孤立的事情。做好海南区域特色文化资源融入高校思想政治工作这项庞大的系统工程，高校还必须建立完善的组织保障机制、制度保障机制、物质保障机制和队伍保障机制。

（一）海南区域特色文化资源融入高校思想政治工作的组织保障机制

高校应进一步强化“育人为本，德育为先”的理念，坚持把海南区域特色文化融入学校工作的各个方面，贯穿于教育教学的每个环节，努力形成全员育人、全程育人、全方位育人的组织机制。学校党委从总体上把握文化育人的根本方向，学校“思想政治工作领导小组”统筹教育、管理与服务等环节，推动思想政治工作一体化：一是调研、规划全校德育工作，规范、协调各部门职责；二是负责全体教师与管理、服务人员的经常性德育培训工作，不断强化其德育意识、德育素养、德育责任；三是对全体教师与管理、服务人员的日常德育实施情况进行监督与考核。学生工作系统与共青团系统侧重在日常生活中实

施海南区域特色文化育人工作；各院系专业课教师把海南区域特色文化融入专业教学的各个环节，渗透到课堂、科研的各个方面；学校管理部门、服务部门尤其是校党委宣传部门通过校园环境、舆论阵地弘扬海南区域特色文化。总之，要以高校各要素的相互促进、彼此衔接、有效运行，为海南区域特色文化融入高校思想政治工作提供组织上的保障。

（二）海南区域特色文化资源融入高校思想政治工作的制度保障机制

高校应紧紧抓住制度建设这个关键，完善各项规章制度，为海南区域特色文化资源融入高校思想政治工作提供强有力的制度保障。在学校党委会、校长办公会和院系党政联席会制度中，要明确议事规则和有关领导、有关部门在思想政治工作中的基本职责，使海南区域特色文化资源融入高校思想政治工作的程序制度化、规范化。制定和完善各项常规性规章制度，使海南区域特色文化育人过程有章可循；建立和完善目标管理制度和评价考核办法，调动全体人员文化育人的积极性、主动性和创造性，形成教学、管理、服务等岗位各司其职的全员育人局面。要制定《海南区域特色文化育人实施意见》《大学生赴海南区域特色文化实践基地社会实践活动实施方案》《海南区域特色文化育人工作考核办法》以及《海南区域特色文化育人工作项目考核与过程考核表》，有效调控高校思想政治工作系统各要素之间的关系，为海南区域特色文化育人工作提供制度保障。

（三）海南区域特色文化资源融入高校思想政治工作的物质保障机制

"巧妇难为无米之炊"。推进海南区域特色文化资源融入高校思想政治工作，必须加大物质投入，改善工作条件。为此，应做好三个方面的工作。首先，配备必要的场所、设备和设施。在校内文化设施建设方面，要建设呈现海南区域特色文化的展览馆、博物馆、文献收藏中心，建设与海南区域特色文艺产品相匹配的音乐厅、大剧院、电影院，开通传播海南区域特色文化的电视频道和数字广播，在学报、校报开辟海南区域特色文化专栏，创作、建设取材于海南区域特色文化的雕塑、长廊等校园文化景点。其次，积极提供政策扶持和工作经费。要把海南区域特色文化育人所需经费列入年度预算，合理核定投入，保障必要的经费支持。同时，设立专项基金，奖励海南区域特色文化育人中涌现出的先进集体、先进个人、先进事迹；提供专项经费，保证大型宣传教育活动和社会实践活动的开展；为教师参加相关的各种研讨会、交流会和专题培训会提供支持，推进海南区域特色文化育人的理论研究与实践调研。最后，协同地方党委、政府和企事业单位，共建、共享一批体现海南区域特色文化的社会实践基地。这些基地不仅可以用于高校师生的社会实践，还可以作为党员领导干部的党性教育基地。

（四）海南区域特色文化资源融入高校思想政治工作的队伍保障机制

加强和改进高校思想政治工作，人是最重要的因素。要按照政治强、业务精、纪律严、作风正的要求，坚持专兼职结合的原则，建立由思想政治理论课和哲学社会科学课教师、辅导员和班主任、党政领导干部和团干部、全体教职员工和校外兼职辅导员等构成的高校思想政治工作队伍。其中，思想政治理论课和哲学社会科学课教师是基础力量，主要通过课堂教学传授海南区域特色文化。辅导员、班主任队伍活跃在高校思想政治工作第一线，是在日常生活中以海南区域特色文化培育大学生的主体。学校党政工团干部是队伍主体之一，以组织体系完整的党团组织作后盾，为海南区域特色文化育人工作提供组织保证。高校全体教职员工都肩负着思想政治工作职责，主要在专业课教学与日常生活中以海南区域特色文化教育、引导大学生。校外兼职辅导员队伍处于社会实践的第一线，是高校思想政治工作的重要补充，对于增强海南区域特色文化育人的实际效果具有重要的促进作用。这几支队伍目标一致，相互交融，相互促进，是统一的整体。要使海南区域特色文化资源融入高校思想政治工作有人做、做得好，就必须加强这几支队伍的建设。

参考文献：

1. 周文彰．海南历史文化大系，海南出版社／南方出版社，2008.

2. 张福记、李纪岩．高校思想政治教育研究，四川教育出版社，2009.

3. 李纪岩．当代大学生社会主义核心价值观培育研究，山东人民出版社，2013.

4. 李纪岩，王凯旋．培育和践行社会主义核心价值观个案研究，光明日报出版社．

（本文 2017 年 5 月入选首届海南省高校思想政治工作学术论坛论文集，并获优秀成果三等奖）

参考文献

[1] 马克思恩格斯选集（第 1 卷）[M]. 北京：人民出版社，1995.

[2] 马克思恩格斯文集（第 1 卷）[M]. 北京：人民出版社，2009.

[3] 毛泽东选集（第 2 卷）[M]. 北京：人民出版社，1991.

[4] 毛泽东选集（第 3 卷）[M]. 北京：人民出版社，1991.

[5] 建国以来毛泽东文稿（第 12 册）[M]. 北京：中央文献出版社，1996.

[6] 邓小平 . 邓小平文选（第 2 卷）[M]. 北京：人民出版社，1994.

[7] 邓小平文选（第 3 卷）[M]. 北京：人民出版社，1993.

[8] 江泽民 . 论“三个代表”[M]. 北京：中央文献出版社，2001.

[9] 江泽民文选（第 3 卷）[M]. 北京：人民出版社，2006.

[10] 习近平 . 谈治国理政 [M]. 北京：外文出版社，2014.

[11] 习近平 . 谈治国理政（第二卷）[M]. 外文出版社，2017.

[12] 毛泽东邓小平江泽民论思想政治工作 [M]. 北京：学习出版社，2000.

[13] 毛泽东邓小平江泽民论社会主义道德建设 [M]. 北京：学习出版社，2001.

[14] 中共中央文献研究室 . 十六大以来重要文献选编（上）[M]. 北京：中央文献出版社，2005.

[15] 普通高校思想政治理论课文献选编（1949—2006）[M]. 北京：中国人民大学出版社，2007.

[16] 中共中央文献研究室 . 习近平关于青少年和共青团工作论述摘编 [M]. 中央文献出版社，2017.

[17] 四书五经 [M]. 沈阳：沈阳出版社，1997.

[18] 李大钊文集（上）[M]. 北京：人民出版社，1984.

[19] 孙中山选集 . 北京：人民出版社，1981.

[20] 孙中山全集（卷七）[M]. 北京：中华书局，1985.

[21] 顾明远 . 教育大辞典（第 1 卷）[M]. 上海：上海教育出版社，1990.

[22] 金元浦 . 文化研究：理论与实践 [M]. 郑州：河南大学出版社，2004.

[23] 李志才 . 方法论原理 [M]. 南京：南京大学出版社，1998.

[24] 张耀灿 . 思想政治教育学前沿 [M]. 北京：人民出版社，2006.

[25] 张耀灿等 . 现代思想政治教育学 [M]. 北京：人民出版社，2006.

[26] 沈壮海 . 思想政治教育的文化视野 [M]. 北京：人民出版社，2005.

[27] 宫志峰 . 思与行——当代大学生思想政治教育创新研究 [M]. 济南：山东人民出版社，2008.

[28] 张向东 . 当代社会问题 [M]. 北京：中国审计出版社、中国社会出版社，2001.

[29] 郗杰英等 . 新学子——当代大学生研究报告 [M]. 北京：文心出版社，2002.

[30] 李伦 . 鼠标下的德性 [M]. 南昌：江西人民出版社，2002.

[31] 李从军 . 价值体系的历史选择 [M]. 北京：人民出版社，2008.

[32] 吕振宇 . 论社会主义核心价值体系 [M]. 济南：山东人民出版社，2009.

[33] 刘济良 . 价值观教育 [M]. 北京：教育科学出版社，2007.

[34] 邹千江 . 冲突与转化：中国社会价值的现代性演变 [M]. 北京：中国传媒大学出版社，2008.

[35] 陈立思 . 当代世界的思想政治教育 [M]. 北京：中国人民大学出版社，1999.

[36] 梁桂麟、刘志山 . 港澳台高校通识教育比较研究 [M]. 北京：中国社会科学出版社，2008.

[37] 徐东升 . 沂蒙精神与社会主义核心价值体系研究 [M]. 北京：中央文献出版社，2012.

[38] 张福记、李纪岩 . 高校思想政治教育研究 [M]. 成都：四川教育出版社，2009.

[39] 李纪岩 . 当代大学生社会主义核心价值观培育研究 [M]. 济南：山东人民出版社，2013.

[40] 李纪岩，王凯旋 . 培育和践行社会主义核心价值观个案研究 [M]，北京：光明日报出版社，2016.

[41] [美]比尔·麦克基本.自然的终结[M].长春:吉林人民出版社，2000.

[42] [美]塞缪尔·亨廷顿.文明的冲突与世界秩序的重建[M].北京:新华出版社，2002.

[43] [美]拉思斯.价值与教学[M].杭州:浙江教育出版社，2003.

[44] 关于进一步加强和改进大学生思想政治教育的意见[N].光明日报，2004-10-15.

[45] 中共中央办公厅印发《关于培育和践行社会主义核心价值观的意见》[OL].新华网北京2013-12-23电.

[46] 中办国办印发《意见》:加强和改进新形势下高校宣传思想工作[N].人民日报，2015-01-20.

[47] 习近平在全国高校思想政治工作会议上强调把思想政治工作贯穿教育教学全过程 开创我国高等教育事业发展新局面[OL]，新华社北京2016年12月8日电。

[48] 习近平.决胜全面建成小康社会 夺取新时代中国特色社会主义伟大胜利——在中国共产党第十九次全国代表大会上的报告[OL].新华网，2017-10-27.

[49] 韩喜平,周颖.习近平关于青年成长思想研究[J].思想教育研究，2016(03).

[50] 佘双好.以当代中国马克思主义为指导办好中国特色社会主义大学——学习习近平总书记在全国高校思想政治工作会议上的讲话[J].求索，2017(10).

[51] 易帅东.论习近平青年工作思想的重要理论和实践意义[J].北京青年研究，2017(04).

[52] 赵爱玲.党的十八大以来习近平青年思想政治教育思想研究综述[J].学校党建与思想教育，2017(06).

[53] 黄亮.习近平青年教育思想对大学生思想政治教育工作的启示[J].读书文摘，2016(2).

[54] 李全喜,刘俭.习近平青年思想研究综述[J].河北青年管理干部学院学报,2017(02).

[55] 温凌云．习近平青年思想探析 [J]. 内蒙古师范大学学报（哲学社会科学版），2017(04).

[56] 方年根．论习近平青年修德观的重要来源 [J]. 思想教育研究，2015（10）.

[57] 金德楠．略论习近平青年思想 [J]. 思想政治教育研究，2017(03).

[58] 王海建．试析习近平的大学生思想政治教育理论 [J]. 现代教育科学，2014（9）.

[59] 杨业华．十八大以来习近平的青少年思想道德教育思想探析 [J]. 中南民族大学学报，2015（2）.

[60] 宫志峰．主题・主线・主渠道——关于大学思想政治教育问题 [J]. 山东师大学报，2004(5)。

[61] 宫志峰．社会主义核心价值体系的基石与理念 [J]. 理论学刊，2012(11).

[62] 宫志峰．高校思想教育应当情理交触 [N]. 大众日报，1995-10-25.

[63] 戚万学．关于建构中国现代道德教育理论的几点设想 [J]. 教育研究，1997，(12).

[64] 王永贵．影响我国主流意识形态建设的西方主要意识形态透视 [J]. 社会科学研究，2007（1）.

[65] 张耀灿，刘伟．思想政治教育主体间性涵义初探 [J]. 学校党建与思想教育,2006(12).

[66] 李焕明．思想政治教育的实现机制 [J]. 山东师范大学学报，2003(1).

[67] 邢瑞煜．思想政治教育机制探微 [J]. 求实，2003(8).

[68] 杨元华．大学生思想政治教育体制和机制创新研究 [J]. 思想理论教育，2008(3).16

[69] 周德群．改革高校思想政治理论课教学初探 [J]. 重庆工学院学报，2006(7).

[70] 钟健雄．和谐互动：思想政治教育的有效途径 [J]. 重庆工学院学报，2007(6).

[71] 马汝伟．论高校思想政治教育中的互动 [J]. 中国高教研究，2004(3).

[72] 高梧．论新民主主义革命时期中国共产党对社会核心价值体系的构建

[J]. 毛泽东思想研究，2007(5).

[73] 刘长军 . 社会主义核心价值体系引领社会思潮的机制研究 [J]. 红旗文稿，2008(21).

[74] 陈秉公 . 论用社会主义核心价值体系引领社会思潮的基本途径 [J]. 政治学研究，2008(6).

[75] 蒙冰峰，廉永杰 . 实现社会主义核心价值体系的途径与机制 [J]. 河南社会科学，2009(3).

[76] 郝潞霞 . 高校思想政治教育贯彻落实社会主义核心价值体系的路径浅析 [J]. 思想政治教育研究，2008(2).

[77] 朱士群 . 当代中国社会思潮：回应与引领 [J]. 安徽师范大学学报，2008(4).

[78] 方爱东 . 关于“以社会主义核心价值体系引领社会思潮”的两点思考 [J]. 思想政治教育研究，2008(4).

[79] 李玉娟 . 用社会主义核心价值体系引领互联网上多样化社会思潮 [J]. 武警学院学报，2008(9).

[80] 廖胜刚，秦在东 . 坚持用社会主义核心价值体系引领社会思潮的战略思考 [J]. 广西社会科学，2008(8).

[81] 张晓忠 . 全球化条件下大学生思想道德及主流意识形态状况的调查 [J]. 南京航空航天大学学报，2008(1).

[82] 武汉大学课题组 . 大学生理想信念及教育现状调查分析报告 [J]. 学校党建与思想教育，2008(12).

[83] 陶倩 . 社会主义核心价值体系认同现状调查 [J]. 党建，2008(3).

[84] 田海花 . 当前大学生民族精神教育状况的调查报告 [J]. 山东省青年管理干部学院学报，2003 (6).

[85] 黄岩 . 大学生时代精神风貌的调查与思考 [J]. 高等农业教育，2009(6).

[86] 王力虹，郎眉宁 . 新疆高校大学生荣辱观教育状况调研报告 [J]. 昌吉学院学报，2008(6).

[87] 李纪岩 .20 世纪 90 年代以来青年对热点道德问题的认识 [J]. 中国青年研究，2008(12).

[88] 中国青少年研究中心课题组．中国青年思想道德文化发展的现状与对策[J]．中国青年研究，1996(6).

[89] 董见新，邵慧芳．网络行为失范问题的调查与分析[J]．中国青年研究，2003(12).

[90]石海兵．论青年价值观教育内容的结构体系[J]．思想理论教育，2007(12).

[91] 刘儒德．大学生的学习观[J]．高等教育研究,2002(4).

[92] 陈运普．大学生学习观念变革对学习动力的影响探析[J]．社科纵横，2009 (11).

[93] 周振国．论正确事业观的基本内涵和要求[N]．河北日报，2010-12-15.

[94] 庄薇．试论当代大学生家庭教育的缺失及对策[J]．黑龙江教育，2006(3).

[95] 夏国英．大学生成为“社会人”的途径[J]．嘉兴学院学报，2002(1).

[96] 吴琼．专业课教学中的思想政治教育资源[J]．现代教育科学，2006(1).

[97] 李维武．大学人文教育的失落与复兴[J]．高等教育研究，2000(3).

[98] 刘燕．价值澄清理论述评[J]．哈尔滨学院学报，2005(4).

[99] 洪棋文，陈红．美国学校德育的价值澄清理论评析[J]．衡阳师范学院学报，2007(4).

[100] 曹清燕．价值澄清理论与大学生思想政治教育[J]．重庆教育学院学报，2005(4).

[101] 叶莉英．基于价值澄清理论的大学生价值观教育探析[J]．宁波大学学报，2009(6).

[102] 周瑜．关于价值澄清理论的几点思考[J]．思想政治教育研究，2005,(5).

[103] 刘文佳等．论心理效应与大学生社会主义核心价值观教育[J]．教育评论．2015，(3).

[104] 张佩等．南疆农村中小学教师心理健康状况调查分析[J]．新疆教育学院学报．2015，(4).

[105] 徐瑞鸿，戴钢书．中国传统社会核心价值观培育和践行路径探析

[J]. 学术论坛，2014（09）.

[106] 王书侠 . 探析思想政治教育过程中主客体关系的“主体际说”[J]. 湖北第二师范学院学报，2008(3).

[107] 徐涛 . 论大学人文素质教育的重要性 [J]. 重庆交通学院学报，2005(1).

[108] 裴正轩 . 在思想政治理论课中加强社会主义核心价值体系 [J]. 思想理论教育导刊，2009(7).

[109] 齐琳琳 . 论大学校园标识系统建设与文化育人的有机结合 [J]. 学校党建与思想教育，2016（12）.

[110] 刘文佳 . 论心理效应与大学生社会主义核心价值观教育 [J]. 教育评论，2015(3).

[111] 张佩等 . 南疆农村中小学教师心理健康状况调查分析 [J]. 新疆教育学院学报，2015(4).

[112] 张才国 . 新自由主义在中国的影响及其归因分析 [J]. 探索，2006（3）.

[113] 李纪岩 . 沂蒙精神的内涵体系、生成基础与弘扬路径 [J]. 临沂大学学报，2015(6).

[114] 苑朋欣 . 沂蒙精神与社会主义核心价值体系建设 [J]. 井冈山大学学报，2010(3).

[115] 吴京玲 . 高校思想政治教育主体建设研究 [D]. 辽宁师范大学，2015.

[116] 王婷婷 . 习近平青年思想政治教育思想研究 [D]. 云南师范大学，2016.

[117] 尹建平 . 高校思想政治教育中学生主体性研究 [D]. 西南师范大学，2005.

[118] 欧阳教 . 大学生的价值涵养 [A]. 海峡两岸大学生人格建构学术研讨会论文集 [C]，2008(10).

[119] 俞懿娴 . 统整的人格教育与大学生的价值观 [A]. 海峡两岸大学生人格建构学术研讨会论文集 [C]，2008(10).

[120] 吴娟、单文经、王红军、黄素君 . 澳门大学三年级大学生的人生目标与其生活状况的关联 [A]. 海峡两岸大学生人格建构学术研讨会论文集 [C]，2008(10).

后　记

几年前，我在完成博士学位论文《当代大学生社会主义核心价值观培育研究》后，越来越感到当代大学生核心价值观的生成，乃至于整个社会核心价值观的生成，决不是单纯的“教育”或“培育”所能解决的，因为“决定价值观培育效果的最为关键的因素似乎不在‘教育’，而在于社会的经济基础、政治架构、文化氛围与社会心理”。有鉴于此，当时就决定从“基础”上继续深入研究这一主题。

聚焦“价值观的生成基础”，近年来，我先后主持了教育部人文社会科学一般项目《引领与培育——当代大学生核心价值观的生成基础研究》（13YJC710017）、江苏省博士后基金课题“历史唯物主义视域下社会主义核心价值观的生成基础研究”（1601045C）等课题的研究工作。本著作既是上述教育部课题研究的最终成果，也是博士后基金课题研究成果的一部分。著作由我拟定提纲，全程主持研究，并进行最后的通稿工作。各章具体分工如下：导论、第一章：李纪岩；第二章：刘涛；第三章：周扬；第四章：王小燕；第五章：叶升莹；第六章：颜枫；第七章：张业蕾；第八章：丁瑞兆、周扬；第九章：王莎莎（其中，问卷调查由倪善来组织完成）；第十章：王凯旋。各章初稿完成后，我从头到尾进行了仔细的修改，有的章节做了较大幅度的调整；在通稿初期，王小燕、周扬协助主持人对部分章节进行了修改。

本著作的研究恰逢主持人工作单位变动，课题组成员也因此进行了相应的调整，客观上影响到了研究进程，所幸相关单位领导给予了大力支持。在此，特别向临沂大学社科处、马克思主义学院、南京师范大学政治学博士后流动站、海南热带海洋学院马克思主义学院的领导和专家，以及课题组前后所有成员，表示诚挚的感谢！

课题组在研究过程中，参考了大量专家、学者的相关成果，有的做了脚注，有的列入参考文献。在此，谨向相关专家、学者表示崇高的敬意！向为出版本著作付出辛勤劳动的编辑老师表示衷心的感谢！作者尽可能按照有关规范展开研究，但仍可能存在疏漏，一些问题研究的也还不够透彻。在此，恳请有关专家、学者不吝赐教！

李纪岩

2017 年 12 月于三亚